Rechtsbehelfe des Käufers eines Unternehmens oder einer unternehmerischen Beteiligung gegen den Verkäufer im deutschen und französischen Recht

Studien zum vergleichenden und internationalen Recht -
Comparative and International Law Studies

Herausgeber: Bernd von Hoffmann, Erik Jayme
und Heinz-Peter Mansel

Band 92

PETER LANG
Frankfurt am Main · Berlin · Bern · Bruxelles · New York · Oxford · Wien

Martin Rädler

Rechtsbehelfe des Käufers eines Unternehmens oder einer unternehmerischen Beteiligung gegen den Verkäufer im deutschen und französischen Recht

PETER LANG
Europäischer Verlag der Wissenschaften

Bibliografische Information Der Deutschen Bibliothek
Die Deutsche Bibliothek verzeichnet diese Publikation in der Deutschen Nationalbibliografie; detaillierte bibliografische Daten sind im Internet über <http://dnb.ddb.de> abrufbar.

Zugl.: München, Univ., Diss., 2003

D 19
ISSN 0930-4746
ISBN 3-631-51861-7

www.peterlang.de

Für meine Eltern

VORWORT

Diese Arbeit lag der juristischen Fakultät der Ludwig-Maximilians-Universität München im Sommersemester 2003 als Dissertation vor. Mein Dank gilt insbesondere meinem Doktorvater, Prof. Dr. Dr. h.c. Hans Jürgen Sonnenberger, der mich schon früh während des Studiums in die Rechtsvergleichung am Beispiel der französischen Rechtsordnung einführte und dies mit der Betreuung der Dissertation fortsetzte. Ebenfalls danken möchte ich Prof. Dr. Alfons Bürge, der das Zweitgutachten übernam.

Ich bedanke mich auch herzlich bei allen Freunden, die mich immer wieder bei der Nutzung in Deutschland schwer zugänglicher Quellen aus der französischen Literatur und Rechtsprechung unterstützten, insbesondere bei Laurence Gain, LL.M. (avocat à la cour, Paris), Hugues Letellier, LL.M. (avocat à la cour, Paris), Alexandra Plain, LL.M. (avocat à la cour, Paris), Dr. Felix Rollin, LL.M. (Rechtsanwalt, Berlin) und Edouard Thomas, LL.M. (avocat à la cour, Paris).

München, im November 2003

GLIEDERUNG

Vorwort 7

Verzeichnis der zitierten Literatur 13

1) Quellen zum deutschen Recht 13
2.1) Kommentare 13
2.2) Lehrbücher, Monographien, Dissertationen 13
2.3) Aufsätze 14

2) Quellen zum französischen Recht 15
2.1) Nachschlagewerke 15
2.2) Lehrbücher, Monographien, Dissertationen 16
2.3) Aufsätze 18

Abkürzungsverzeichnis 21

A) Einleitung 23

B) Rechtsbehelfe des Käufers eines Unternehmens oder einer unternehmerischen Beteiligung im deutschen Recht 27

0) Weitgehende Gleichbehandlung von *asset deal* und *share deal* im deutschen Recht 28

1) Anwendung des kaufrechtlichen Gewährleistungsrechtes für *asset deal* und *share deal* 29
1.1) Kauf des Unternehmens – asset deal 30
1.1.1) Das Unternehmen als Gegenstand des Gewährleistungsrechts 30
1.1.2) Problem des Fehlerbegriffs 33
1.1.2.1) Mängel des Unternehmens als Ganzes 34
1.1.2.2) Insbesondere: Falsche Angaben des Verkäufers zu Unternehmenskennzahlen und unrichtige Bilanzen 35
1.1.2.3) Gewährleistung für Mängel oder Fehlen einzelner Sachen und Rechte des verkauften Unternehmens 39
1.2) Kauf einer Beteiligung – share deal 44
1.2.1) Ausgangspunkt – nur Rechtsmängelgewährleistung für die Gesellschaftsanteile, keine Berücksichtigung von Fehlern des Unternehmens 44
1.2.2) Gewährleistung wegen Fehlern des Unternehmens der gekauften Gesellschaft beim Kauf nahezu aller Anteile – Rechtslage vor der Schuldrechtsreform 45
1.2.3.1) Grundsätzlich keine Gewährleistung wegen Mängel des Unternehmens 45
1.2.3.2) Bei Kauf nahezu aller Anteile Behandlung des share deals als Unternehmenskauf 46

1.2.3) Keine Veränderung durch die Schuldrechtsmodernisierung 49
1.2.4) Relevante Mängel des Unternehmens bei Behandlung des share deal als Unternehmenskauf 51
1.3) Bedeutung der Kenntnis oder des Kennenmüssens des Käufers 52
1.4) Rechtsfolgen eines Mangels 53
1.5) Verjährung 56

2) Haftung wegen culpa in contrahendo 57

3) Anfechtung wegen Irrtums 62

4) Anfechtung wegen arglistiger Täuschung, § 123 BGB 64

5) Deliktische Ansprüche 65

6) Andere in der Literatur vorgeschlagene Lösungsansätze 66

C) Rechtslage im Französischen Recht 69

1) Vorbemerkung 69

2) Kauf des Unternehmens als solchen 69
2.1) Kauf eines fonds de commerce 71
2.1.1) Der fonds de commerce 71
2.1.1.1) Begriff und rechtliche Eigenschaften des fonds de commerce 72
2.1.1.2) Bestandteile des fonds de commerce 77
2.1.2) Rechtliche Regelung des Verkaufs eines fonds de commerce durch den Code de commerce im Überblick 81
2.1.3) Mögliche Rechtsgrundlagen für Ansprüche des enttäuschten Käufers eines fonds de commerce 84
2.1.4) Geltendmachung von Willensmängeln 85
2.1.4.1) Keine Läsion 85
2.1.4.2) Besonderer Willensmangel: Fakultative Nichtigkeit bei fehlenden Angaben gemäß Art. L141-1 Code de commerce 86
2.1.4.3) Erreur sur les qualités substantielles 94
2.1.4.4) Dol 98
2.1.5) Kaufrechtliche Rechtsbehelfe 111
2.1.5.1) Haftung für versteckte Mängel (vices cachés) 111
2.1.5.2) Verweis auf die Rechtsfolgen des Sachmängelgewährleistungsrechts bei falschen Angaben gemäß Art. L141-3 Code de commerce 114
2.1.5.3) Haftung für Rechtsmängel 118
2.1.6) Haftung für Verschulden – faute précontractuelle 120
2.2) Erwerb der übrigen Aktiva eines Unternehmens 128
2.2.1) Besonderheiten bei der Haftung bei Grundstücken 128

2.2.2) Besonderheiten bei der Haftung bei Forderungen 130

3) Indirekter Unternehmenserwerb durch Kauf einer Beteiligung an der unternehmenstragenden Gesellschaft 130

3.1) Einleitung: Keine Einordnung des Anteilskaufs als Unternehmenskauf im französischen Kaufrecht 132

3.1.1) In einigen Feldern wird der Verkauf einer unternehmenstragenden Gesellschaft dem Unternehmenskauf gleichgestellt 133

3.1.2) Grundsätzlich keine Gleichstellung im Steuerrecht und im allgemeinen Zivil- und Handelsrecht 135

3.1.2.1) Steuerrecht 136

3.1.2.2) Gesellschafts- und Handelsrecht 138

3.1.2.2.1) Keine Gleichstellung der cession de contrôle mit dem Verkauf eines fonds de commerce 138

3.1.2.2.2) Keine besondere Behandlung der cession de contrôle im allgemeinen Gesellschaftsrecht 142

3.1.2.2.3) Ausnahme: Annerkennung des Charakters der cession de contrôle als Handelsgeschäft 143

3.2) Mögliche Grundlagen für Ansprüche des Käufers 144

3.3) Geltendmachung von Willensmängeln 145

3.3.1) Keine Läsion 146

3.3.2) Anwendung der erreur sur les qualités substantielles 146

3.3.3) Annulation wegen Täuschung (dol) 158

3.4) Haftung aus kaufrechtlichen Rechtsbehelfen 161

3.4.1) Anwendung des Sachmängelgewährleistungsrechtes (Vices cachés) 161

3.4.1.1) Einordnung des Anteilserwerbs zwischen vente und cession de créance 162

3.4.1.2 Voraussetzungen für einen Sachmangel beim Anteilskauf 164

3.4.2) Haftung wegen Eviktion 174

3.5) Haftung für Verschulden – faute précontractuelle, Art. 1382 C.civ. 176

D) Synthese und Vergleich 181

1) Dogmatische Unterschiede 181

1.1) Allgemeine Unterschiede, die für den Unternehmenskauf relevant sind 181

1.2) Asset deal 182

1.3) Share deal 183

2) Vergleich der wirtschaftlichen Ergebnisse 185

2.1) Einteilung der Rechtsbehelfe nach dem wirtschaftlichen Ziel 185

2.2) Rechtsbehelfe beim eigentlichen Unternehmenskauf – asset deal 186

2.2.1) Rechtslage in Deutschland 186
2.2.2) Rechtslage in Frankreich beim asset deal 188
2.2.3) Vergleich der Lage beim asset deal 190
2.3) Rechtsbehelfe beim Kauf einer unternehmerischen Beteiligung - share deal 191
2.3.1) Lage in Deutschland 191
2.3.2) Beteiligungskauf in Frankreich 193
2.3.3) Vergleich der Lage beim share deal 194
2.4) Fazit 195

Anhang: Übersetzungen der französischen Textstellen **199**

VERZEICHNIS DER ZITIERTEN LITERATUR

1) Quellen zum deutschen Recht

2.1) Kommentare

- Beitzke, Günter (Hrsg.): J. von Staudingers Kommentar zum Bürgerlichen Gesetzbuch mit Einführungsgesetz und Nebengesetzen, 13. Bearbeitung, Berlin; Band: Zweites Buch, Recht der Schuldverhältnisse, §§ 433 - 534, Bearbeitung 1995; *zitiert: Staudinger–Bearbeiter.*
- Palandt, Otto: Bürgerliches Gesetzbuch, 61. Auflage, München 2002, mit Ergänzungsband: Gesetz zur Modernisierung des Schuldrechts; *zitiert: Palandt–Bearbeiter.*
- Rebmann, Kurt/Säcker, Franz Jürgen (Hrsg.): Münchener Kommentar zum Bürgerlichen Gesetzbuch, 3. Auflage, München; Band 3: Schuldrecht – Besonderer Teil, Bearbeitung 1995; *zitiert: MünchKomm–Bearbeiter.*
- Schmidt, Karsten (Hrsg.): Münchener Kommentar zum Handelsgesetzbuch, München 1996; *zitiert: MünchKommHGB–Bearbeiter.*
- Soergel, Hans Theodor/Siebert, Wolfgang (Hrsg.): Bürgerliches Gesetzbuch, 12. Auflage, Stuttgart u.a.; Band 3: Schuldrecht 2 (§§ 433 - 515), Bearbeitung 1991; *zitiert: Soergel–Bearbeiter.*
- Westermann, Harm Peter (Hrsg.): Erman Bürgerliches Gesetzbuch, 10. Auflage, Münster 2000; *zitiert: Erman–Bearbeiter.*

2.2) Lehrbücher, Monographien, Dissertationen

- Flume, Werner: Eigenschaftsirrtum und Kauf, Münster 1948.
- Holzapfel, Hans-Joachim/Pöllath, Reinhard: Unternehmenskauf in Recht und Praxis, 9. Auflage, Köln 2000; *zitiert: Holzapfel/Pöllath, Unternehmenskauf.*
- Hommelhoff, Peter: Die Sachmängelhaftung beim Unternehmenskauf, Diss., Köln u.a. 1975; *zitiert: Hommelhoff, Diss.*
- Medicus, Dieter: Schuldrecht I, Allgemeiner Teil, 13. Auflage, München 2002; *zitiert: Medicus, Schuldrecht AT.*
- Picot, Gerhard (Hrsg.): Unternehmenskauf und Restrukturierung, 2. Auflage, München 1998; *zitiert: Picot–Verfasser, Unternehmenskauf.*
- Rädler, Albert J./Pöllath, Reinhard: Handbuch der Unternehmensakquisition, Frankfurt am Main 1982.
- Reinicke, Dietrich/Tiedtke, Klaus: Kaufrecht, 6. Auflage, Neuwied u.a. 1997.
- Schmidt, Karsten: Handelsrecht, 5. Auflage, Köln, München 1999.

2.3) *Aufsätze*

- Baur, Jürgen F.: Die Gewährleistungshaftung des Unternehmensverkäufers, BB 1979, S. 381 - 387.
- Buchwaldt, Ekkehard: Bilanz und Beteiligungserwerb, NJW 1994, S. 153 - 158.
- Canaris, Claus-Wilhelm: Leistungsstörungen beim Unternehmenskauf, ZGR 1982, S. 395 - 434.
- Dauner-Lieb, Barbara/Thiessen, Jan: Garantiebeschränkungen in Unternehmenskaufverträgen nach der Schuldrechtsreform, ZIP 2002, S. 108 - 114.
- Flume, Werner: Eigenschaftsirrtum und Sachmängelhaftung beim Spezieskauf, DB 1979, S. 1637 - 1639.
- Gaul, Björn: Schuldrechtsmodernisierung und Unternehmenskauf, ZHR 166 (2002), S. 35 - 71.
- Von Gierke, Klaus/Paschen, Uwe: Mängelgewährleistung beim Unternehmenskauf, GmbHR 2002, S. 457 - 464.
- Graf von Westphalen, Friedrich: Ein Stein des Anstoßes: § 444 BGB n.F., ZIP 2001, S. 2107.
- Gronstedt, Sebastian/Jörgens, Stefan: Die Gewährleistungshaftung bei Unternehmensverkäufen nach dem neuen Schuldrecht, ZIP 2002, S. 52 - 65.
- Grunewald, Barbara: Unerwartete Verbindlichkeiten beim Unternehmenskauf, ZGR 1981, S. 622 - 642.
- Hadding, Walther: Sicherungsrechte beim Unternehmenskauf, ZGR 1982, S. 476 - 497.
- Hiddemann, Hans-Joachim: Leistungsstörungen beim Unternehmenskauf aus der Sicht der Rechtsprechung, ZGR 1982, S. 435 - 454.
- Hommelhoff, Peter: Zur Abgrenzung von Unternehmenskauf und Anteilserwerb, ZGR 1982, S. 366 - 390.
- Lieb, Manfred: Gewährleistung beim Unternehmenskauf, in: Lange, Hermann/Nörr, Knut Wolfgang/Westermann, Harm Peter: Festschrift für Joachim Gernhuber, Tübingen 1993, S. 259 - 279.
- Müller, Gerd: Zur Haftung des Verkäufers von GmbH-Anteilen für falsche Auskünfte über den Wert des Unternehmens, ZIP 2000, S. 817 - 828.
- Noll, Bernd: Gewährleistungsrechte wegen falscher Umsatzangaben beim Unternehmenskauf, WM 1985, S. 341 - 343.
- Prölss, Jürgen: Die Haftung des Verkäufers von Gesellschaftsanteilen für Unternehmensmängel, ZIP 1981, S. 337 - 346.
- Roschmann, Christian: Haftungsklauseln in Unternehmenskaufverträgen, ZIP 1998, S. 1941 - 1950.

- Stengel, Arndt/Scholderer, Frank: Aufklärungspflichten beim Beteiligungs- und Unternehmenskauf, NJW 1994, S. 158 - 164.
- Triebel, Volker/Hölzle, Gerrit: Schuldrechtsreform und Unternehmenskaufverträge, BB 2002, S. 521 - 537.
- Wolf, Manfred/Kaiser, Jochen: Die Mängelhaftung beim Unternehmenskauf nach neuem Recht, DB 2002, S. 411 - 420.

2) Quellen zum französischen Recht

2.1) Nachschlagewerke

- Artz, Jean-François: Cession de droits sociaux, in: Lagarde, Gaston (Hrsg.): Encyclopédie juridique Dalloz, 2. Auflage, Répertoire des sociétés, Paris 1996; *zitiert: Artz, Rép. sociétés v° cession de droits sociaux.*
- Caussain, Jean-Jacques/Germain, Michel: Groupes de sociétés (Fascicule 165-1), in: Vouzellaud Howard, Anne (Hrsg.): Juris-classeur sociétés – traité, Paris 1987; *zitiert: Caussain/Germain, J.-cl. sociétés v° groupes de sociétés.*
- Chauvel, Patrick: Dol, in: Raynaud, Pierre/Aubert, Jean-Luc (Hrsg.): Encyclopédie juridique Dalloz, 2. Auflage, Répertoire de droit civil, Paris 1999; *zitiert: Chauvel, Rép. civ. v° dol.*
- Derruppé, Jean: Fonds de commerce, in: Hémard, Jean (Hrsg.): Encyclopédie juridique Dalloz, Répertoire de droit commercial, Paris 1998; *zitiert: Derruppé, Rép. com. v° fonds de commerce.*
- Jeantin, Michel/Barreau, Cathérine-Thérèse: Cession amiable du fonds de commerce (Fascicule 1950), in: Reigné, Philippe (Hrsg.): Juris-classeur entreprise individuelle – traité, Paris 1998; *zitiert: Jeantin/Barreau, J.-cl. entreprise v° cession amiable du fonds de commerce.*
- Jourdain, Patrice: Art. 1382-1386, Responsabilité civile (Fascicule 130-1), in: Catala, Pierre/Simler, Philippe (Hrsg.): Juris-classeur civil – code, Paris 1998; *zitiert: Jourdain, J.-cl. civ. v° responsabilité civile.*
- Lévi, Aristide: Lamy droit commercial 2002, premiere partie: Fonds de commerce, Paris 2002; *zitiert: Lévi, Lamy droit commercial 2002.*
- Mestre, Jacques/Velardocchio, Dominique: Lamy sociétés commerciales 2002, Paris 2002; *zitiert: Mestre/Velardocchio, Lamy sociétés commerciales 2002.*
- Véron, Jean-Jacques (Hrsg.): Dictionnaire permanent droit des affaires; *zitiert: Dict. perm. Dt. aff.*

2.2) Lehrbücher, Monographien, Dissertationen

- Bertrel, Jean-Pierre/Jeantin, Michel: Acquisitions et fusions des sociétés commerciales, 2. Auflage, Paris 1991; *zitiert: Bertrel/Jeantin, Acquisitions et fusions.*
- Chaussade-Klein, Bernadette: Vorvertragliche „obligation de renseignements" im französischen Recht, Diss., Frankfurt am Main 1992; *zitiert: Chaussade-Klein, Vorvertragliche „obligation de renseignements".*
- Cohen, Albert: Traité théorique et pratique des fonds de commerce (avec formules), Paris 1948.
- Cozian, Maurice/Viandier, Alain/Deboissy, Florence: Droit des sociétés, 14. Auflage, Paris 2001.
- Ferid, Murat/Sonnenberger, Hans Jürgen: Das französische Zivilrecht, Band 1/1, Allgemeine Lehren des französischen Zivilrechts: Einführung und Allgemeiner Teil des Zivilrechts, 2. Auflage, Heidelberg 1994, und Band 2, Schuldrecht: Die einzelnen Schuldverhältnisse, Sachenrecht, 2. Auflage, Heidelberg 1986; *zitiert: Sonnenberger, Das französische Zivilrecht.*
- Ghestin, Jacques: Conformités et garanties dans la vente, Paris 1983.
- Ghestin, Jacques: La notion d'erreur dans le droit positif actuel, Paris 1971.
- Ghestin, Jacques: Traité de droit civil, La formation du contrat, 3.Auflage, Paris 1993; *zitiert: Ghestin, Droit civil, La formation du contrat.*
- Ghestin, Jacques: Traité de droit civil, Les obligations, Le contrat: formation, 2. Auflage, Paris 1988; *zitiert: Ghestin, Droit civil, La formation du contrat, 2. Auflage.*
- Guyon, Yves: Droit des affaires, tome 1, Droit commercial général et Sociétés, 10. Auflage, Paris 1998; *zitiert: Guyon, Droit des affaires I.*
- Hémard, Jean/Terré, François/Mabilat, Pierre: Sociétés commerciales, Band 1, Paris 1972; *zitiert Hémard/Terré/Mabilat, Sociétés commerciales I.*
- De Juglart, Michel/Ippolito, Benjamin/de Pontavice, Emmanuel/ Dupichot, Jacques: Traité de droit commercial, Tome 1, 4. Auflage, Paris 1988; *zitiert: de Juglart/Ippolito, Droit commercial.*
- Malaurie, Philippe/Aynès, Laurent: Cours de droit civil, tome VI, Les obligations, volume II, Contrats, quasi-contrats, 11. Auflage, Paris 2001; *zitiert: Malaurie/Aynès, Droit civil, Les obligations/contrats.*
- Marty, Gabriel/Raynaud, Pierre: Droit civil, Les obligations, Tome I – Les sources, 2. Auflage, Paris 1988; *zitiert: Marty/Raynaud, Droit civil, Les obligations I.*
- Massart, Thibault: Le régime juridique de la cession de contrôle, Diss. Paris II, 1995; *zitiert: Massart, Cession de contrôle.*

- Mazeaud, Henri/Mazeaud, Léon/Mazeaud, Jean/Chabas, François: Leçons de droit civil, tome II, 1er volume: Obligations, théorie générale, 9. Auflage, Paris 1998; zitiert: *Mazeaud/Chabas, Droit civil II/1.*
- Mazeaud, Henri/Mazeaud, Léon/Mazeaud, Jean/Chabas, François/de Juglart, Michel: Leçons de droit civil, tome III, 2e volume: Principaux contrats: Vente et échange, 7. Auflage, Paris 1987; zitiert: *Mazeaud/de Juglart, Droit civil III/2.*
- Mazeaud, Henri/Mazeaud, Léon/Tunc, André: Traité théorique et pratique de la responsabilité civile délictuelle et contractuelle, Tome 1, 6. Auflage, Paris 1965; *zitiert Mazeaud/Tunc, Responsabilité civile.*
- Merle, Philippe/Fauchon, Anne: Droit commercial – sociétés commerciales, 7. Auflage, Paris 2000; *zitiert: Merle/Fauchon, Sociétés commerciales.*
- Mestre, Jacques/Pancrazi, Marie-Eve: Droit commercial, 25. Auflage, Paris 2001; *zitiert: Mestre/Pancrazi, Droit commercial.*
- Mousseron, Pierre: Les conventions de garantie dans les cessions de droits sociaux, Diss., Levallois-Perret 1992; *zitiert: Mousseron, Conventions de garantie.*
- Paillusseau, Jean/Caussain, Jean-Jacques/Lazarski, Henry/Peyramaure, Philippe: La cession d'entreprise, 4. Auflage, Paris 1999.
- Ripert, Georges/Boulanger, Jean: Traité de droit civil d'après le traité de Planiol, tome II, Obligations, droits réels, Paris 1957; *zitiert: Ripert/Boulanger, Droit civil II.*
- Ripert, Georges/Roblot, René/Germain, Michel: Traité de droit commercial, tome 1, 17. Auflage, Paris 1998; *zitiert: Ripert/Roblot/Germain, Droit commercial I.*
- Ripert, Georges/Roblot, René/Vogel, Louis: Traité de droit commercial, tome 1, volume 1, 18. Auflage, Paris 2001; *zitiert: Ripert/Roblot/Vogel, Droit commercial I/1.*
- Schmidt, Joanna: L'évolution de la faute pré-contractuelle en droit français, in: Weick, Günter (Hrsg.): Entwicklung des Deliktsrechts in rechtsvergleichender Sicht, Arbeiten zur Rechtsvergleichung Bd. 136, Frankfurt am Main 1987, S. 142 - 166; *zitiert: Schmidt, L'évolution de la faute pré-contractuelle.*
- Sonnenberger, Hans Jürgen (unter Mitarbeit von Reinhard Dammann): Französisches Handels- und Wirtschaftsrecht, 2. Auflage, Heidelberg 1991; *zitiert: Sonnenberger, FrHWR.*
- Terré, François/Simler, Philippe/Lequette, Yves: Droit civil, Les obligations, 7. Auflage, Paris 1999; *zitiert Terré/Simler/Lequette, Droit civil, Les obligations.*

2.3) Aufsätze

- Basdevant, Dominique/Le Bolzer, Jean-Marc: Audit juridique et conventions de garantie dans les acquisitions d'entreprises, Droit et pratique du commerce international 1992, S. 6 - 40.
- Bertrel, Jean-Pierre: La garantie de passif dans les acquisitions de contrôle, RJDA 1991, S. 243.
- Calvo, Jean/Couret, Alain: Garantie d'actif et de passif: aspects pratiques (l'actif circulant), Les Petites Affiches 1995 Nr. 23 (22.2.1995), S. 14 - 18.
- Caussain, Jean-Jacques/Germain, Michel: Pratique des cessions de contrôle dans les SA, JCP éd. E 1987, II, 14915.
- Caussain, Jean-Jacques/Viandier, Alain: Garantie légale ou garantie contractuelle: garantie du passif ou garantie de valeur?, Droit et pratique du commerce international 1992, S. 43 - 59.
- Danet, Didier: Cessions de droits sociaux: information préalable ou garantie des vices?, Rev. trim. Droit com. 1992, S. 316 - 349.
- Dieux, Xavier: Les garanties en matière de cession d'actions – pour un retour au droit commun, in: Benoit-Moury, Anne (Hrsg.): Liber Amicorum, Commission Droit et Vie des Affaires, Brüssel 1998, S. 487 - 504.
- Fleischer, Holger: Die Haftung des Verkäufers von Gesellschaftsanteilen – Deutsche Probleme und französische Lösungen, WM 1998, S. 849 - 854.
- Freyria, Charles: Réflexions sur les garanties conventionnelles dans les actes de cession de droits sociaux, JCP éd. E 1992, I, 146.
- Galia-Beauchesne, Anne: Les clauses de garantie du passif dans les cessions d'actions et de parts sociales, Rev. soc. 1980, S. 29 - 48.
- Germain, Michel: Cession de contrôle des sociétés non cotées, Questions de principe, RJC, Sonderheft „La transmission d'une entreprise", November 1988, S. 69 - 75.
- Hannoun, Charley: Les conventions portant transfert du contrôle et la transparence des sociétés, D. 1994 Chr. S. 67 - 72.
- Hausmann, Christian; Torre, Philippe: De la compensation entre un crédit vendeur et une garantie de passif, JCP éd. E 1994, I, 372.
- Jourdain, Patrice: Le devoir de se renseigner – contribution à l'étude de l'obligation de renseignement, D. 1983, Chron. S. 139.
- Lambert, Thierry: La société bénéficiaire de la garantie de passif, RJC 1999, S. 45.
- Lutz, Paul: Erwerb eines „fonds de commerce", in: Witz, Claude/ Schmidt, Dominique/Zierau, Britta (Hrsg.): Unternehmenserwerb in Frankreich, Heidelberg 1990, S. 24 - 27; *zitiert: Lutz, Erwerb eines „fonds de commerce".*

- Montier, Fernand/Montier, G.-Fernand: De l'acte de vente de fonds de commerce, Revue des fonds de commerce et des baux commerciaux 1938, S. 463.
- Mousseron, Pierre: L'obligation de renseignement dans les cessions de contrôle, JCP éd. E 1994, I, 362.
- Niggemann, Friedrich: Unternehmenserwerb durch Erwerb einer Kapitalbeteiligung, in: Witz, Claude/Schmidt, Dominique/Zierau, Britta (Hrsg.): Unternehmenserwerb in Frankreich, Heidelberg 1990, S. 35 - 41.
- Notté, Gérard, Les clauses dites de « garantie du passif » dans les cessions de droits sociaux, JCP 1985, I, 3193.
- Paillusseau, Jean: Le bénéficiaire de la garantie de passif dans la cession de contrôle, JCP éd. E 2002, Nr. 367.
- Paillusseau, Jean: Garanties de l'acquéreur du contrôle, RJC, Sonderheft November 1998, S. 43 - 58.
- Paillusseau, Jean: La cession de contrôle: une unification de la jurisprudence est-elle possible? in: Mélanges en l'honneur de Henry Blaise, Paris 1995, S. 363 - 386.
- Paillusseau, Jean: La cession de contrôle et la situation financière de la société cédée, JCP 1992, I, 3578.
- Paillusseau, Jean: La cession de contrôle, JCP 1986, I, 3224.
- Paillusseau, Jean: La fiscalité de la cession de contrôle, DS 1984, Chron., 207 - 218.
- Poustis, Jean/Monnot, Jean-Louis: La garantie dans les cessions de droits sociaux (Etude d'actualité), JCP éd. E 1989, II, 15479.
- Poustis, Jean/Monnot, Jean-Louis: La garantie dans les cessions de droits sociaux, JCP éd. E 1985, II, 14464.
- Prüfer, Christopher B.: Rechtliche Besonderheiten bei Unternehmenskäufen im deutsch-französischen Kontext, NZG 1998, S. 49-54 (Teil 1) und NZG 1998, S. 86 - 91 (Teil 2).
- Remond Bied, Carole/Vercheyre Grard, Carole: Cession de contrôle: la nouvelle jurisprudence favorable au cessionnaire déçu, RJDA 1996, S. 831 - 834.
- Richard, Jacques: Le choix du bénéficiaire de la garantie de passif, JCP éd. E 1991, 19.
- Viandier, Alain: Arbitrage et garanties de passif, Revue de l'arbitrage 1994, S. 439 - 460.
- Schmidt, Joanna: La sanction de la faute précontractuelle, Rev. trim. Droit civ. 1974, S. 46 - 73.

- Witz, Claude/Zierau, Britta: Einführung, in: Witz, Claude/Schmidt, Dominique/Zierau, Britta (Hrsg.): Unternehmenserwerb in Frankreich, Heidelberg 1990, S. 9 - 13.

ABKÜRZUNGSVERZEICHNIS

BB	Der Betriebs-Berater
BGBl.	Bundesgesetzblatt
BGH	Bundesgerichtshof
BGHZ	Entscheidungen des Bundesgerichtshofes in Zivilsachen
BT-Drs.	Drucksache des Deutschen Bundestags
Bull. civ.	Bulletin des arrêts de la Cour de cassation, chambres civiles
Bull. Joly	Bulletin mensuel d'information des sociétés (Joly)
Cass. civ.	Cour de cassation, chambre civile
Cass. soc.	Cour de cassation, chambre sociale
Cass. com.	Cour de cassation, chambre commerciale
Cass. req.	Cour de cassation, chambre des requêtes
C.civ.	Code civil
D.	Recueil Dalloz
DB	Der Betrieb
Defrénois	Répertoire du notariat Defrénois
DH	Recueil hebdomadaire Dalloz (vor 1941)
DP	Receuil périodique et critique Dalloz (vor 1941)
DR	Deutsches Recht
Dr. Prat. Com. Int.	Droit et pratique du commerce international
Dr. sociétés	Droit des sociétés
DS	Recueil Dalloz Sirey
Gaz. Pal.	Gazette du Palais
GmbHR	GmbH Rundschau, Gesellschafts- und Steuerrecht der GmbH und GmbH & Co.
JCP	Semaine juridique (Juris-classeur périodique), édition générale
JCP éd. E	Semaine juridique (Juris-classeur périodique), édition entreprise
J.O.	Journal officiel
JW	Juristische Wochenschrift

LM	Das Nachschlagewerk des Bundesgerichtshofs in Zivilsachen, herausgegeben von Lindenmaier und Möhring
NJW	Neue Juristische Wochenschrift
NJW-RR	NJW-Rechtsprechungs-Report Zivilrecht
NZG	Neue Zeitschrift für Gesellschaftsrecht
Quot. jur.	Quotidien juridique
Rev. soc.	Revue des sociétés
Rev. trim. Droit civ.	Revue trimestrielle de droit civil
Rev. trim. Droit com.	Revue trimestrielle de droit commercial et de droit économique
RG	Reichsgericht
RGZ	Amtliche Sammlung der Reichsgerichtsrechtsprechung
RJC	Revue de jurisprudence commerciale
RJDA	Revue de jurisprudence de droit des affaires
S	Recueil Sirey
SeuffArch	Seufferts Archiv für Entscheidungen der obersten Gerichte in den deutschen Staaten
Trib. civ.	Tribunal civil
Trib. com.	Tribunal de commerce
WiB	Wirtschaftsrechtliche Beratung
WM	Zeitschrift für Wirtschafts- und Bankrecht, Wertpapiermitteilungen
ZGR	Zeitschrift für Unternehmens- und Gesellschaftsrecht
ZHR	Zeitschrift für das gesamte Handels- und Wirtschaftsrecht
ZIP	Zeitschrift für Wirtschaftsrecht; bis 1982: Zeitschrift für Wirtschaftsrecht und Insolvenzpraxis

A) EINLEITUNG

Der Kauf von Unternehmen und Unternehmensteilen ist im heutigen Wirtschaftsleben eine nahezu alltägliche Operation geworden. Die Gründe sind vielfältig. Die Möglichkeit, das Unternehmen eventuell als Ganzes verkaufen zu können, erleichtert Unternehmensgründern die Entscheidung, Geld und Arbeitskraft in eine neue Geschäftsidee zu investieren. Die Abgabe von Unternehmensteilen an Betreiber, die besser aufgestellt sind, um diese mit Gewinn zu betreiben, ermöglicht durch die vielbeschworene Konzentration auf das Kerngeschäft ganz allgemein eine wirtschaftliche Wertschöpfung. Der Verkauf der gesamten Unternehmung ermöglicht in vielen Fällen, Probleme bei der Unternehmernachfolge zu bewältigen. Dem Recht ist hierbei die Aufgabe gestellt, eine gerechte und vor allem vorhersagbare Behandlung von Problemfällen zu gewährleisten. Der Blick in fremde Rechtsordnungen kann helfen, die im Inland gefundenen Lösungen zu hinterfragen und zu bestätigen.

Diese Untersuchung beschäftigt sich mit dem Vergleich der in Deutschland und Frankreich bestehenden Möglichkeiten des enttäuschten Unternehmenskäufers, gegen den Verkäufer vorzugehen. Sie ist nicht auf dessen Haftung im engeren Sinn beschränkt, sondern zeigt auch andere Rechtsbehelfe auf, die dem Käufer im Einzelfall offen stehen können, etwa indem er das Geschäft wegen eines Willensmangels anficht. Nicht berücksichtigt sind Möglichkeiten, gegen weitere Beteiligte vorzugehen, etwa gegen Investmentbanken und Rechtsanwälte, Notare oder Wirtschaftsprüfer, die eine oder beide Parteien beraten haben.

Die Praxis des Unternehmenskaufs ist in Deutschland ebenso wie in Frankreich geprägt von vertraglichen Zusicherungen, die häufig sehr umfangreich und detailliert ausfallen. Ihr Fehlen muss wohl schon als Kunstfehler bezeichnet werden, wenn Rechtsanwälte mit den Verhandlungen betraut sind. Die vielfältigen Möglichkeiten der Vertragsgestaltung sind jedoch nicht Gegenstand dieser Untersuchung;[1] sie konzentriert sich auf das allgemein geltende Gesetzesrecht. Dieses ist trotz der vielfach vereinbarten vertraglichen Garantien nicht ohne Bedeutung. Es gilt immer dann, wenn eine besondere Vereinbarung nicht zustande kam, unwirksam ist oder im Einzelfall zwischen den Parteien eines Rechtsstreits keine Wirkung entfaltet. Dies kann zum Beispiel daran liegen, dass es einer Partei prozessual verwehrt ist, sich auf eine an sich existierende Garantievereinbarung zu berufen,[2] oder dass eine Mindestschadensgrenze für das Eingreifen der Garantie nicht erreicht ist. Wichtig ist das allgemeine Recht auch als Grundlage für die Auslegung vertraglicher Regelungen.

---

[1] Nach *Niggemann*, Unternehmenserwerb durch Erwerb einer Kapitalbeteiligung, S. 41, ähneln sich die in Deutschland und Frankreich verwendeten Klauseln ohnehin.

[2] Beispielsweise war dies so in dem Fall, der der unten diskutierten Entscheidung Cass. com., 4.6.1996, zugrunde lag (zit. unten Fn. 793).

Das wirtschaftliche Ziel, ein Unternehmen zu übernehmen, kann im deutschen wie im französischen Recht, ebenso wie in vielen anderen Rechtsordnungen, grundsätzlich auf zwei Wegen erreicht werden: durch den Erwerb des eigentlichen Unternehmens oder durch die Übernahme der Anteile an der unternehmenstragenden Gesellschaft.

In dem ersten Fall erwirbt der Übernehmer sämtliche oder wenigstens die für den Unternehmensbetrieb essentiellen Vermögensgegenstände, die im Vermögen des bisherigen Unternehmers dem Unternehmen zugeordnet waren. Diese Vorgehensweise wird in der deutschen Praxis häufig in Anlehnung an die angloamerikanische Terminologie als *asset deal* bezeichnet. Hinzu kommen kann die Übernahme aller oder eines Teiles der im Zusammenhang mit der Unternehmung stehenden Schulden des Veräußerers durch den Übernehmer. Dabei spielt es keine Rolle, ob sich natürliche oder juristische Personen in dem Geschäft gegenüberstehen. Auch beim *asset deal* können der Verkäufer, der Käufer oder auch beide Parteien Gesellschaften mit eigener Rechtspersönlichkeit sein.

Die alternative rechtliche Gestaltung ist der sogenannte *share deal*. Hierbei wird nicht das Unternehmen als solches, sondern die unternehmenstragende, in der Regel mit juristischer Persönlichkeit ausgestattete[3] Gesellschaft vom Käufer erworben. Bei dieser Variante verbleibt die Inhaberschaft der im Unternehmen zusammengefassten Rechte, das Eigentum an den dem Unternehmen zugeordneten Sachen und alle weiteren rechtlichen und tatsächlichen Positionen, die zum Unternehmen gehören, bei demselben, weiterhin fortbestehenden Rechtsträger, nämlich bei der Zielgesellschaft. Anders als der eigentliche Unternehmenskauf ist der *share deal* selbstverständlich nur dann möglich, wenn das zu verkaufende Unternehmen nicht von einem Einzelkaufmann, sondern von einer Gesellschaft betrieben wird.

Ähnlichkeit mit dem *share deal* weisen Transaktionen auf, die börsennotierte Gesellschaften betreffen. Besonders zu denken ist hier an – freundliche oder feindliche – Übernahmen solcher Gesellschaften. Dafür gelten besondere Vorschriften des Börsenrechtes, die hier jedoch nicht untersucht werden.

Asset deal und *share deal* dienen beide demselben schuldrechtlichen Zweck, nämlich dem Erwerb der Macht über das Unternehmen.[4] Sie sind oftmals funktionell austauschbar und werden von den Parteien vielfach als äquivalent betrachtet.[5] Rechtlich jedoch sind beide Gestaltungsmöglichkeiten streng zu trennen. Die Möglichkeiten des Käufers, im Fall der Unzufriedenheit mit dem

---

3 Die Personengesellschaften des deutschen Handelsrechtes, die keine juristischen Personen sind, werden zivilrechtlich hinsichtlich des *share deal* ebenso behandelt wie Gesellschaften mit juristischer Persönlichkeit (*Holzapfel/Pöllath*, Unternehmenskauf, Rn. 133; *Picot–Picot*, Unternehmenskauf, Rn. 74).

4 *K. Schmidt*, Handelsrecht, § 6 II 1 c.

5 *Paillusseau*, in: Mélanges en l'honneur de Henry Blaise, Paris 1995, S. 363, Nr. 13.

Unternehmen Ansprüche gegen den Verkäufer geltend zu machen, unterscheiden sich teilweise wesentlich. Unterschiede gibt es insbesondere auch im Steuerrecht, weshalb steuerliche Gesichtspunkte bei der Wahl der rechtlichen Strukturierung eines Unternehmenskaufs oftmals entscheidend sein werden.[6]

In Frankreich ist die Behandlung des *asset deal* für dessen wesentlichen Teil, den Kauf eines *fonds de commerce,* im Code de commerce geregelt.[7] Nachdem in der französischen Rechtslehre vor allem seit etwa 1970[8] eine Debatte darüber geführt wurde, ob und welche besondere Behandlung die Übernahme der Kontrollmehrheit an einer Gesellschaft (die sogenannte *cession de contrôle*) erfahren sollte, erscheint auch diese Problematik seit einer Reihe von Entscheidungen der Handelskammer der Cour de Cassation für die Praxis einer gefestigten Lösung zugeführt.

In Deutschland hat die Rechtsprechung schon kurz nach Inkrafttreten des BGB die wesentlichen Grundlagen für die Behandlung des Unternehmenskaufes gelegt. Gegenvorschläge, die von Teilen der Literatur insbesondere in den 1980er Jahren gemacht und diskutiert wurden, haben die für die Rechtsanwendung wesentliche Haltung des höchstrichterlichen Rechtsprechung nicht verändert. Infolge der Änderungen des Kaufrechts durch das Schuldrechtsmodernisierungsgesetz, das zum 1.1.2002 in Kraft getreten ist, ist eine neue Ungewissheit entstanden. Bei der noch offenen Frage, wie die neuen Normen auszulegen sind, kann das Verständnis der in Frankreich gefundenen Lösung helfen. Der Blick nach Frankreich hat dabei durchaus Tradition: schon in seinem zweiten grundlegenden Urteil zum Unternehmenskauf nach Inkrafttreten des BGB aus dem Jahr 1907 argumentierte das Reichsgericht mit der Rechtslage in Frankreich und bezog sich auf die Rechtsfigur des *fonds de commerce.*[9] Auch in neuerer Zeit hat sich die deutsche Rechtslehre mit der Lage beim Unternehmenskauf in Frankreich beschäftigt.[10]

---

6 *Niggemann,* Unternehmenserwerb durch Erwerb einer Kapitalbeteiligung, S. 38; *Paillusseau/Caussain/Lazarski/Peyramaure,* La cession d'entreprise, Nr. 264; *Holzapfel/ Pöllath,* Unternehmenskauf, Nr. 134. Das Steuerrecht ist nicht Gegenstand dieser Untersuchung. Siehe dazu für Deutschland *Holzapfel/Pöllath,* Unternehmenskauf, Nr. 137-178, für Frankreich unten (Teil C, 3.1.2.1).

7 Die Normen der den Verkauf von *fonds de commerce* regelnden Gesetze vom 17.3.1909 und vom 29.6.1935 sind seit 2000 in den Code de commerce integriert.

8 *Paillusseau,* JCP 1986, I, 3224, Nr. 1.

9 RG, 15.11.1907, RGZ 67, 86, 89.

10 Vgl. etwa die Beiträge von *Witz, Lutz* und *Niggemann* in *Witz/Schmidt/Zierau,* Unternehmenserwerb in Frankreich (1990); *Prüfer,* NZG 1998, S. 49 und S. 86; *Fleischer,* WM 1998, S. 849.

B) RECHTSBEHELFE DES KÄUFERS EINES UNTERNEHMENS ODER EINER UNTERNEHMERISCHEN BETEILIGUNG IM DEUTSCHEN RECHT

Der Unternehmenskauf, sei es als *asset deal* oder als *share deal*, und die Haftung des Verkäufers für ein Zurückbleiben des Unternehmens hinter den durch den Vertrag gerechtfertigten Erwartungen des Käufers sind in der deutschen Rechtslehre ausführlich behandelt worden. Anspruch dieser Darstellung ist nicht, neue Lösungen zu entwickeln. Vielmehr soll die Rechtslage so dargestellt werden, dass ein Vergleich mit dem unten erörterten französischen Recht ermöglicht wird.

Am 1.1.2002 ist das Schuldrechtsmodernisierungsgesetz[11] in Kraft getreten, das zu wesentlichen Änderungen unter anderem im kaufrechtlichen Gewährleistungsrecht geführt hat. Obwohl Ausgangspunkt des Gesetzgebers die Umsetzung der Richtlinie zum Verbrauchsgüterkauf war, sind die Änderungen auch für die Behandlung des Unternehmenskaufs von Bedeutung. Insoweit gibt es für den Unternehmenskauf bislang noch keine Rechtsprechung. Dementsprechend musste in diesem Bereich eine eigene Bewertung der neuen Rechtslage versucht werden.

Das deutsche Recht zum Unternehmenskauf ist von einer weitgehend gleichen Behandlung von *asset deal* und *share deal* geprägt. Obwohl der *share deal* ein reiner Rechtskauf ist, der *asset deal* hingegen der Kauf einer Gesamtheit von Sachen, Rechten und sonstigen rechtlichen und tatsächlichen Positionen, hat die Rechtsprechung schon unter dem vor der Schuldrechtsmodernisierung geltenden Recht in einem ersten Schritt das Gewährleistungsrecht für Sach- und Rechtsmängel auf den eigentlichen Unternehmenskauf angewendet. In einem weiteren Schritt hat sie dann die Trennlinie für die Anwendbarkeit der ädilizischen Rechtsbehelfe nicht zwischen Unternehmenskauf und Anteilskauf, sondern innerhalb des Anteilskaufs gezogen, indem sie den *share deal* dann wie einen *asset deal* behandelt, wenn alle oder nahezu alle Gesellschaftsanteile verkauft sind.

Darüber hinaus hat die Herausnahme falscher Angaben über Umsätze und Erträge des Unternehmens und Bilanzen aus dem Fehlerbegriff der §§ 459 ff. BGB a.F. in solchen Fällen zur Anwendung der culpa in contrahendo unabhängig von der Gestaltung als *asset deal* oder *share deal* geführt.

Dies rechtfertigt, anders als unten bei der Behandlung der französischen Rechtslage auf eine Trennung der Darstellung danach zu verzichten, ob das Unternehmen selbst oder die unternehmenstragende Gesellschaft verkauft ist.

[11] Gesetz zur Modernisierung des Schuldrechts vom 26.11.2001, BGBl. I, S. 3138.

0) Weitgehende Gleichbehandlung von *asset deal* und *share deal* im deutschen Recht

Der Unternehmenskauf führt zum Übergang einer komplexen Wirtschaftseinheit auf den Käufer. Für den Fall, dass der Erwerber mit dem Zustand und dem Funktionieren des Unternehmens unzufrieden ist, können eine Reihe von Rechtsbehelfen einschlägig sein, um Ansprüche gegen den Veräußerer geltend zu machen. Insbesondere sind dies die kaufrechtlichen Rechtsbehelfe, auf das Vorliegen eines Mangels gestützt und die Haftung für Verschulden bei Vertragsverhandlungen. Daneben kann der Käufer auch versuchen, den Kaufvertrag wegen seiner Fehlvorstellung über das Unternehmen anzufechten oder sich auf ein deliktisches Verhalten des Verkäufers berufen.

Weder im Bereich der culpa in contrahendo noch soweit deliktische Ansprüche im Raum stehen spielt es für die Beurteilung eventueller Ansprüche des Käufers eines Unternehmens eine Rolle, ob die Transaktion als eigentlicher Unternehmenskauf oder als Beteiligungskauf durchgeführt wurde. Dasselbe gilt, soweit der Vertrag wegen arglistiger Täuschung angefochten wird. Denn in diesen Fällen begründet sich die Haftung des Verkäufers auf seinem Verhalten, auf irreführender Information des Käufers über das Unternehmen, und nicht auf einer Eigenschaft des Kaufgegenstands, die bei einem *share deal* anders beurteilt werden könnte als bei einem *asset deal*.

Die Anwendung der kaufrechtlichen Rechtsbehelfe ebenso wie die Anfechtungsmöglichkeit wegen eines Irrtums über verkehrswesentliche Eigenschaften nach § 119 II BGB beruhen auf einer Abweichung des gekauften Gegenstands von den Vorstellungen einer oder auch beider Vertragsparteien. Die dogmatisch völlig andere Gestaltung von Unternehmenskauf und Anteilskauf spielt hier im Gegensatz zu den Rechtsbehelfen, bei denen es auf eine Täuschung durch den Verkäufer ankommt, eine entscheidende Rolle. Beim Kauf des Unternehmens als *asset deal* ist Gegenstand des Vertrages das Unternehmen selbst, beim *share deal* hingegen werden rechtstechnisch nur die Anteile an der unternehmenstragenden Gesellschaft verkauft, nicht aber das Unternehmen, das im Besitz der verkauften Gesellschaft bleibt. In vielen Rechtsordnungen kommt deshalb eine Haftung für Mängel des Unternehmens nur in den Fällen eines *asset deal* in Betracht.

Die Rechtsprechung des RG und des BGH hat jedoch seit langem einer wirtschaftlichen Betrachtungsweise den Vorzug gegeben vor dem dogmatischen Argument, dass es beim Kauf einer Beteiligung ausschließlich darauf ankommen kann, ob die Beteiligungsrechte als solche fehlerfrei sind. Stattdessen hat sie der Tatsache Rechnung getragen, dass der Käufer zumindest aller Anteile, ebenso aber der Erwerber der überwiegenden Mehrheit der Anteile an einer Gesellschaft wirtschaftlich so gestellt ist, als hätte er das Unternehmen selbst gekauft. Denn er kann auf das Unternehmen als Wirtschaftseinheit über seine Machtposition in der Gesellschaft fast ebenso direkt einwirken wie der unmittelbare Unternehmenskäufer.

Infolge dieser Rechtsprechung werden Unternehmenskauf und Kauf der überwiegenden Mehrheit für die Anwendung des kaufrechtlichen Gewährleistungsrechts grundsätzlich gleich behandelt. Der Kauf eines nicht genügend hohen Anteils an der unternehmenstragenden Gesellschaft führte jedoch jedenfalls bis zu der Schuldrechtsreform auch nach dieser Rechtsprechung nicht zur Anwendung des Sachmängelrechts. Dieser grundsätzliche Unterschied wird nach der hier vertretenen Auffassung auch durch die Änderung des Kaufrechts nicht betroffen.

Dennoch kam es unter der Geltung des bis Ende 2001 gültigen Rechts in vielen Fällen doch zu einer völligen Gleichbehandlung von Unternehmenskauf und Anteilskauf, unabhängig von der Höhe des Gesellschaftsanteils. Dies galt für die Fälle, in denen die Unzufriedenheit des Käufers darauf beruhte, dass irreführende Angaben über die Umsätze und Erträge gemacht worden waren oder der Kauf auf einer unrichtigen Bilanz beruhte. Denn nach der Auffassung der ständigen höchstrichterlichen Rechtsprechung handelte es sich bei diesen Angaben nicht um Eigenschaften eines Unternehmens, die nach § 459 I a.F. BGB einen Fehler begründen konnten. Solange die Angaben zu Umsätzen und Erträgen nicht für einen längeren Zeitraum erfolgten, war auch eine Zusicherung nicht möglich. Weil damit das Gewährleistungsrecht nicht einschlägig war, konnte die Rechtsprechung in den Fällen des *asset deal* ebenso wie in den Fällen, in denen sie den *share deal* wegen Kaufs einer überwiegenden Mehrheit ebenso behandelt wie den eigentlichen Unternehmenskauf, genauso auf das allgemeine Leistungsstörungsrecht zurückgreifen, wie es für die Fälle des Kaufs einer Minderheitsbeteiligung ohnehin einschlägig war. Beide Fälle löste die Rechtsprechung primär über die Anwendung der culpa in contrahendo.

Es ist wahrscheinlich, dass diese Lücke im Anwendungsbereich der Gewährleistungsvorschriften durch das Schuldrechtsmodernisierungsgesetz geschlossen wurde. Der neue Begriff der Beschaffenheit, der in § 434 BGB n.F. an die Stelle des bisherigen Eigenschaftsbegriffs tritt, dürfte weiter auszulegen sein und Angaben über Umsätze, Erträge und Bilanzen umfassen. Es besteht jedoch auf der anderen Seite kein Grund, die Unterscheidung zwischen dem Kauf eines Unternehmens oder der überwiegenden Anteilsmehrheit einerseits, bei dem die Gewährleistung für Sachmängel einschlägig ist, und auf der anderen Seite dem bloßen Anteilskauf, der ausschließlich zur Rechtsmängelhaftung, daneben aber gegebenenfalls zur Haftung für Verschulden bei Vertragsverhandlungen führt, aufzugeben. Damit wird durch die Schuldrechtsreform der Unterschied in der rechtlichen Behandlung von bloßem Anteilskauf und Unternehmenskauf größer werden.

1) Anwendung des kaufrechtlichen Gewährleistungsrechtes für *asset deal* und *share deal*

Das Gewährleistungsrecht des Kaufrechts ist an sich für den Kauf einzelner Sachen oder Rechte ausgelegt. Vor dem Schuldrechtsmodernisierungsgesetz ging es sogar von dem in der Praxis weniger häufigen Fall des Stückkaufs aus. Trotzdem liegt es durchaus nahe, für den Fall der Unzufriedenheit des Erwerbers eines Unternehmens die Anwendbarkeit der kaufrechtlichen Gewährleistungsregeln in Betracht zu ziehen.

Je nach Gestaltung sind im Vorfeld eine oder zwei dogmatische Hürden zu überwinden. Einerseits ist zu fragen, ob das Gewährleistungsrecht überhaupt auf den Kauf einer komplexen, ständigem Wandel unterworfenen Wirtschaftseinheit Anwendung finden kann. Diese Frage hat bereits das Reichsgericht bejaht, erstmals in seiner „Fischladen"-Entscheidung von 1906.[12] Sie ist nunmehr durch den Gesetzgeber in § 453 I 2. Alt. ebenso entschieden worden. Andererseits stellt sich im Falle des Kaufs nicht eines Unternehmens direkt, sondern von Anteilen an der unternehmenstragenden Gesellschaft die weitere Frage, ob auch in diesem Fall das Gewährleistungsrecht im Hinblick auf behauptete Fehler des von der Gesellschaft betriebenen Unternehmens Anwendung finden kann. Auch diese Frage ist für viele Fälle bereits durch das RG im Sinne einer relativ weiten Anwendung der ädilizischen Rechtsbehelfe gelöst worden.[13]

Diese beiden Lösungen des RG sind vom BGH in ständiger Rechtsprechung bestätigt worden. Dennoch hat das Gewährleistungsrecht in der Praxis vor der Schuldrechtsmodernisierung eine geringere Rolle gespielt als die vom RG gefundene Linie vermuten ließe. Der BGH hat den Eigenschaftsbegriff, der dem Fehlerbegriff in § 459 I, II BGB a.F. zugrunde lag, so eng ausgelegt, dass die Fälle falscher Angaben über Umsätze und Erträge des Unternehmens und falscher Bilanzen vom Geltungsbereich der §§ 459 ff. BGB a.F. nicht erfasst waren. Über diesen Umweg sind viele Fälle aus dem Bereich des weithin als unpassend empfundenen Gewährleistungsrechts in den Anwendungsbereich der flexibleren culpa in contrahendo verschoben worden.

Wie die Rechtsprechung auf die Änderung des Gewährleistungsrechts durch die Schuldrechtsmodernisierung reagieren wird, bleibt abzuwarten. Es wäre jedoch zu begrüßen, wenn der neue Beschaffenheitsbegriff weiter ausgelegt werden würde als der bisherige Eigenschaftsbegriff.

1.1) Kauf des Unternehmens – **asset deal**

1.1.1) Das Unternehmen als Gegenstand des Gewährleistungsrechts

Auf den Kauf von Unternehmen finden die Regeln für den Kauf von Sachen Anwendung, einschließlich der Gewährleistungsregeln für Mängel.

Zwar geht das Kaufrecht vom Modellfall des Sachkaufes aus. § 433 I 1 BGB spricht unverändert vom Verkauf einer Sache, und § 434 I BGB n.F. regelt die

---

[12] RG, 13.3.1906, RGZ 63, 57.

[13] RG, 16.3.1920, RGZ 89, 289.

Gewährleistung für Mängel der verkauften Sache, ebenso wie § 459 I BGB a.F. nach seinem Wortlaut nur den „Verkäufer einer Sache" verpflichtete. Dennoch behandelt die Rechtsprechung den Verkauf eines Unternehmens schon seit den ersten Jahren nach Inkrafttreten des BGB als Kauf und unterwirft den Verkäufer den Regeln des Gewährleistungsrechtes für den Sachkauf. Diese Praxis hat der Gesetzgeber der Schuldrechtsmodernisierung nun ausdrücklich in seinen Willen aufgenommen.

Ein Unternehmen ist keine Sache[14]. Das Unternehmen ist als solches rechtlich schwer greifbar. Es besteht aus einer Vielzahl von Gegenständen, die, ohne dass dies nach außen besonders kundgetan werden müsste oder regelmäßig würde, durch eine gemeinsame Zweckbestimmung – nämlich dem Unternehmen zu dienen – zusammengefasst werden. Der BGH hat den Unternehmenskauf als Kauf eines „Inbegriffs von Rechts- und Sachgesamtheiten" bezeichnet.[15] Die Literatur verwendet teils den Ausdruck „Gesamtheit" oder „Inbegriff" von Sachen und Rechten und ähnlichen Positionen wie tatsächlichen Beziehungen und Marktchancen.[16] *Lieb* hat die Bezugnahme auf eine Gesamtheit von Sachen und Rechten allerdings zu Recht als irreführend bezeichnet.[17] Denn in der Regel kommt es den Parteien weniger auf die Einzelgegenstände an als auf die Wirtschaftseinheit als lebensfähiges Ganzes.[18] Ziel des Unternehmenskaufes ist es für den Käufer, mit dem Unternehmen zu wirtschaften und Gewinne zu erzielen, weniger aber, eine Reihe von Einzelgegenstände zu erwerben. Dies zeigt sich auch in der Preisfindung, die üblicherweise nicht den Zerschlagungswert bewertet, sondern häufig[19] auf einer Abschätzung (und Abzinsung) der für die Zukunft prognostizierten Kapitalflüsse (Cash Flows) beruht (hierauf basiert die Kapitalwertmethode zur Unternehmensbewertung).

Das RG hat schon früh die Regeln für die Sachmängelgewährleistung auf verkaufte Unternehmen angewandt. In einem Fall, den das Gericht 1906 zu entscheiden hatte, war eine Fischhandlung verkauft worden, die zur Enttäuschung der Käuferin den zugesicherten wöchentlichen Reinverdienst von 100 Mark nicht erbrachte.[20] Das RG schloss zwar unter Berufung auf die Gesetzesmaterialien eine unmittelbare Anwendung des Kaufrechts aus, wendete jedoch dessen Regeln und insbesondere die Bestimmungen für die Gewährleis-

---

14 Nach § 90 BGB meint das Gesetz mit Sachen nur körperliche Gegenstände.

15 BGH, 19.2.1986, BGHZ 97, 127, 131.

16 Vgl. etwa *Holzapfel/Pöllath*, Unternehmenskauf, Rn. 130, 401; *Noll*, WM 1985, S. 341 ff.; *Soergel–Huber*, § 433 Rn. 29; *Erman–Grunewald*, § 433 Rn. 14; *Hiddemann*, ZGR 1982, S. 438 nennt den Unternehmenskauf „geradezu [den] Prototyp des Verkaufs einer Sachgesamtheit".

17 *Lieb*, FS Gernhuber, S. 272.

18 *Soergel–Huber*, vor § 433 Rn. 24.

19 *Picot–Picot*, Unternehmenskauf, Rn. 62.

20 RG, 13.3.1906, RGZ 63, 57.

tung für Fehler und zugesicherte Eigenschaften von Sachen analog an.[21] Seitdem hat die Rechtsprechung in ständiger Praxis das Gewährleistungsrecht des Kaufrechts auf Unternehmenskäufe angewandt.[22] Dabei müssen nicht immer alle mit dem Unternehmen verbundenen Gegenstände verkauft sein; es ist eine Frage der Auslegung im Einzelfall, ob beim Verkauf einer Mehrzahl von Betriebsmitteln eines Unternehmens eigentlicher Kaufgegenstand das Unternehmen selbst sein soll.[23]

Ob es sich um eine analoge Anwendung, wie es Rechtsprechung und ein Teil der Literatur bislang vertreten haben,[24] oder um eine unmittelbare Anwendung des Kaufrechtes handelt, wie die Gegenmeinung in der Literatur meinte,[25] kann nach der Schuldrechtsreform wohl dahinstehen. Denn § 453 I 2. Alt. BGB n.F. ordnet nun die entsprechende Anwendung der Vorschriften für den Sachkauf auch für den Kauf von „sonstigen Gegenständen" ausdrücklich an. Damit sind nach der Begründung des Gesetzesentwurfs insbesondere Unternehmen und Unternehmensteile gemeint, die Norm will die bisherige Rechtsprechung kodifizieren.[26] Dass hiermit der Unternehmensverkauf grundsätzlich vom Gewährleistungsrecht erfasst ist, wird in den bisherigen Stellungnahmen der Literatur nicht bezweifelt.[27] Von der Anwendung der Gewährleistungsregeln auf den Unternehmenskauf auch unter dem neuen Schuldrecht kann somit ausgegangen werden. Die Kritik, die von Teilen der Literatur an der Analogie zu §§ 459 ff. BGB a.F. geübt wurde, weil die Vorschriften des Gewährleistungsrecht im Gegensatz zur Auffassung des Reichsgerichts auf den Unternehmenskauf nicht passten,[28] hat der Gesetzgeber nicht berücksichtigt; die Gesetzesbegründung geht aber davon aus, dass die wesentlichen Gründe, die gegen die Anwendung des Gewährleistungsrechts sprachen, mit der Reform entfallen sind, vor allem durch die Verlängerung

---

21 RG, 13.3.1906, RGZ 63, 57, 59, 61.

22 RG, 13.3.1906, RGZ 63, 57; RG, 15.11.1907, RGZ 67, 86; RG, 20.11.1908, RGZ 69, 249; RG, 27.2.1915, JW 1915, 506; RG, 9.7.1915, JW 1915, 1117; BGH 12.11.1969, LM § 276 Nr. 5 = NJW 1970, 653; BGH, 7.1.1970, NJW 1970, 556 = WM 1970, 319; BGH, 5.10.1973, DB 1974, 231 = WM 1974, 51 = BB 1974, 152; BGH 18.1.1974, WM 1974, 312; BGH, 18.3.1977, NJW 1977, 1538 = DB 1977, 1042; BGH, 14.7.1978, NJW 1979, 33 = WM 1979, 102; BGH, 11.11.1987, WM 1988, 124 = NJW-RR 1988, 744; BGH, 8.2.1995, NJW 1995, 1547 = ZIP 1995, 655 = LM § 459 Nr. 125 m. Anm. *Döser*; BGH, 6.12.1995, NJW-RR 1996, 429 = WiB 1996, 313 m. Anm. *Bosch*; BGH, 25.3.1998, BGHZ 138, 195.

23 BGH, 8.2.1995, NJW 1995, 1547 = ZIP 1995, 655 = LM § 459 Nr. 125 m. Anm. *Döser*.

24 RG, 15.11.1907, RGZ 67, 86, 89f.; BGH, 7.1.1970, WM 1970, 319 = NJW 1970, 556; *Münch-Komm–Westermann*, § 459 Rn. 48.

25 *Soergel–Huber*, § 459 Rn. 260.

26 BT-Drs. 14/6040, S. 242.

27 *Palandt–Putzo*, § 453 n.F. Rn. 7; *Triebel/Hölzle*, BB 2002, S. 523; *von Gierke/Paschen*, GmbHR 2002, S. 459; *Wolf/Kaiser*, DB 2002, S. 411; *Gronstedt/Jörgens*, ZIP 2002, S. 53; *Gaul*, ZHR 166 (2002), S. 39; *Dauner-Lieb/Thiessen*, ZIP 2002, S. 110.

28 *Canaris*, ZGR 1982, S. 397-401; *Baur*, BB 1979, S. 386.

der kaufrechtlichen Verjährung und die Einräumung eines Schadensersatzanspruchs bei Fahrlässigkeit.[29]

1.1.2) *Problem des Fehlerbegriffs*

Die oben festgestellte grundsätzliche Anwendbarkeit des Mängelrechtes allein reicht noch nicht aus, um dem enttäuschten Unternehmenskäufer mit den Rechtsbehelfen des Gewährleistungsrechtes zu helfen. Im Einzelfall müssen auch seine Tatbestandsvoraussetzungen erfüllt sein. Insbesondere muss der vom Käufer beklagte Umstand als Mangel anzusehen sein.

Unter dem bis Ende 2001 geltenden Recht war diese Frage für den Kauf von Unternehmen besonders schwierig zu beantworten. Die Rechtsprechung des Bundesgerichtshofes legte für den Fehlerbegriff und den Begriff der zusicherungsfähigen Eigenschaft eng aus, was als Eigenschaft des gekauften Unternehmens gelten konnte. Gerade für typischerweise problematische Bereiche, nämlich Angaben über Unternehmensabschlüsse und Unternehmenskennzahlen, hat sie damit indirekt den erst durch eine Analogie eröffneten Bereich der Gewährleistung wieder verlassen.

Das Schuldrechtsmodernisierungsgesetz hat jedoch in § 434 I BGB n.F. die Voraussetzungen eines Mangels neu formuliert. Zentraler Begriff ist nunmehr anstelle von Fehlern und zugesicherten Eigenschaften (§ 459 I und II BGB a.F.) die vereinbarte Beschaffenheit der Kaufsache (§ 434 I 1 BGB n.F.). Der Gesetzgeber hat bewusst nicht definiert, was unter der Beschaffenheit zu verstehen ist, insbesondere, inwieweit außerhalb der Kaufsache liegende Umstände Teil der Beschaffenheit sein können.[30] Ob die zum Eigenschaftsbegriff entwickelte Rechtsprechung Bestand haben wird, ist noch offen.[31]

Wird ein Unternehmen verkauft, so können Abweichungen von der erwarteten Qualität auf zwei Ebenen auftreten. In beiden Fällen hat die Rechtsprechung die Mängelgewährleistung angewandt.[32] Einerseits kann die Leistungsfähigkeit des Unternehmens als solches vom Vertrag abweichen. Beispiele hierfür sind ein unerwartet schlechter Ruf des Unternehmens,[33] die Beschränkung der räumlichen Ausdehnbarkeit des Betätigungsfeldes infolge unbekannter Exklusivimporteure für das Ausland[34] oder besonders häufig die Abweichung der genannten Kennzahlen des Unternehmens, der Bilanz oder

---

[29] BT-Drs. 14/6040, S. 242.

[30] BT-Drs. 14/6040, S. 213.

[31] *Palandt–Putzo*, § 434 n.F. Rn. 12.

[32] Nach *Soergel–Huber*, vor § 433 Rn. 24, handelt es sich in Bezug auf Fehler des Unternehmens als Ganzes um analoge, wegen Fehlern, die auf Mängeln oder Fehlen von Einzelsachen beruhen, jedoch um unmittelbare Anwendung der §§ 459 ff. BGB a.F.

[33] Z.B. RG, 15.11.1907, RGZ 67, 86; BGH, 3.7.1992, NJW 1992, 2564 = ZIP 1992, 1317.

[34] Z.B. RG, 16.2.1916, RGZ 88, 103.

des Schuldenstands von der Wirklichkeit[35] oder die fehlende Ertragsfähigkeit schlechthin.[36] Andererseits kann das Unternehmensvermögen hinter den Erwartungen zurück bleiben, weil mitverkaufte Sachen oder Rechte oder sonstige Gegenstände entweder fehlen[37] oder aber mangelhaft[38] sind.

1.1.2.1) Mängel des Unternehmens als Ganzes

Das Unternehmen als Ganzes kann mangelhaft sein, ohne dass dies auf Quantitäts- oder Qualitätsmängeln hinsichtlich einzelner verkaufter Gegenstände der Unternehmensvermögens beruht. Hierbei kann es sich um Sachmängel des Gesamtunternehmens oder aber um Rechtsmängel handeln.

Als Sachmängel erfasst sind etwa die Fälle, in denen das Unternehmen einen schlechten Ruf hat, ohne dass der Käufer dies ahnte. Der schlechte Ruf ist insoweit für das Unternehmen wertbildend, als er das Ertragspotential beeinflusst. Ein Beispiel aus der frühesten Rechtsprechung des Reichsgerichts zum Unternehmenskauf ist der Kauf eines „Pensionats", bei dem es sich in Wirklichkeit um ein „der Unzucht dienendes sog. ‚Absteigequartier'" handelte.[39]

Ein anderer Fall ist die technische und wirtschaftliche Unbrauchbarkeit des Produktes, das das Unternehmen herstellt.[40] Als Eigenschaft des Unternehmens zugesichert werden konnte die Höhe der steuerlich relevanten Baunebenkosten, die die verkaufte Personengesellschaft bereits aufgewendet hatte.[41]

Einen Fehler einer Unternehmens stellte auch dar, dass ein auf fünf Jahre festgeschriebener Anstellungsvertrag mit dem Verkäufer als Geschäftsführer mit einem im Verhältnis zur Unternehmensgröße[42] nicht unerheblichen Gehalt bestand, da dieser Vertrag den Unternehmenswert nach Auffassung des OLG unmittelbar beeinflusste.[43] Andererseits hat jedoch der BGH die Auffassung vertreten, die charakterlichen Eigenschaften eines für die Mandantenbindung wesentlichen Mitarbeiters einer Steuerkanzlei stünden nicht in einem ausrei-

---

35 Z.B. BGH, 12.11.1969, LM § 276 Nr. 5 = NJW 1970, 653; BGH, 5.10.1973, DB 1974, 231 = WM 1974, 51 = BB 1974, 152; BGH, 11.11.1987, WM 1988, 124 = NJW-RR 1988, 744.

36 So schon RG, 13.3.1906, RGZ 63, 57.

37 Z.B. BGH, 7.1.1970, NJW 1970, 556 = WM 1970, 319; BGH, 18.1.1974, WM 1974, 312; BGH, 14.7.1978, NJW 1979, 33 = WM 1979, 102.

38 Z.B. BGH, 27.2.1970, WM 1970, 819 = BB 1970, 819.

39 RG, 15.11.1907, RGZ 67, 86. Ein ähnlich gelagerter Fall lag auch der Entscheidung BGH, 3.7.1992, NJW 1992, 2564 = ZIP 1992, 1317 zugrunde.

40 BGH, 9.11.1977, WM 1978, 59 (kritisch dazu *Soergel–Huber*, § 459 Rn. 274).

41 BGH, 8.1.1975, WM 1975, 230.

42 Der Kaufpreis betrug ca. 1 Mio. DM, die Kosten aus dem Anstellungsvertrag beliefen sich auf jährlich mehr als 200.000 DM.

43 OLG Hamm, 20.1.1993, GmbHR 1994, 48.

chend unmittelbaren Zusammenhang mit dem Unternehmen, um eine zusicherungsfähige Eigenschaft oder einen Fehler begründen zu können.[44]

Das Unternehmen als Ganzes kann auch mit einem Rechtsfehler belastet sein, wenn die unternehmerische Tätigkeit durch Rechte eines Dritten beeinträchtigt wird. Einen solchen Fall hatte das RG 1916 zu entscheiden:[45] Der Käufer einer Maschinenfabrik ahnte nicht, dass der Verkäufer einem Dritten exklusiv das Recht eingeräumt hatte, das Produkt in Österreich-Ungarn zu produzieren und zu verkaufen. Der Käufer war wegen § 25 HGB an diese Einschränkung gebunden. Die Vertriebsbeschränkung stellte einen Rechtsmangel des Unternehmens dar. Ebenfalls ein Rechtsmangel hätte wohl angenommen werden müssen in dem RGZ 69, 429 zugrundeliegenden Fall: Wegen eines bestehenden Patents untersagte ein Dritter die Fortführung des gekauften Betriebs.[46] In einem weiteren Fall aus der Rechtsprechung des RG waren einige Bohrrechte des verkauften Ölunternehmens nicht wirksam.[47] *Canaris* hält auch dies für einen Rechtsmangel des Unternehmens.[48] Eher liegt wohl aber nur ein Rechtsmangel auf der Ebene des Betriebsvermögens vor.[49]

Eine Änderung der Rechtsprechung durch die Neufassung des Gewährleistungsrechts erscheint in diesem Bereich nicht wahrscheinlich. Nach der Meinung des bisherigen Stellungnahmen aus der Literatur ist durch die Einführung des Begriffs der Beschaffenheit keine Einschränkung des Mangelbegriffs für verkaufte Unternehmen zu erwarten. Vielmehr kommt eine Erweiterung im Bereich der Angaben über Erträge, Umsätze und Bilanzen in Betracht.[50]

1.1.2.2) Insbesondere: Falsche Angaben des Verkäufers zu Unternehmenskennzahlen und unrichtige Bilanzen

Besondere Beachtung verdient die Haltung der Rechtsprechung zu Angaben des Veräußerers über die Ertragsfähigkeit des Unternehmens, über vergangene Umsätze und Erträge und die Vorlage von Bilanzen und Gewinn- und Verlustrechnungen.

---

[44] BGH, 16.1.1991, NJW 1991, 1223 = ZIP 1991, 321.

[45] RG, 16.2.1916, RGZ 88, 103.

[46] RG, 20.11.1908, RGZ 69, 429. Das Gericht nahm allerdings einen Sachmangel an. Für Rechtsmangel: *Canaris*, ZGR 1982, S. 429; *Baur*, BB 1979, S. 386; *Soergel–Huber*, § 459 Rn. 278.

[47] RG, 26.1.1915, RGZ 86, 146. Das RG nahm zur Frage des Rechtmangels des Unternehmens nicht Stellung, da es die Anwendung des Gewährleistungsrechts beim Verkauf aller Anteile einer GmbH in diesem Fall noch ablehnte.

[48] *Canaris*, ZGR 1982, S. 430.

[49] Dazu sogleich.

[50] *Wolf/Kaiser*, DB 2002, S. 412; *Triebel/Hölzle*, BB 2002, S. 525; *Gaul*, ZHR 166 (2002), S. 45f.

Die Rechtsprechung hat §§ 459 ff. BGB a.F. nur in besonderen Fällen auf Zahlenangaben des Verkäufers eines Unternehmens angewandt.

Schon in einer seiner ersten Entscheidungen zu dieser Frage nahm das RG im Jahre 1907 an, dass eine falsche Ertragsangabe nicht zur Fehlerhaftigkeit des Unternehmens führen könne.[51] Während es in dieser Entscheidung noch meinte, dass jedoch eine Zusicherung nach § 459 II BGB a.F. möglich sei, hat dasselbe Gericht schon 1915 deutliche Zweifel daran gehabt, dass einzelne Ertragszahlen auch nur zugesichert werden könnten, da sie *„keinen Maßstab für eine auch nur einigermaßen sichere Beurteilung der Beschaffenheit des Geschäfts"*[52] darstellten.

Ebenso wie Angaben zu Erträgen werden solche zu Umsätzen und die Mitteilung von Bilanzen behandelt. Unrichtigkeiten begründen nach der Rechtsprechung des BGH weder Fehler noch liegt eine zusicherungsfähige Eigenschaft vor.[53] Nach der Auffassung der Rechtsprechung stellen diese Zahlen keine Eigenschaft des Unternehmens dar, da sie weder der Sache unmittelbar innewohnten noch solche rechtlichen und wirtschaftlichen Umstände seien, die ihren Grund in der Sache selbst haben.[54] Daher ergeben einzelne Umsatz- oder Ertragsangaben nach Auffassung der Rechtsprechung *„keinen verlässlichen Anhalt für die Bewertung der Ertragsfähigkeit und damit des Wertes des Unternehmens."*[55] Dasselbe gilt für Bilanzen und einzelne Bilanzangaben, da sie allein keinen Schluss auf die Ertragsfähigkeit eines Unternehmens zuließen, sondern allenfalls in Verbindung mit anderen Umständen.[56]

Ob Bilanzen oder ein maximaler Schuldenstand als Ausschnitt aus der Bilanz Gegenstand einer Zusicherung sein können, war allerdings unter dem bisherigen Recht nicht vollständig geklärt. Das RG hatte die Frage in einem obiter dictum ausdrücklich offen gelassen[57]. Instanzgerichte haben teilweise das Sachmängelrecht angewendet: Das OLG München hat in einer Entscheidung von 1966 angenommen, dass eine Bilanzgarantie in der Form einer zuge-

---

51 RG, 15.11.1907, RGZ 67, 86, 87.

52 RG, 9.7.1915, JW 1915, 1117.

53 BGH, 12.11.1969, LM § 276 Nr. 5 = NJW 1970, 653; BGH, 5.10.1973, WM 1974, 51 = DB 1974, 231 = BB 1974, 152; BGH, 18.3.1977, NJW 1977, 1538 = DB 1977, 1042; BGH, 25.5.1977, BGHZ 69, 53, 58 = NJW 77, 1536; BGH, 11.11.1987, WM 1988, 124 = NJW-RR 1988, 744; BGH, 5.10.1988, NJW-RR 89, 306, 307; BGH, 6.12.1995, NJW-RR 1996, 429 = WiB 1996, 313 m. Anm. *Bosch*; BGH, 3.2.1999, NJW 1999, 1404; BGH, 8.2.1995, NJW 1995, 1547 = ZIP 1995, 655 = LM § 459 Nr. 125 m. Anm. *Döser*.

54 *Stengel/Scholderer*, NJW 1994, S. 159.

55 BGH, 8.2.1995, NJW 1995, 1547 = ZIP 1995, 655 = LM § 459 Nr. 125 m. Anm. *Döser*.

56 BGH, 5.10.1973, WM 1974, 51, 52 = DB 1974, 231 = BB 1974, 152; *Buchwaldt*, NJW 1994, S. 156; *Roschmann*, ZIP 1998, S. 1943.

57 RG, 2.11.1920, RGZ 100, 200, 204. Das Gericht nahm im konkreten Fall einen selbständigen Garantievertrag an.

sicherten Eigenschaft möglich sei.[58] Das OLG Karlsruhe nahm 1974 sogar an, dass nicht aufgearbeitete Arbeitsrückstände, für die bereits ein Honorar vereinnahmt wurde, einen Fehler der verkauften Steuerberatungspraxis im Sinne des § 459 I BGB a.F. darstellen könnten.[59] Dies entspricht in der Sache einer Abweichung von der Bilanz, die allerdings für eine freiberufliche Praxis nicht erstellt werden musste. Diese Entscheidungen dürften vor der Rechtsprechung des BGH nicht bestehen können, denn wenn schon die gesamte Bilanz nicht Grundlage einer Zusicherung sein kann,[60] dann erst recht nicht der Schuldenstand als Teil einer Bilanz.[61]

Jedenfalls Gegenstand einer Zusicherung kann nach der bisherigen Rechtsprechung jedoch die Ertragsfähigkeit des Unternehmens sein, also die mögliche Gewinnerzielung: *„Die Ertragsfähigkeit des Unternehmens als Grundlage für zukünftige Umsätze und Erträge (...) ist ohne Einschränkung zusicherungsfähig."*[62] Das Reichsgericht hat die Zusicherung genügen lassen, man könne mit dem Unternehmen etwa einen „wöchentlichen Reinverdienst"[63] oder einen bestimmten Bierumsatz[64] erzielen. Auch die neuere Rechtsprechung des BGH verlangte für die unmittelbare Zusicherung der Ertragsfähigkeit, bei der beispielsweise eine „Ertragsvorschau" für künftige Betriebsjahre die Grundlage der Zusicherung ist, keine Angaben über besonders lange Zeitspannen.[65] Über die Annahme, es sei die Ertragsfähigkeit zugesichert, konnten aber auch Angaben über vergangene Umsätze und Erträge ausnahmsweise gewährleistungsrechtlich von Bedeutung sein. Denn die Zusicherung solcher Zahlen kann als Zusicherung einer entsprechenden Ertragsfähigkeit verstanden werden.[66] Während der BGH 1959 noch pauschal annahm, der „Umfang einer Arztpraxis", der nichts anderes als eine Umsatz- oder Ertragsangabe darstellt,

---

58 OLG München, 14.11.1966, NJW 1967, 1326.

59 OLG Karlsruhe, 8.11.1974, BB 1974, 1604.

60 BGH, 5.10.1973, WM 1974, 51 = DB 1974, 231 = BB 1974, 152; offen gelassen in BGH, 25.5.1977, NJW 1977, 1536, 1537 (insoweit nicht abgedruckt in BGHZ 69, 53).

61 *Soergel–Huber*, § 459 Rn. 280.

62 BGH, 8.2.1995, NJW 1995, 1547, 1548 = ZIP 1995, 655 = LM § 459 Nr. 125 m. Anm. *Döser*; im gleichen Sinn auch BGH, 12.11.1969, NJW 1970, 653 = LM § 276 Nr. 5; BGH, 18.3.1977, NJW 1977, 1538 = DB 1977, 1042; BGH, 11.11.1987, WM 1988, 124 = NJW-RR 1988, 744.

63 RG, 13.3.1906, RGZ 63, 57. (Allerdings war diese Annahme im Ergebnis nicht entscheidungsrelevant, da der Anspruch nach § 477 a.F. verjährt war.)

64 RG, 27.2.1915, JW 1915, 506.

65 BGH, 8.2.1995, NJW 1995, 1547, 1548 = ZIP 1995, 655 = LM § 459 Nr. 125 m. Anm. *Döser*.

66 Diese Überlegung lag bereits dem Urteil des Oberappelationsgerichts Rostock zugrunde, das (unter der Geltung des gemeinen Rechts) die Angabe über die durchschnittlichen Jahreseinnahmen einer Apotheke als dictum promissum betrachtet hatte, weil diese Angaben den einzigen Anhaltspunkt für den Wert des Unternehmens darstellten: OAG Rostock, 27.10.1856, SeuffArch. 17 Nr. 129, 203, 205.

sei eine Eigenschaft,[67] verlangt die neuere Rechtsprechung anders als bei der direkten Zusicherung zukünftig möglicher Umsätze oder Erträge Angaben, die sich über eine längere Zeitspanne erstrecken. Nur dann sollen Angaben über vergangene Unternehmenskennzahlen einer Eigenschaft des Unternehmens gleichgestellt sein und zugesichert werden können.[68] Eine klare Äußerung, wann ein ausreichend langer Zeitraum vorliegt, fehlt jedoch; genaue Umsatzangaben für drei vergangene Jahre und die Prognose für das darauffolgende, ebenfalls schon abgeschlossene Jahr haben dem BGH jedenfalls nicht genügt, um die Möglichkeit einer Zusicherung anzunehmen.[69]

Zusammenfassend ergibt sich, dass falsche Angaben über schon feststehende, also vergangene Umsätze und Erträge ebenso wie die Mitteilung unzutreffender Bilanzen oder Gewinn- und Verlustrechnungen nach der Rechtsprechung bislang grundsätzlich nicht zur Anwendung des Gewährleistungsrechtes führten, da aus Sicht des BGH kein Fehler oder keine zusicherungsfähige Eigenschaft vorlagen. Nur ausnahmsweise, nämlich wenn sich die Angaben über einen besonders langen Zeitraum erstreckten, wurde dies einer Eigenschaft gleichgestellt und konnte im Fall einer Zusicherung die Rechtsfolgen der Gewährleistung auslösen.[70]

Die Rechtsprechung zeigte sich hier bisher durch die Kritik von Teilen der Literatur[71] unbeeindruckt. Noch unklar ist jedoch, ob sie ihre Haltung auch unter der Geltung des reformierten Kaufrechts aufrecht erhalten wird. Die Reform hat, unter Verzicht auf die überkommene Unterscheidung von Fehler und zugesicherter Eigenschaft, nunmehr den neuen Begriff der „Beschaffenheit" in den Mittelpunkt des Sachmangelrechtes gestellt (§ 434 I BGB n.F.). Auf eine Definition dieser neuen Begriffs hat der Gesetzgeber verzichtet und es so der Rechtsprechung überlassen, ob etwa die Herausnahme von Angaben zu Umsätzen, Erträgen, Bilanzen und Unternehmenskennzahlen aus dem Gewährleistungsrecht über die Einengung des Fehlerbegriffs aufrecht erhalten wird.[72] Dies geschah, obwohl gerade dieses Problem dem Gesetzgeber präsent war.[73] Die Begründung des Gesetzentwurfs geht davon aus, dass die Gründe,

---

67 BGH, 9.6.1959, NJW 1959, 1584.

68 BGH, 12.11.1969, LM § 276 Nr. 5 = NJW 1970, 653; BGH, 5.10.1973, DB 1974, 231 = WM 1974, 51 = BB 1974, 152; NJW 77, 1538; NJW 1977, 1536.

69 BGH, 5.10.1988, NJW-RR 1989, 306; ebenso BGH 3.2.1999, NJW 1999, 1404 (Angaben für 3 Jahre genügen nicht für Zusicherungsfähigkeit).

70 *Reinicke/Tiedtke*, Kaufrecht, Rn. 1085; *Soergel–Huber*, § 459 Rn. 282; *Roschmann*, ZIP 1998, S. 1943.

71 *MünchKomm–Westermann*, § 459 Rn. 54; *MünchKommHGB–Lieb*, Anh. § 25, Rn. 82; *Reinicke/Tiedtke*, Kaufrecht, Rn. 1086-1089; *Prölss*, ZIP 1981, S. 343 f.; für eine Lösung über die Annahme eines Kalkulationsirrtums statt der von der Rechtsprechung angewendeten culpa in contrahendo *Müller*, ZHR 147 (1983), S. 540 f.

72 BT-Drs. 14/6040, S. 213.

73 BT-Drs. 14/6040, S. 209, 212.

die die Rechtsprechung zu der Behandlung falscher Angaben über Unternehmenskennzahlen außerhalb des Gewährleistungsrechtes bewogen haben, nämlich der regelmäßig fehlende Schadenersatzanspruch bei Fahrlässigkeit (§ 463 BGB a.F. a contrario) und die als zu kurz empfundene Verjährungsfrist des § 477 BGB a.F. durch die Änderung entfallen sind.[74] Die Begründung kann durchaus so verstanden werden, als erwarte der Gesetzgeber nunmehr eine Anwendung des Gewährleistungsrechtes auch in diesen Fällen.

Nach überwiegender Ansicht in der bisherigen Literatur zur Auswirkung der Schuldrechtsreform auf den Unternehmenskauf soll die „Beschaffenheit" des § 434 I BGB n.F. nicht so eng ausgelegt werden wie die „Eigenschaft" der alten Fassung des BGB.[75] Auch die Kommentatoren des neuen Rechts meinen, dass die genannten Gründe weggefallen seien, das Gewährleistungsrecht nicht anzuwenden, und sprechen sich teilweise dafür aus, falsche Zahlen über vergangene Umsätze oder Erträge und unrichtige Bilanzen zukünftig als Mangel des Unternehmens zu betrachten.[76] Für diese Ansicht spricht, dass nunmehr eindeutig im Gesetz zum Ausdruck gebracht wurde, dass allein das Unternehmen als Wirtschaftseinheit verkauft ist, nicht aber nur eine Summe einzelner Gegenstände (§ 453 I 2. Alt. BGB n.F.). Betrachtet man das Unternehmen konsequent als Ganzes, so fällt es schwer, die Behauptung aufrecht zu erhalten, dass die Kennzahlen der Kaufsache nicht unmittelbar anhaften (wie es für die bisherige Eigenschaft gefordert wurde), da sie rein intern im Unternehmen ermittelt werden und dort nachgeprüft werden können.[77] Falsche Angaben über Umsätze, Erträge oder falsche Bilanzen stellen deshalb nach dem neuen Gewährleistungsrecht einen Sachmangel des Unternehmens dar.

1.1.2.3) *Gewährleistung für Mängel oder Fehlen einzelner Sachen und Rechte des verkauften Unternehmens*

Das Äquivalenzverhältnis beim Unternehmenskauf kann nicht nur deshalb gestört sein, weil das Unternehmen als solches, abstrakt von dem zugrundeliegenden Substrat des Unternehmensvermögens, unmittelbar mit einem Sach- oder Rechtsmangel behaftet ist. Es leuchtet ein, dass auch Probleme auf dem Niveau der einzelnen Gegenstände des Unternehmensvermögens das Bedürfnis nach Gewährleistung auslösen können. Zwei grundsätzlich unterschiedliche dogmatische Ansätze führen zu dem erwünschten Ergebnis.

Die Rechtsprechung und mit ihr die überwiegende Lehre argumentieren, dass es sich beim Unternehmenskauf neben dem eigentlichen Kauf des Unternehmens zugleich um den Kauf der einzelnen Bestandteile des Unterneh-

---

[74] BT-Drs. 14/6040, S. 242.

[75] *Gaul*, ZHR 166 (2002), S. 43f.; *Gronstedt/Jörgens*, ZIP 2002, S. 54; *Wolf/Kaiser*, DB 2002, S. 412; *Graf von Westphalen*, ZIP 2001, S. 2107.

[76] *Gaul*, ZHR 166 (2002), S. 45 ff.; *Wolf/Kaiser*, DB 2002, S. 414; *Triebel/Hölzle*, BB 2002, S. 525.

[77] So schon zum bisherigen Recht *MünchKommHGB–Lieb*, Anh. § 25, Rn. 82.

mensvermögens handele.[78] Sind diese mangelhaft, so ergibt sich ein Einstehenmüssen des Verkäufers unmittelbar aus dem Gewährleistungsrecht, wenn auch mit der Einschränkung, dass im Kontext des Unternehmenskaufs eine Relevanz des Mangels für das gesamte Unternehmen gefordert wird.[79] Damit kommt es zu einer Verdoppelung der Ansatzpunkte für Gewährleistungsansprüche: Es genügen sowohl Mängel, die abstrakt dem Unternehmen als solchen anhaften, als auch Mängel einzelner Gegenstände des Betriebsvermögens. Schon das Reichsgericht formulierte in diesem Sinn: *„[Ein] Quantitätsmangel bei einzelnen Teilen des Geschäftsvermögens stellt sich aber* zugleich *als Qualitätsmangel des ganzen geschäftlichen Unternehmens als eines einheitlichen organisierten Betriebs dar."*[80] Der BGH entschied, dass der Verkäufer für Bestand und Übertragbarkeit einzelner dem Unternehmen zugehöriger Rechte *„unbeschadet der von ihm in entsprechender Anwendung der §§ 459 ff. BGB wegen Sachmängeln des gesamten Unternehmens zu leistenden Gewähr"* hafte.[81] Das Gericht begründet diese Auffassung damit, dass *„nicht einzusehen [sei], warum der Verkäufer eines Rechts, etwa einer Forderung, der strengen Haftung des § 437 BGB unterliegen soll, wenn er allein dieses Recht veräußert, nicht aber, wenn er das im Rahmen des Verkaufs eines ganzen Erwerbsunternehmens tut."*[82] Diese Begründung vernachlässigt, dass es im Gegensatz zum Kauf einer einzelnen Forderung bei einem Unternehmen durchaus üblich oder zumindest hinzunehmen ist, dass einzelne Forderungen nicht bestehen, ebenso wie einzelne andere Aktiva fehlen oder mangelhaft sein können. Ein gewisses Risiko ist in diesem Bereich normal und wird bei der Preisfindung ebenso wie unerwartete Chancen berücksichtigt.

Richtigerweise wird man der besonderen Stellung des Unternehmenskaufes nur gerecht, indem man darauf abstellt, dass nach dem Willen der Parteien Gegenstand des Kaufvertrages nicht etwa eine Reihe lose zusammenhängender einzelner Gegenstände, sondern nur das Unternehmen als solches als funktionierende Wirtschaftseinheit ist.[83] Es genügt dann logisch noch nicht die Mangelhaftigkeit eines einzelnen Gegenstandes, um das Gewährleistungsrecht anzuwenden. Vielmehr ist zu prüfen, ob dies zu einem Mangel des Unter-

---

[78] BGH, 7.1.1970, NJW 1970, 556 = WM 1970, 319; *Reinicke/Tiedtke*, Kaufrecht, Rn. 1084; *Soergel–Huber*, vor § 433 Rn. 24; *MünchKomm–Westermann*, § 433 Rn. 11; *Grunewald*, ZGR 1982, S. 632.

[79] *Reinicke/Tiedtke*, Kaufrecht, Rn. 1084; *Soergel–Huber*, vor § 433 Rn. 24; noch weiter gehen etwa *Staudinger–Honsell*, § 459 Rn. 86, und *Erman–Grunewald*, § 459 Rn. 22, nach denen bei Sachmängeln an Einzelgegenständen auch dann (jedoch nur Teil-)Wandlung begehrt werden kann, wenn sie nicht auf das gesamte Unternehmen durchschlagen.

[80] RG, 16.3.1920, RGZ 98, 289, 292 (Hervorhebung durch den Autor).

[81] BGH, 7.1.1970, NJW 1970, 556 = WM 1970, 319.

[82] BGH, aaO.; ebenso *Erman–Grunewald*, § 434 Rn. 9.

[83] *Canaris*, ZGR 1982, S. 431; *Lieb*, FS Gernhuber, S. 272; *MünchKommHGB–Lieb*, Anh. § 25, Rn. 93; *Holzapfel/Pöllath*, Unternehmenskauf, Rn. 407.

nehmens führt, weil dieses von seiner vertraglichen oder gewöhnlichen Sollbeschaffenheit negativ abweicht. Ein mangelhafter Einzelgegenstand kann also nur mittelbar einen Mangel des Unternehmens begründen.

Diese zweite Ansicht wird durch die Schuldrechtsreform bestätigt. § 453 I 2. Alt. spricht nun ausdrücklich davon, dass der Kauf „sonstiger Gegenstände" unmittelbar dem Gewährleistungsrecht unterstellt ist. Es wird dadurch noch schwieriger zu argumentieren, auf die einzelnen Gegenstände des Unternehmensvermögens finde das Gewährleistungsrecht zusätzlich unmittelbar Anwendung.

Wenn auch die beiden Anschauungen dogmatisch erheblich variieren, so liegen doch die praktischen Ergebnisse nah beieinander.

Sowohl Sachmängel, die einzelnen Sachen des Betriebsvermögens anhaften, als auch Inventarfehlbestände, also das Fehlen von im Betriebsvermögen erwarteten Sachen, können Sachmängel begründen.[84] Voraussetzung ist jedoch nach überwiegender Ansicht eine gewisse Relevanz für das Unternehmen als Ganzes.[85] Für das RG reichte hierfür aus, dass das bloße Funktionieren des Unternehmens beeinträchtigt war.[86] Der BGH hat wechselnde Maßstäbe angelegt: In einer Entscheidung von 1970 ließ er einen Sachmangel daran scheitern, dass die wirtschaftliche Grundlage des Unternehmens nicht erschüttert sei;[87] wenige Jahre später genügte ihm hingegen, dass *„eine nicht unwesentliche Abweichung des tatsächlichen Zustandes der Kaufsache von derjenigen Beschaffenheit [vorlag], welche die Parteien beim Vertragsschluß (...) vorausgesetzt haben"*, und er ließ dahinstehen, ob nicht sogar jeder Inventarfehlbestand als Sachmangel des Unternehmens anzusehen sei.[88] Dem entspricht die Annahme *Hubers,*

[84] RG, 16.3.1920, RGZ 98, 289 (zu geringes Inventar einer Zigarettenfabrik); RG, 25.5.1930, JW 1930, 3740 (Schwerspatgrube war erheblich weiter abgebaut als auf der Grubenkarte verzeichnet); BGH, 16.10.1968, NJW 1969, 184 = LM BGB § 433 Nr. 31 = WM 1969, 67 (die Warenautomaten des Unternehmens waren sicherungsübereignet. Hier handelt es sich nicht um einen Rechtsmangel – so offenbar aber *Holzapfel/Pöllath,* Unternehmenskauf, Rn. 418 –, sondern um einen Inventarfehlbestand, da die Eigentumsverschaffung schon nach § 433 I 1 BGB a.F. Hauptpflicht war); BGH, 27.2.1970, WM 1970, 819 = BB 1970, 819 (mangelhafte Laderaupen, die jedoch im Einzelfall mangels Bedeutung im Verhältnis zum Unternehmen keinen Sachmangel darstellten); BGH, 18.1.1974, WM 1974, 312 (Leergut eines Getränkegroßhandels fehlte); BGH, 14.7.1978, NJW 1979, 33 = (vollständiger) WM 1979, 102 (mangelnder Gerüstbestand eines Gerüstbauunternehmens).

[85] *Soergel–Huber,* § 459 Rn. 270; *MünchKomm–Westermann,* § 459 Rn. 51; *Staudinger–Honsell,* § 459 Rn. 42; *Reinicke/Tiedtke,* Kaufrecht, Rn. 1084; *Roschmann,* ZIP 1998, S. 1942; Müller, ZIP 2000, S. 819; *Hiddemann,* ZGR 1982, S. 444; a.A. *Grunewald,* ZGR 1982, S. 632.

[86] RG, 16.3.1920, RGZ 98, 289; *Soergel–Huber,* § 459 Rn. 270; *Roschmann,* ZIP 1998, S. 1942.

[87] BGH, 27.2.1970, WM 1970, 819 = BB 1970, 819; *Soergel–Huber,* § 459 Rn 270 meint, diese Formulierung jedenfalls gehe zu weit.

[88] BGH, 14.7.1978, NJW 1979, 33 = (vollständiger) WM 1979, 102.

Voraussetzung sei, dass der Käufer vernünftigerweise nicht oder zu einem anderen Preis kontrahiert hätte, wenn er den Mangel gekannt hätte.[89]

Weniger klar ist das Bild bislang für Fälle, in denen ein Teil des Unternehmensvermögens mit einem Rechtsmangel behaftet ist. Einen solchen Fall hat das RG für eine Grundstücksgesellschaft entschieden.[90] Es betrachtete das Geschäft als Unternehmenskauf und hielt wegen einer aufgrund des Aufwertungsgesetzes von 1925 eingetragenen Hypothek einen Rechtsmangel in analoger Anwendung für gegeben. Der BGH ließ in einem ähnlichen Fall, in dem das Grundstück der gekauften Hotelgesellschaft noch vor Gefahrübergang vom Verkäufer mit einer Hypothek belastet wurde, offen, ob dies zu einem Sach- oder Rechtsmangel führen würde.[91] Vom Standpunkt der Meinung, welche nur das Unternehmen als Kauf- und Gewährleistungsgegenstand betrachtet, liegt es näher, auch hier einen Sachmangel anzunehmen,[92] während Vertreter der Gegenauffassung für den Vorrang der Rechtsmängelhaftung eintreten.[93]

Umstritten war unter dem bis Ende 2001 geltenden Recht auch die Einordnung fehlender oder mangelbehafteter Rechte des Unternehmens. Der BGH hat in der bereits zitierten Entscheidung vom 7.1.1970[94] festgestellt, dass fehlende Rechte sowohl wegen der tatsächlichen Auswirkungen auf das Unternehmen einen Sachmangel des ganzen Unternehmens begründen können, jedoch nicht müssen, als auch in jedem Fall einen Rechtsmangel auf der Ebene des fehlenden Rechts auf der Ebene des Betriebsvermögens darstellen. In der Literatur wird teils dem Rechtsmangel Vorrang eingeräumt,[95] teils nur ein Mangel des ganzen Unternehmens für möglich gehalten.[96]

Die Unterscheidung zwischen Rechts- und Sachmangel hatte unter dem bisherigen Recht nicht unerhebliche Bedeutung. Der Anspruch wegen Rechtsmängel wurde nach allgemeinem Leistungsstörungsrecht geregelt. Ihm konnte nur positive Kenntnis (§ 439 I BGB a.F.), nicht aber schon grob fahrlässige Unkenntnis entgegengehalten werden, wie es aber beim Sachmangel der Fall war (§ 460 S. 2 BGB a.F.). Schließlich galt für den Fall von Rechtsmängeln weder die kurze Verjährung des § 477 I BGB a.F. noch die Verdrängung des Anspruchs aus Verschulden bei Vertragsverhandlungen, da das Rechtsmän-

89 *Soergel–Huber*, § 433 Rn. 31.

90 RG, 9.3.1928, RGZ 120, 283.

91 BGH, 18.4.84, WM 84, 936.

92 *Canaris*, ZGR 1982, S. 429.

93 *Soergel–Huber*, Rn. 276; *Hadding*, ZGR 1982, S. 486.

94 BGH, 7.1.1970, NJW 1970, 556 = WM 1970, 319.

95 *Soergel–Huber*, Rn. 276.

96 *Canaris*, ZGR 1982, S. 431 f.

gelrecht im Gegensatz zur Sachmangelgewährleistung kein abgeschlossenes System war.[97]

Die Konsequenzen der Schuldrechtsmodernisierung für die Behandlung von Mängeln oder Fehlen von Einzelgegenständen des Unternehmensvermögens sind noch offen.

Wie bereits oben diskutiert spricht die besondere Aufnahme von sonstigen Gegenständen in § 453 I BGB n.F. dafür, von der doppelten Betrachtung von Mängeln an Einzelsachen auf Gesamtunternehmens- und auf Unternehmensvermögensebene Abschied zu nehmen. Nach den bisherigen Stellungnahmen der Literatur können Mängel an einzelnen Gegenständen weiterhin Sachmängel des Unternehmens sein.[98] Infolge der Aufnahme der Sach- und Rechtsmängelfreiheit in die Hauptleistungspflicht des Verkäufers (§ 433 I 2 BGB n.F.) sowie der identischen Rechtsfolgen von Sach- und Rechtsmängeln nach § 437 I BGB n.F. dürfte die Abgrenzung von Sach- und Rechtsmängeln im Ergebnis keine Rolle mehr spielen, es wird daher müßig sein, über Zweifelsfälle zu streiten. So kommt es im Ergebnis auch nicht darauf an, ob ein Rechtsmangel hinsichtlich eines Einzelgegenstandes mit der bisherigen Rechtsprechung[99] als Rechtsmangel des Unternehmens[100] oder mit der Gegenmeinung nun als Sachmangel eingeordnet werden wird.

Beachtlich ist, dass die de-minimis-Beschränkung aus § 459 I 2 BGB a.F. – dort hieß es: *„Eine unerhebliche Minderung des Wertes oder der Tauglichkeit kommt nicht in Betracht."* – entfallen ist. Nach dem Wortlaut des Gesetzes sind jetzt alle auch noch so geringen Beschaffenheitsabweichungen beachtliche Mängel. Teilweise wird daraus gefolgert, jeder Mangel eines Einzelgegenstands führe nun auch zur Mangelhaftigkeit des Unternehmens insgesamt.[101] Vieles spricht jedoch für die Gegenansicht, die es beim Abstellen auf die Gesamterheblichkeit eines Einzelmangels belassen will.[102] Dies lässt sich mit dem Entfall des § 459 I 2 BGB a.F. vereinbaren: Ein unbedeutender Mangel an einem Einzelgegenstand hat oftmals keinerlei, auch keine geringe, Auswirkung auf den Verkehrswert des Unternehmens, es liegt nicht nur eine unbedeutende, sondern überhaupt keine Abweichung der Beschaffenheit des Gesamtunternehmens vom vertraglich Geschuldeten vor.

---

97 BGH, 6.4.2001, NJW 2001, 2875 = WM 2001, 1302 = ZIP 2001, 1465 = DB 2001, 1717.

98 *Palandt–Putzo*, § 434 n.F. Rn. 95; *Wolf/Kaiser*, DB 2002, S. 414; *Gaul*, ZHR 166 (2002), S. 39 f.

99 BGH, 7.1.1970, NJW 1970, 556 = WM 1970, 319.

100 So *Wolf/Kaiser*, DB 2002, S. 415.

101 *Wolf/Kaiser*, DB 2002, S. 414 f.; *Gronstedt/Jörgens*, ZIP 2002, S. 54.

102 *Gaul*, ZHR 166 (2002), S. 39 f.

1.2) *Kauf einer Beteiligung* – share deal

1.2.1) *Ausgangspunkt – nur Rechtsmängelgewährleistung für die Gesellschaftsanteile, keine Berücksichtigung von Fehlern des Unternehmens*

In der Praxis bestimmen vielfältige Überlegungen, ob ein Geschäft als *asset deal* oder als *share deal* strukturiert wird.[103] Dabei werden die Parteien in der Regel beide Formen als funktionell gleichwertig ansehen.[104] Dies darf jedoch nicht darüber hinweg täuschen, dass die rechtliche Konstruktion fundamental unterschiedlich ist. Während beim *asset deal* eine Vielzahl einzelner Sachen, Rechte und sonstiger Gegenstände und Positionen als Gesamtheit verkauft und übertragen werden, bleibt das gesamte Betriebsvermögen beim *share deal* dem selben Rechtsträger weiterhin zugeordnet. Nur indirekt ändert sich die Verfügungsmacht über den Betrieb, indem der Rechtsträger veräußert wird, ob es sich nun um eine Kapitalgesellschaft oder um eine Personengesellschaft des Handelrechts handelt. Es handelt sich deshalb dogmatisch um einen bloßen Rechtskauf.[105]

Eine kaufrechtliche Gewährleistung bestand deshalb nach dem nunmehr überholten Kaufrecht grundsätzlich nur nach § 437 BGB a.F. für Mängel der verkauften Rechte.[106] Hiernach haftete der Verkäufer nur für die Verität, nicht hingegen für die Bonität des Rechts. Bei Gesellschaftsanteilen war demnach ein Mangel gegeben, wenn die Gesellschaft nicht bestand oder sich – anders als beim Vertragsschluss unterstellt – bereits in Liquidation befand,[107] ebenso für die rechtlichen Eigenschaften der Gesellschaftsanteile wie die Höhe der Gewinnbeteiligung und die Anzahl der Stimmrechte.[108] Keinen Rechtsmangel der Anteile stellte hingegen die bloße Überschuldung der verkauften Gesellschaft dar,[109] desselben ganz allgemein die Abweichung der Vermögenslage des Unternehmens der Gesellschaft von den Annahmen der Vertragsparteien.[110]

---

103 *Holzapfel/Pöllath*, Unternehmenskauf, Rn. 134.

104 *K. Schmidt*, § 6 II 1 c.

105 *Soergel–Huber*, § 459 Rn. 287; *Staudinger–Köhler*, § 437 Rn. 17; *MünchKommHGB–Lieb*, Anh. § 25, Rn. 155; *Palandt–Putzo*, § 433 Rn. 2.

106 Daneben ist die Sachmängelhaftung einschlägig für Mängel etwaiger Urkunden, in denen die Rechte verbrieft sind (*Staudinger–Honsell*, § 459 Rn. 9; *Soergel–Huber*, § 433 Rn. 41, § 437 Rn. 35).

107 RG, 19.6.1920, RGZ 99, 217; *Palandt–Putzo*, § 437 a.F. Rn. 10; *MünchKomm–Westermann*, § 437 Rn. 17; *Staudinger–Köhler*, § 437 Rn. 17.

108 *Palandt–Putzo*, § 437 a.F. Rn. 10; *MünchKomm–Westermann*, § 437 Rn. 17; *Erman–Grunewald*, § 437 Rn. 5.

109 BGH, 2.6.1980, NJW 1980, 2408 = WM 1980, 1006 = ZIP 1980, 549 = DB 1980, 1786.

110 BGH, 12.11.1975, BGHZ 65, 246, 250.

Auch nach der Schuldrechtsmodernisierung handelt es sich beim *share deal* weiterhin um einen Rechtskauf.[111] Die Gewährleistung für Rechte ist nunmehr durch den Verweis in § 453 I 1. Alt. BGB n.F. auf eine entsprechende Anwendung des Gewährleistungsrechts für Sachen – also, soweit eine entsprechende Anwendung möglich ist, auf den Beschaffenheitsmangel (§ 434) und den Rechtsmangel (§ 435) – geregelt worden. In entsprechender Anwendung von § 435 BGB n.F. bleibt es für Rechtsmängel bei der bisherigen Rechtslage.[112]

1.2.2) Gewährleistung wegen Fehlern des Unternehmens der gekauften Gesellschaft beim Kauf nahezu aller Anteile – Rechtslage vor der Schuldrechtsreform

1.2.3.1) Grundsätzlich keine Gewährleistung wegen Mängel des Unternehmens

Beim *share deal* führen Fehler, die nicht den verkauften Anteilen selbst, sondern dem Unternehmen anhaften, grundsätzlich nicht zur Anwendung des Gewährleistungsrechtes, da ein Rechtskauf vorliegt, der nach § 437 BGB a.F. nicht zur Sachmängelhaftung führen konnte.[113] Dies gilt sowohl für Fehler, die unmittelbar das gesamte Unternehmen betreffen, als auch, wenn einzelne Gegenstände des Unternehmensvermögens mangelhaft sind oder ganz fehlen.

Sachmängel des Unternehmens berühren nach der Rechtsprechung nicht die verkauften Gesellschaftsanteile, sondern nur das Vermögen der Gesellschaft. Denn die Trennung von Mitgliedschaftsrechten und dem von der Gesellschaft betriebenen Unternehmen, dem allein der Mangel regelmäßig anhaftet, sei *„kein leerer Formalismus [, sondern] beruht auf dem Wesen der GmbH als juristischer Person"*.[114] Da der Käufer von Gesellschaftsanteilen kein unmittelbares Recht an dem Unternehmen erwerbe, scheide die Anwendung der Sachmängelhaftung aus.[115]

Eine entgegenstehende Ansicht *Flumes* lehnte die Rechtsprechung damit ab. Nach seiner Auffassung sollten Eigenschaften des Unternehmens ohne weiteres den Mitgliedschaftsrechten anhaften können, wenn die Parteien sie zum

---

111 Ebenso *Palandt–Putzo*, § 453 n.F. Rn. 23; *Wolf/Kaiser*, DB 2002, S. 411; *Gronstedt/Jörgens*, ZIP 2002, S. 55; a.A. *Dauner-Lieb/Thiessen*, ZIP 2002, S. 110, nach deren Auffassung auch der Anteilskauf der Kauf eines sonstigen Gegenstands i.S.d. § 453 I 2. Alt. BGB n.F. ist. Dies beruht jedoch offenbar auf einem Lesefehler in der Begründung des Gesetzes, in der (BT-Drs. 14/6040, S. 242) zu § 453 I bei sonstigen Gegenständen unter anderem von *Unternehmensteilen*, also von Geschäftseinheiten, die Rede ist – nicht aber von *Unternehmensbeteiligungen* (wie bei *Dauner-Lieb/Thiessen* fälschlich reproduziert).

112 *Palandt–Putzo*, § 453 n.F. Rn. 17, 23.

113 BGHZ 65, 246, 250; *MünchKommHGB–Lieb*, Anh. § 25, Rn. 155; *Soergel–Huber*, § 459 Rn. 287.

114 BGH, 12.11.1975, BGHZ 65, 246, 250.

115 BGH, aaO.

Vertragsinhalt machen hätten wollen, was beim Verkauf von nicht börsennotierten Anteilen typischerweise der Fall sei, weshalb in allen diesen Fällen unabhängig von der Höhe der verkauften Beteiligung das Sachmangelrecht analog heranzuziehen sei.[116]

1.2.3.2) Bei Kauf nahezu aller Anteile Behandlung des **share deals** *als Unternehmenskauf*

Zwar war zumindest unter dem vor der Reform geltenden Recht beim *share deal* grundsätzlich keine Gewährleistung des Verkäufers für die Qualität des Unternehmens gegeben. Nach der gefestigten Rechtsprechung des RG und des BGH ist jedoch der Anteilskauf für die Anwendung des Gewährleistungsrechtes wie ein Unternehmenskauf, also wie der *asset deal*, zu behandeln, wenn alle oder nahezu alle Anteile gekauft werden. Unsicher war die Rechtslage unter Geltung des bisherigen Schuldrechts jedoch für die Fälle, in denen weniger als (nahezu) alle Anteile, aber dennoch eine deutliche Mehrheit der Gesellschaftsanteile Gegenstand des Geschäfts sind. Der BGH hat sich bislang nicht eindeutig geäußert, welche Beteiligungshöhe notwendig und ausreichend ist, damit die Mängelhaftung eingreift. Ob die Schuldrechtsmodernisierung zu einer Änderung geführt hat, ist bislang noch unklar.

Die Abwendung von der Annahme, eine Mängelhaftung komme beim *share deal* nicht in Betracht, fand bereits in der reichsgerichtlichen Rechtsprechung statt. Zwar sprach sich das Gericht 1915 noch klar dagegen aus, beim Kauf sämtlicher Anteile an einer Einmann-GmbH das Sachmangelrecht anzuwenden. Es zog ein strenges Abstellen auf die äußere Form des Geschäfts der Berücksichtigung des zugrundeliegenden wirtschaftlichen Sachverhalts vor: *„die Verfügung über (...) das Vermögen der Gesellschaft (...) war aber nur der wirtschaftliche Zweck, den [der Käufer] mit dem Geschäfte verfolgte, nicht der Gegenstand der Leistung, die er sich versprechen ließ. [Der Verkäufer] verpflichtete sich durch den Verkauf nicht, dem Käufer das Bohrrecht* [den wesentlichen Bestandteil des Gesellschaftsvermögens] *zu verschaffen, konnte dies auch gar nicht, da die Gesellschaft nach wie vor Inhaberin des Bohrrechts blieb. Er verpflichtete sich vielmehr nur, dem Käufer die sämtlichen Geschäftsanteile der Gesellschaft zu verschaffen.“*[117]

Schon fünf Jahre später änderte das RG seine Ansicht, als es wieder um den Verkauf einer Einmann-GmbH ging. Zur grundsätzlichen Anwendbarkeit der Sachmängelhaftung – die es aber dann an der Verjährungseinrede scheitern ließ – kam das Gericht allerdings mit einer dogmatisch wenig überzeugenden Begründung. Es nahm an, dass *„Kaufgegenstand nicht nur die einzelnen Geschäftsanteile der Gesellschaft m.b.H., sondern auch das ihr gehörige Geschäftsunter-*

---

116 *Flume*, Eigenschaftsirrtum und Kauf, S. 188 - 190; ebenfalls eine analoge Anwendung des Sachmangelrechts unabhängig von der Höhe der verkauften Beteiligung fordert *MünchKommHGB–Lieb*, Anh. § 25, Rn. 159f.

117 RG, 16.1.1915, RGZ 86, 146, 149.

nehmen samt dem dazugehörigen Inventar und Warenlager gewesen ist.“[118] Einige Jahre später nahm das Gericht von dieser Begründung ausdrücklich Abstand, weil die Gesellschafter das Gesellschaftsvermögen nicht verkaufen könnten, da es nicht ihnen, sondern allein der Gesellschaft zustehe.[119] Es hält jedoch die Anwendung des Gewährleistungsrechtes auf den *asset deal* aufrecht und stellt nunmehr darauf ab, dass die Verkehrsauffassung regelmäßig den Verkauf aller Gesellschaftsanteile dem Verkauf des Unternehmens selbst gleichstelle, gleichzeitig solle der Käufer dieselbe Stellung erlangen, als hätte er das Unternehmen gekauft. Dann könne auch die Haftung für Mängel nicht anders als beim Kauf des Unternehmens selbst beurteilt werden.[120] Ein bloßes Abstellen darauf, dass formell ein Rechtskauf vorliegt, wäre – wie das Reichsgericht in einer weiteren Entscheidung formulierte – *„‚eine Überspannung des Unterschieds zwischen rechtlicher Gestalt und wirtschaftlichem Gehalt', die ‚sich in Widerspruch setzt mit den wirtschaftlichen Verkehrsbedürfnissen und damit Sinn, Zweck und Geist des Gesetzes und Vertrages verletzt und entgegen dem Grundsatz der §§ 133, 157, 242 BGB formaljuristischen Dogmatismus darstellt'.“*[121]

Der BGH hat die Rechtsprechung des Reichsgerichts übernommen und in ständiger Praxis entschieden, dass der Kauf aller Anteile einer unternehmenstragenden Gesellschaft dem Kauf des Unternehmens selbst gleichzustellen sei und daher die Regeln über die Mängelgewährleistung anzuwenden seien.[122]

Ebenso hat der BGH angenommen, dass der Verkauf nahezu aller Anteile – in dem entschiedenen Fall fehlten nur 0,25 % – dem Verkauf aller Anteile an der Gesellschaft gleichzustellen und somit ebenfalls als Unternehmenskauf zu behandeln sei.[123] Nach seiner Auffassung ist *„maßgebend (...), daß [der Käufer] ... die beherrschende Stellung ... in diesen Unternehmen erlangte und daß der Wille der Parteien auf einen Verkauf der Unternehmen gerichtet war.“*[124]

Erhebliche Unklarheit bestand jedoch schon unter dem bislang geltenden Recht über die Behandlung des Erwerbs einer Beteiligung, die nicht nur unwesentlich unter 100% liegt. Zwar hat die Rechtsprechung deutlich gemacht, dass der Kauf einer bloß maßgeblichen Beteiligung für die Anwendung der

---

[118] RG, 16.3.1920, RGZ 98, 289, 291.

[119] RG, 9.3.1928, RGZ 120, 283, 287.

[120] RG, aaO.

[121] RG, 23.5.1930, JW 1930, 3740, 3741. Das RG macht sich die zitierte Aussage von Ernst Fuchs und Sontag zu eigen.

[122] BGH, 16.10.1968, NJW 1969, 184 = LM BGB § 433 Nr. 31 = WM 1969, 67; BGH, 8.1.1975, WM 1975, 230; BGH, 12.11.1975, BGHZ 65, 246; BGH, 24.11.1982, BGHZ 85, 367; BGH, 18.4.1984, WM 1984, 936; BGH, 16.1.1991, NJW 1991, 1223 = ZIP 1991, 321; BGH, 25.3.1998, BGHZ 138, 195.

[123] BGH, 27.2.1970, WM 1970, 819 = BB 1970, 819.

[124] BGH, aaO.

Mangelrechts nicht genügt, auch wenn dabei nicht die Kapitalanlage, sondern die unternehmerische Beteiligung im Vordergrund steht.[125]

Ab welcher Grenze die wirtschaftliche Äquivalenz von Anteilskauf und Kauf des Unternehmens jedoch zulässt, diese fundamentale Unterscheidung in der rechtlichen Konstruktion hintanzustellen, hat der BGH ausdrücklich offengelassen.[126] In einer weiteren Entscheidung hat er klargestellt, dass zumindest die für satzungsändernde Beschlüsse notwendige Mehrheit notwendig ist, also bei der GmbH 75% des Kapitals (§ 53 II GmbHG), ohne aber gleichzeitig festzustellen, dass diese Mehrheit für die Gleichstellung mit dem *asset deal* ausreichen würde.[127] Allerdings hat das Gericht in einer Entscheidung von 1980 den Kauf von nur 50% der Aktien einer AG ohne nähere Begründung für einen Unternehmenskauf erachtet, wohl weil die Käufer drei Jahre zuvor bereits die übrigen 50% von den Verkäufern erworben hatten.[128]

In der instanzgerichtlichen Rechtsprechung sowie der Literatur wird vielfach vertreten, dass der Erwerb einer für Satzungsänderungen genügenden Mehrheit eine so beherrschende Stellung vermittelt, dass ebenso wie beim Kauf (nahezu) aller Anteile die Mängelhaftung für Mängel des Unternehmens selbst Anwendung findet.[129] Der Meinungsstand ist jedoch uneinheitlich. Während einige Autoren eine analoge Anwendung der §§ 459 ff. BGB a.F. unabhängig von der Höhe der Beteiligung zulassen wollen, weil sich die vertragliche Verpflichtung des Anteilsverkäufers auch auf die Beschaffenheit des Unternehmens beziehe,[130] stellen andere darauf ab, ob der Käufer eine Stellung erlangen soll, die bei wertender Betrachtung der des Unternehmensinhabers

---

125 BGH, 12.11.1975, BGHZ 65, 246, 250.

126 BGH, 12.11.1975, BGHZ 65, 246, 250; ebenso offengelassen in BGH, 25.5.1977, NJW 1977, 1536 (insoweit nicht abgedruckt in BGHZ 69, 53).

127 BGH, 2.6.1980, NJW 1980, 2408 = WM 1980, 1006 = ZIP 80, 549 = DB 80, 1786. Ebenso die Annahme eines Unternehmenskaufs beim Kauf bloß wesentlicher Beteiligungen abgelehnt haben RG, 4.9.1939, DR 1944, 485 m. Anm. *Dietrich* (50%); BGH, 25.5.1977, BGHZ 69, 53 = NJW 1977, 1536 (46%); BGH, 4.4.2001,WM 2001, 1118 = ZIP 2001, 918 = DB 2001, 1298 = GmbHR 2001, 516 m. Anm. *Bärwaldt* (40%).

128 BGH, 23.11.1979, WM 1980, 284; ebenso für den Kauf von zwei Tranchen von je 50% binnen eines Monats aufgrund eines einheitlichen Planes: OLG Hamm, 20.1.1993, GmbHR 19934, 48. Dem RG hingegen hatte der gestreckte, jedoch auf einem einheitlichen Plan beruhende Erwerb von weiteren 48,3% der Anteile einer GmbH, nachdem in einem ersten Schritt bereits 50% erworben worden waren, nicht ausgereicht: RG, 10.10.1928, HRR 1929, Nr. 6 = LZ 1929, Sp. 396.

129 OLG München, 14.11.1966, NJW 1967, 1326; OLG München, 25.3.1998, DB 1998, 1321 = GmbHR 1998, 934 = NZG 1998, 593; *Holzapfel/Pöllath*, Unternehmenskauf, Rn. 401 a.E.; *Palandt-Putzo*, vor § 459 Rn. 18; *K. Schmidt*, Handelsrecht, § 6 II 3 a aa); *Rädler/Pöllath*, Handbuch der Unternehmensakquisition, S. 235.

130 *Flume*, Eigenschaftsirrtum und Kauf, S. 188 - 190; *MünchKommHGB-Lieb*, Anh. § 25, Rn. 159f.

gleichkommt.[131] *Hommelhoff* etwa hält dies bei der GmbH schon bei 50% für gegeben, wenn der Vertrag auf den Kauf einer beherrschenden Stellung abzielt.[132] Andere wollen das Gewährleistungsrecht immer dann, wenn der Verkäufer einen Informationsvorsprung hat,[133] oder aber wie in den bisher von der Rechtsprechung entschiedenen Fällen nur sehr restriktiv anwenden.[134]

Nach der bisherigen Rechtsprechung zur Anwendung des Gewährleistungsrechtes kam es allerdings in vielen, praktisch besonders relevanten Fällen im Ergebnis gar nicht darauf an, ob die Höhe der verkauften Beteiligung genügte, um zu einer Beurteilung des *share deals* als Unternehmenskaufs zu führen.[135] Besonders wichtige Felder – insbesondere falsche Angaben über Unternehmenskennzahlen und falsche Bilanzen – hat die Rechtsprechung aus dem Eigenschaftsbegriff herausgenommen.[136] In solchen Fällen war die grundsätzliche Eröffnung der gewährleistungsrechtlichen Rechtsbehelfe zumindest bisher ohne Belang, es konnten nur Ansprüche aus dem allgemeinen Schuldrecht bestehen, insbesondere wegen culpa in contrahendo.

1.2.3) Keine Veränderung durch die Schuldrechtsmodernisierung

Die Rechtslage nach der Schuldrechtsmodernisierung ist durch die Rechtsprechung noch nicht geklärt. Beim *share deal* handelt es sich zwar weiterhin um einen Rechtskauf. § 453 I 1. Alt BGB n.F. verweist für die Gewährleistung beim Rechtskauf jedoch umfänglich auf eine *„entsprechende Anwendung"* der *„Vorschriften über den Sachkauf"*, mithin nicht nur auf die Haftung für Rechtsmängel (§ 435 BGB n.F.), sondern denkbarerweise auch auf die Haftung für Mängel in der Beschaffenheit (§ 434 BGB n.F.).

Daraus ist in der bisherigen Literatur teilweise der Schluss gezogen worden, nunmehr habe der Verkäufer beim Kauf von Anteilen an unternehmenstragenden Gesellschaften nach § 434 I BGB n.F. unabhängig von der Höhe der erworbenen Beteiligung für Mängel des Unternehmens selbst einzustehen.[137] In dieser Pauschalität dürfte diese Ansicht zu weit gehen, da sie unbeachtet lässt, dass die entsprechende Anwendbarkeit des § 434 I BGB n.F. nicht gleichbedeutend ist damit, dass ein Mangel des Unternehmens eine relevante Beschaffenheitsabweichung des gekauften Anteils darstellt.

---

[131] *K. Schmidt*, § 6 II 3 a aa; *Hommelhoff*, ZGR 1982, S. 375 - 384; *Erman–Grunewald*, § 433 Rn. 15.

[132] *Hommelhoff*, ZGR 1982, S. 375 - 384.

[133] *Prölss*, ZIP 1981, S. 340f.; dagegen *MünchKomm–Westermann*, § 433 Fn. 44.

[134] *Hiddemann*, ZGR 1982, S. 439; *Soergel–Huber*, § 459 Rn. 291f.; *MünchKomm–Westermann*, § 433 Rn. 16; *Staudinger–Honsell*, § 459 Rn. 17; *Müller*, ZIP 2000, S. 822.

[135] *Soergel–Huber*, § 459 Rn. 294.

[136] Dazu oben Teil B, 1.1.2.2.

[137] *Gaul*, ZHR 166 (2002), S. 39; *von Gierke/Paschen*, GmbHR 2002, S. 459.

Putzo hingegen sieht durch die Gesetzesänderung keine Änderung beim Kauf von Gesellschaftsanteilen.[138]

Die entscheidende Frage bei der Behandlung des Anteilskaufs ist, wie weit der Begriff der Beschaffenheit i.S.d. § 434 BGB n.F. zu verstehen ist. Es kommt darauf an, ob Umstände für die Beschaffenheit der Anteile von Bedeutung sind, die mit dem Unternehmen zusammenhängen, das die Gesellschaft betreibt, deren Anteile Kaufgegenstand sind. Die Mehrheit der Autoren, die sich bislang hierzu geäußert haben, nimmt an, dass die Beschaffenheit des Unternehmens als Beschaffenheit des Anteilsrechtes zumindest vereinbart werden kann.[139] Dagegen spricht jedoch die Gesetzesbegründung, die meint, der Entwurf stehe *„im Einklang mit dem geltenden Recht"* und aus § 453 I BGB n.F. ergebe sich, *„dass der Verkäufer eines Rechtes verpflichtet ist, dem Käufer das Recht frei von Rechtsmängeln zu verschaffen."*[140] Eine etwaige Anwendung des § 434 BGB n.F. auf den Rechtskauf erwähnt die Begründung nicht, sondern geht stattdessen schon im nächsten Satz darauf ein, dass beim Rechtskauf weiterhin für andere Umstände selbständige Garantieverträge abgeschlossen werden könnten. Dies lässt darauf schließen, dass die Entwurfsverfasser eine Gewährleistung über das Bestehen des Rechts hinaus, wie sie auch schon nach § 437 BGB a.F. bestand, ohne besonderen Garantievertrag gerade nicht beabsichtigten.[141]

Gegen die Einbeziehung von Beschaffenheiten des Unternehmens spricht auch § 453 III BGB n.F. Danach wird für die Sach- und Rechtsmängel der Sache gehaftet, wenn ein Recht verkauft ist, das zum Besitz dieser Sache berechtigt. Gesellschaftsanteile, selbst wenn es sämtliche sind, berechtigen den Inhaber nicht zum Besitz der im Unternehmensvermögen befindlichen Sachen, dieser steht nur den Vertretern der Gesellschaft zu, die selbst Rechtspersönlichkeit hat. § 453 III BGB n.F. ist deshalb für Unternehmensbeteiligungen nicht einschlägig. Seine Existenz spricht jedoch dagegen, die Beschaffenheit des Unternehmens als für die Anteile relevant anzusehen. Denn nicht einmal die Beschaffenheit der Sache, zu deren Besitz ein verkauftes Recht berechtigt, die also dem Recht durchaus näher steht als das Unternehmen dem Gesell-

---

138 *Palandt–Putzo*, § 453 n.F. Rn. 23.

139 *Triebel/Hölzle*, BB 2002, S. 523f.; *Wolf/Kaiser*, DB 2002, S. 416f.; *Gronstedt/Jörgens*, ZIP 2002, S. 55; *Gaul*, ZHR 166 (2002), S. 39; *von Gierke/Paschen*, GmbHR 2002, S. 459; *Dauner-Lieb/Thiessen*, ZIP 2002, S. 110; a.A. *Palandt–Putzo*, § 453 Rn. 23.

140 BT-Drs. 14/6040, S. 242.

141 Völlig anders interpretieren die Gesetzesbegründung *Dauner-Lieb/Thiessen*, ZIP 2002, S. 110. Wo allerdings in der Begründung zum Ausdruck gebracht sein soll, der Gesetzgeber wolle die „Zweifelsfragen mit einem Federstrich beantworten", bleibt schleierhaft. Auf der zitierten S. 242 der BT-Drs. 14/6040 wird der Anteilskauf gar nicht erwähnt, und zum *asset deal* heißt es bloß, dass die Gründe für die bisherige Rechtsprechung wohl entfallen seien.

schaftsanteil, wäre ohne § 453 III BGB n.F. eine Beschaffenheit des Rechtes – sonst wäre die Vorschrift unnötig.

Es wird deshalb hier die Auffassung vertreten, dass eine für § 434 I BGB n.F. relevante Beschaffenheitsvereinbarung hinsichtlich des Unternehmens oder des Unternehmensvermögens nicht möglich ist.[142]

Es ist dann kein Grund ersichtlich, warum die oben skizzierte Rechtsprechung nicht aufrechterhalten werden sollte, die zur Annahme eines Unternehmenskaufs mit der Folge der Gewährleistung für Mängel des Unternehmens führt, wenn alle oder nahezu alle Anteile der unternehmenstragenden Gesellschaft verkauft sind.

Im Ergebnis kommt es daher durch die Schuldrechtsmodernisierung zu keiner unmittelbaren Änderung bei der Behandlung des *share deals*. Auf indirektem Weg ist jedoch ebenso wie beim *asset deal* und parallel dazu wahrscheinlich, dass dann, wenn ein Beteiligungskauf als Unternehmenskauf behandelt wird, die Beschaffenheit auch Angaben zu Unternehmenskennzahlen und Bilanzen umfasst. Damit wird gleichzeitig die Bedeutung der Unterscheidung von Unternehmenskauf durch Kauf (nahezu) aller Gesellschaftsanteile und bloßem Anteilskauf bedeutsamer als bisher, da unabhängig von dieser Trennung regelmäßig das Gewährleistungsrecht für die eigentliche Lösung des Falles ohne Bedeutung war. Umso mehr wird die höchstrichterliche Rechtsprechung gefordert sein, die Trennlinie genauer zu beschreiben, an der der Beteiligungskauf Unternehmenskauf wird.

1.2.4) Relevante Mängel des Unternehmens bei Behandlung des **share deal** *als Unternehmenskauf*

Ist die verkaufte Beteiligungsquote hoch genug und liegen somit die Voraussetzungen vor, unter denen beim *share deal* für das Unternehmen Gewähr zu leisten ist, so führen die gleichen Umstände zur Annahme eines relevanten Fehlers, als wäre das Unternehmen direkt verkauft worden. Dies leuchtet unmittelbar ein, wenn man sich vor Augen hält, dass in diesen Fällen der nach der Verkehrsauffassung im Vordergrund stehenden Übertragung des Unternehmens der Vorrang eingeräumt wird gegenüber der Form des Geschäfts, das als Rechtskauf strukturiert ist. Bezüglich der Gewährleistung soll der Verkäufer gestellt werden, als hätte er das Unternehmen selbst verkauft.[143] Es gilt also das schon oben für den *asset deal* Gesagte.[144] Fehler des Unternehmens können diesem unmittelbar anhaften wie etwa sein Ruf oder bilanzielle Kennzahlen (zumindest wenn man wie hier vertreten davon ausgeht, dass diese nunmehr eine Beschaffenheit des Unternehmens darstellen). Sie können auch

[142] Denkbar ist allerdings immer, dass eine solche Vereinbarung als selbständiges Garantieversprechen, § 276 I 1 BGB n.F., auszulegen ist.

[143] RG, 9.3.1928, RGZ 120, 283, 287.

[144] Siehe oben Teil B, 1.1.2.

auf Quantitäts- oder Qualitätsmängeln von Einzelgegenständen des Unternehmensvermögens beruhen, sofern diese so gravierend sind, dass sie auf das Unternehmen durchschlagen.

Setzt man bei genügend hoher Beteiligungsquote den Anteilskauf konsequent dem eigentlichen Unternehmenskauf gleich, so führt dies auch zur unmittelbaren Anwendbarkeit des Gewährleistungsrechts bei Mängeln einzelner Vermögensgegenstände, sofern man anders als hier vertreten der Auffassung folgt, dass beim *asset deal* Gewährleistungsansprüche nicht nur wegen Mangelhaftigkeit des Unternehmens, sondern auch zusätzlich wegen Mangelhaftigkeit einzelner Vermögensstücke gegeben sein können.[145] In diesem Sinne hat auch das Reichsgericht in dem schon oben erwähnten[146] Fall RGZ 120, 283 entschieden. Wegen eines Rechtsmangels, der das wesentliche Vermögensstück der zu 100% verkauften Gesellschaft betraf, wendete das Gericht die Rechtsmängelhaftung analog an.[147] Der Fall des Anteilskaufs zeigt besonders deutlich die schon oben angesprochene Problematik der doppelten Anwendung der Gewährleistungsvorschriften einerseits wegen des Unternehmens und andererseits für alle Einzelgegenstände: bei *share deal* sind die Gegenstände des Betriebsvermögens keinesfalls Gegenstand des Kaufvertrags, da sie nur dem (verkauften) Rechtsträger zugeordnet sind und sich hieran durch den Beteiligungsverkauf auch nichts ändert.[148] Das Problem stellt sich nicht, wenn man annimmt, dass beim Unternehmenskauf immer nur Fehler des Unternehmens selbst Bedeutung haben können; diese können auch auf relevanten Fehlern von Einzelsachen beruhen.[149]

1.3) Bedeutung der Kenntnis oder des Kennenmüssens des Käufers

Hatte der Käufer bei Vertragsschluss positive Kenntnis vom Mangel, so ist die Gewährleistung ausgeschlossen. Hier entspricht § 442 I 1 BGB dem bisherigen Recht (§ 460 S. 1 BGB a.F. und § 439 I BGB a.F). Eine Änderung durch die Schuldrechtsmodernisierung ist hingegen erfolgt, soweit grobe Fahrlässigkeit des Käufers vorliegt. Nach bisherigem Recht war selbst die grob fahrlässige Unkenntnis bei Rechtsmängeln ohne Bedeutung, führte aber bei Sachmängeln zum Entfall der Haftung, außer der Verkäufer hatte arglistig gehandelt oder die Abwesenheit des Fehlers zugesichert (§ 460 S. 2 BGB a.F.). Nach § 442 I 2 BGB ist nun bei allen Arten von Mängeln die grob fahrlässige Unkenntnis des Käufers schädlich, wenn nicht der Verkäufer arglistig war oder eine Garantie

---

145 Dazu oben Teil B, 1.1.2.3.

146 Oben bei Fn. 90.

147 RG, 9.3.1928, RGZ 120, 283, 287; kritisch dazu *Canaris*, ZGR 1982, S. 429.

148 Zumindest soweit es im Unternehmensvermögen befindliche Rechte betrifft, lehnen daher *Holzapfel/Pöllath* (Unternehmenskauf, Rn. 425a) eine Anwendung des Gewährleistungsrechts ab, da es für diese weitere Analogie kein Bedürfnis gebe.

149 Dazu oben Teil B, 1.1.2.3.

übernommen hat. Die Unterscheidung zwischen Rechtsmangel und Sachmangel ist dadurch weniger bedeutsam geworden.[150]

1.4) Rechtsfolgen eines Mangels

Das traditionelle kaufrechtliche Gewährleistungsrecht sah für Sachmängel die stark vom allgemeinen Schuldrecht abweichenden Rechtsbehelfe der Wandlung oder alternativ der Minderung vor (§ 462 BGB a.F.), zusätzlich im Fall des arglistigen Verschweigens eines Fehlers ebenso wie beim Fehlen einer zugesicherten Eigenschaft Schadensersatz auf das positive Interesse (§ 463 BGB a.F.). Für Rechtsmängel hingegen verwies § 440 I BGB a.F. auf die Rechtsbehelfe des allgemeinen Teils aus §§ 320 bis 327 BGB a.F.

Das Schuldrechtsmodernisierungsgesetz hat dies grundlegend geändert. Nunmehr verweist das Gewährleistungsrecht, der Aufnahme der Mangelfreiheit als Hauptpflicht des Verkäufers entsprechend, weitgehend und gleichmäßig für Sachmängel wie für Rechtsmängel in § 437 BGB n.F. auf das allgemeine Leistungsstörungsrecht. Der Käufer kann Nacherfüllung verlangen, zurücktreten oder mindern, daneben besteht bei Verschulden Anspruch auf Schadensersatz oder auf den Ersatz vergeblicher Aufwendungen.

Die Nacherfüllung ist auch beim Unternehmenskauf denkbar, wenn auch wegen der Einzigartigkeit des Unternehmens nicht als Nachlieferung (§ 439 I 2. Alt.), sondern nur in der Form der Nachbesserung (§ 439 I 1. Alt.).[151] Beruht der Mangel des Unternehmens etwa auf mangelhaftem oder fehlendem Inventar, so kann dieses nachgeliefert[152] oder nachgebessert werden und so das gesamte Unternehmen nachgebessert werden. Dasselbe gilt, wenn der Mangel auf einer unbekannt gebliebenen Verbindlichkeit beruht, für die entweder der Käufer einstehen muss oder die die gekaufte Gesellschaft belastet oder wenn eine Eigenkapitalunterdeckung besteht. Die Nachbesserung kann dann in der Ablösung der Schuld oder in der Freistellung des Käufers beziehungsweise der Gesellschaft bestehen, bei fehlendem Kapital in einem Nachschuss. Nicht durch eine Nachbesserung heilbar sind mangelhafte Umsätze oder Erträge.[153] Die Nacherfüllung ist nach dem Konzept des neuen Gewährleistungsrechts

---

[150] Der Unterschied war beispielsweise relevant in dem Fall, der der umstrittenen Entscheidung des BGH vom 7.1.1970 (NJW 1970, 556 = WM 1970, 319) zu Grunde lag: der BGH nahm nicht einen Sachmangel, sondern einen Rechtsmangel an, und konnte dann dahinstehen lassen, ob die Unkenntnis der Unternehmenskäufers grob fahrlässig gewesen war.

[151] *Triebel/Hölzle*, BB 2002, S. 526; *Gronstedt/Jörgens*, ZIP 2002, S. 61; für die Nachlieferung von Inventar auch *Gaul*, ZHR 166 (2002), S. 53.

[152] Geht man weiterhin, anders als hier vertreten, von der doppelten Anwendung des Gewährleistungsrechts beim *asset deal* für alle Einzelgegenstände und für das Unternehmen als solches aus, so wäre dies konsequenterweise gleichzeitig als Nachlieferung (§ 439 I 2. Alt. BGB n.F.) hinsichtlich der mangelhaften Einzelgegenstände und als Nachbesserung (§ 439 I 1. Alt. BGB n.F.) hinsichtlich des gesamten Unternehmens zu verstehen.

[153] *Wolf/Kaiser*, DB 2002, S. 418.

gegenüber dem Rücktritt und dem Schadensersatz vorrangig, sofern sie möglich, zumutbar und nicht bereits fehlgeschlagen ist (§ 440 S. 1 BGB n.F.). Unzumutbarkeit der Nacherfüllung wird beim Unternehmenskauf etwa dann vorliegen, wenn der Käufer dafür Betriebsgeheimnisse offenbaren müsste.[154]

Anders als die Minderung (§ 437 Nr. 1, 441 BGB n.F.), die im wesentlichen mit dem bisherigen Recht übereinstimmt,[155] ist der an die Stelle der Wandlung getretene Rücktritt des Käufers nach §§ 437 Nr. 1, 440, 323 V 2 BGB n.F. nur zulässig, wenn der Mangel des Unternehmens nicht unbedeutend ist. Die Vorschrift hat nur einen eigenen Sinn, wenn hier die Grenze höher liegt als für das bloße Vorliegen eines Mangels, an dem es bei völlig unbedeutenden Abweichungen des Unternehmens von den vertraglichen Erwartungen schon fehlt.[156] Die Wandelung war unter dem alten Kaufrecht oft als für den Unternehmenskauf unangemessen angesehen worden, weil sie auch zulässig war, wenn das Unternehmen bereits stark verändert worden war, insbesondere durch neue, typischerweise unumkehrbare strategische Weichenstellungen der Erwerbers oder durch Eingliederung in dessen bestehendes Unternehmen. Dies hat sich durch die Reform im Ergebnis nicht geändert.[157] Weiterhin kann der Käufer, der den Rücktritt wählt, das Unternehmen so zurückgeben, wie es beim Rücktritt aussieht, auch wenn der Verkäufer damit schlechter gestellt ist als vor dem Kauf. Dies entspricht der Wertung des Gewährleistungsrecht, bei dem der Verkäufer das Risiko von unentdeckten Mängeln zu tragen hat.

Nach einer Auffassung ist allerdings regelmäßig § 346 II 1 Nr. 2 BGB erfüllt, so dass gemäß § 346 II 2 BGB als Wertersatz der Kaufpreis zurückerstattet werden müsste.[158] Im Ergebnis bleibt der Rücktritt dann bis auf die Erstattung von Nutzungen wirkungslos, da der Verkäufer seinerseits den bezogenen Kaufpreis nach § 346 I BGB n.F. zurück gewähren muss. Allerdings ist konsequenterweise dann auch § 346 III 1 Nr. 1 BGB als anwendbar anzusehen:[159] Zeigte sich aber der Mangel erst bei der Umgestaltung – wie oft, wenn der Käufer das Unternehmen zum Beispiel sofort eingliedert –, so ist danach kein Wertersatz geschuldet, jedoch die verbleibende Bereicherung nach §§ 346 III 2, 818 BGB herauszugeben – also das Unternehmen im Zustand nach der Umgestaltung.

---

154 *Triebel/Hölzle*, BB 2002, S. 526.

155 *Gaul*, ZHR 166 (2002), S. 59; *Triebel/Hölzle*, BB 2002, S. 527. Allerdings ist die Minderung nun ein Gestaltungsrecht, § 441 I 1 BGB n.F.

156 Dazu oben Teil B, 1.1.2.3 a.E.; *Gaul*, ZHR 166 (2002), S. 55, nimmt hingegen an, dass regelmäßig dieselben Anforderungen an das Vorliegen eines Mangels und an die Erheblichkeit i.S.d. § 323 V 2 BGB n.F. zu stellen sind.

157 *Triebel/Hölzle*, BB 2002, S. 527.

158 *Gronstedt/Jörgens*, ZIP 2002, S. 62; *Gaul*, ZHR 166 (2002), S. 56.

159 *Gronstedt/Jörgens*, ZIP 2002, S. 62; nicht so *Gaul*, ZHR 166 (2002), S. 56, der nur für § 346 III 1 Nr. 1 BGB auf die Voraussetzungen des § 950 BGB verweist. Dies erscheint inkonsequent.

Die Anwendung von § 346 II BGB überzeugt nicht. Keine der alternativen Voraussetzungen ist erfüllt. Einerseits mag zwar die Rückgabe eines Unternehmens schwierig sein, sie ist aber nicht der Natur der Sache nach ausgeschlossen (§ 346 II 1 Nr.1).[160] Ebenso wenig aber liegt ein Fall des § 346 II 1 Nr. 2 vor. Da weder ein Verbrauch noch eine Veräußerung oder Belastung des Unternehmens vorliegt, müsste etwa eine Eingliederung des Unternehmens sich als Verarbeitung oder Umgestaltung des Unternehmens darstellen. Das würde aber voraussetzen, dass eine neue Sache entsteht, denn „Verarbeitung" und „Umgestaltung" meinen nur die Fälle des § 950 BGB.[161] Dies ist bei einer Eingliederung oder beim – Änderungen immer bedingenden – Betrieb des Unternehmens aber nicht der Fall.[162] Da eine Eingliederung oder ein normaler Betrieb eines Unternehmens ständige Änderungen normalerweise voraussetzt, kann auch eine über den normalen Gebrauch hinausgehende Verschlechterung vorliegen, die unter § 346 II 1 Nr. 3 fiele.

Eine erhebliche Änderung gegenüber dem früheren Recht stellt die Gewährung von Schadensersatz nach § 437 Nr. 3 BGB n.F. dar, wenn der gekaufte Gegenstand mangelhaft ist und dem Verkäufer ein Verschulden zur Last gelegt werden kann. Im Gegensatz zu § 463 BGB a.F., der entweder eine Zusicherung oder regelmäßig schwer nachzuweisende Arglist voraussetzte, genügt Fahrlässigkeit, §§ 437 Nr. 3, 280 I, 276 I 1 BGB. Welchen Sorgfaltsmaßstab der Verkäufer erfüllen muss, um nicht fahrlässig zu sein (§ 276 II BGB), ist allerdings noch unklar,[163] doch wird man eine Untersuchungspflicht kaum ohne weiteres annehmen können. Wie bislang für die culpa in contrahendo muss jedenfalls der Verkäufer etwa bei falschen Angaben bezüglich Umsätzen und Erträgen, Bilanzen oder Schuldenstand auch für das Verschulden seiner Hilfspersonen, insbesondere auch des Wirtschaftsprüfers oder sonstigen Bilanzerstellers einstehen.[164] Insgesamt werden wie bislang schon im Bereich der culpa in contrahendo die Anforderungen an das Verschulden gering sein.[165]

Der Käufer kann nach §§ 437 Nr. 3, 280 III, 281 BGB Schadensersatz auf das positive Interesse verlangen, grundsätzlich auch in der Form des großen Schadensersatzes – „Schadensersatz statt der ganzen Leistung" –, wie § 281 I 3 BGB

---

[160] *Gaul*, ZHR 166 (2002), S. 56.

[161] *Palandt–Heinrichs*, § 346 n.F. Rn. 8; dies entspricht dem Willen des Gesetzgebers (BT-Drs. 14/6040, S. 196), der mit § 346 II 1 Nr. 2 BGB nur § 352 BGB a.F. ersetzen wollte, der ebenfalls nur für den Fall einer Umgestaltung i.S.d. § 950 BGB einschlägig war (*Palandt–Heinrichs*, § 352 a.F. Rn. 1).

[162] A.A. *Gronstedt/Jörgens*, ZIP 2002, S. 62; *Gaul*, ZHR 166 (2002), S. 56, der aber selbst für den insoweit gleich formulierten § 346 III 1 Nr. 1 das Gegenteil vertritt (dort S. 57).

[163] *Triebel/Hölzle*, BB 2002, S. 527, dort Fn. 70.

[164] BGH, 5.10.1973, WM 1974, 51, 52 = DB 1974, 231 = BB 1974, 152.

[165] *Müller*, ZIP 2000, S. 818; *Soergel–Huber*, § 459 Rn. 247.

zeigt.[166] Danach ist der große Schadensersatz wie auch der Rücktritt nach §§ 437 Nr. 1, 440, 323 V 2 BGB jedoch dann ausgeschlossen, wenn der Mangel im Verhältnis zum gesamten Unternehmen nicht erheblich ist.[167] In diesem Fall kann nur der kleine Schadensersatz verlangt werden, also die Differenz zwischen dem Wert des Unternehmens in der vertraglich geschuldeten Unternehmensqualität und der tatsächlichen Leistung des Verkäufers. Für die Ermittlung des mangelfreien Wertes ist die Bewertungsmethode maßgeblich, die dem Vertrag zugrunde liegt.[168]

Alternativ zum Schadensersatz kann der Käufer nach §§ 437 Nr. 3, 284 den Ersatz seiner frustrierten Aufwendungen verlangen.

Welchen gewährleistungsrechtlichen Rechtsbehelf der Käufer wählt, steht ihm grundsätzlich frei. Der Rücktritt und der Anspruch auf Schadensersatz setzen jedoch voraus, dass eine angemessene Frist zur Nacherfüllung gesetzt und verstrichen ist, wenn nicht die Nacherfüllung unmöglich, unzumutbar oder fehlgeschlagen ist (§§ 437 Nr. 2 1. Alt, 440 S. 1, 323 I sowie §§ 437 Nr. 3 1. Alt, 440 S. 1, 280 I, 281 I 1 BGB). Schadensersatz oder Aufwendungsersatz kann auch kumulativ zu Nacherfüllung, Rücktritt oder Minderung begehrt werden (§ 437 BGB).

1.5) Verjährung

Die insbesondere für so komplexe Kaufgegenstände wie Unternehmen unangemessen kurze sechsmonatige Verjährung des § 477 I 1 a.F. war ein Hauptgrund dafür, dass die Gewährleistungsregeln weithin als für den Unternehmenskauf unangemessen angesehen wurden. Dies mag auch ein Grund dafür gewesen sein, dass die Rechtsprechung den Eigenschaftsbegriff beim Unternehmenskauf sehr eng auslegte und so über die culpa in contrahendo zur Regelverjährung gelangte.[169]

---

166 *Gaul*, ZHR 166 (2002), S. 59 f., vertritt die Auffassung, wegen §§ 281 V, 346 II BGB könne der Käufer eines Unternehmens den großen Schadensersatz nicht geltend machen. Gegen die Anwendung des § 346 II bestehen die oben angeführten Bedenken. Selbst wenn man § 346 II Nr. 2 für erfüllt erachtet, ist jedoch deshalb der große Schadensersatz nicht ausgeschlossen: dann ist gegen den vollen Erfüllungsschaden die Rückzahlung des Kaufpreises als Wertersatz oder die dann regelmäßig nach § 346 III Nr. 1 bloß geschuldete Herausgabe der noch bestehenden Bereicherung geschuldet; dies unterscheidet sich vom kleinen Schadensersatz.

167 Auf den Interessefortfall gerade wegen des Mangels kommt es nicht an; in dieser Hinsicht weicht das verabschiedete Gesetz nach Änderung durch den Rechtsausschuss vom Regierungsentwurf ab, vgl. BT-Drs. 14/7052, S. 185. Überholt deshalb die Regierungsbegründung, BT-Drs. 14/6040, S. 225, sowie *Gronstedt/Jörgens*, ZIP 2002, S. 62, die sich ersichtlich noch auf den nicht Gesetz gewordenen Entwurf beziehen.

168 *Gaul*, ZHR 166 (2002), S. 60.

169 *Soergel–Huber*, § 459 Rn. 252 f.

Nunmehr ist § 477 BGB a.F. durch § 438 BGB ersetzt worden. Für den Unternehmenskauf gilt gemäß § 438 I Nr. 3 BGB eine zweijährige Verjährung der Gewährleistungsansprüche; Rücktritt oder Minderung als Gestaltungsrechte sind nach §§ 438 IV, V, 218 BGB nach derselben Zeit unwirksam, wenn der Gegner sich auf Verjährung beruft.

Die Verjährung beginnt normalerweise mit Ablieferung zu laufen, sie ist von einer Kenntnis des Mangels unabhängig, § 438 II BGB. Damit bleibt sie weiterhin nicht nur in ihrer Länge, sondern auch in ihrem Beginn verschieden von der Regelverjährung des § 195 BGB. Diese gilt nur, wenn der Mangel vom Verkäufer arglistig verschwiegen wurde (§ 438 III 1 BGB). Somit ist zwar die Differenz in der Dauer der Verjährung stark reduziert, doch es bestehen weiter Unterschiede zwischen der Verjährung bei Sachmängeln und der Verjährung eines Anspruchs wegen Verschuldens bei Vertragsverhandlungen. Es bleibt anzuwarten, wie zukünftige Konflikte von der Rechtsprechung gelöst werden.

2) Haftung wegen culpa in contrahendo

Die Rechtsprechung hat unter dem bisherigen Recht in vielen Fällen die Anwendung des Gewährleistungsrechtes abgelehnt, etwa beim Beteiligungskauf, wenn die erworbene Beteiligungsquote nicht für die Behandlung als Unternehmenskauf genügte, oder bei der Behandlung von Unternehmenskennzahlen als Umstände, die keine Eigenschaften des Unternehmens darstellen und so keine Gewährleistung auslösen können. Im Ergebnis wurde der enttäuschte Käufer oftmals nicht schlechter geschützt, vielmehr wurde in zahlreichen Fällen erst so ein effektiver Rechtsschutz ermöglicht, indem das Anwendungsfeld der culpa in contrahendo eröffnet wurde, die insbesondere nicht der Verjährung aus § 477 I BGB a.F. unterlag.[170]

Das Schuldrechtsmodernisierungsgesetz hat die bislang gewohnheitsrechtlich anerkannte culpa in contrahendo in §§ 311 II, 241 II, 280 I BGB n.F. kodifiziert. Eine sachliche Änderung gegenüber dem bisher geltenden Recht war dabei weder beabsichtigt[171] noch ist sie erfolgt.[172]

Der Schutz vor Pflichtverletzungen im vorvertraglichen Stadium durch das Institut der culpa in contrahendo ist grundsätzlich immer eröffnet. Die culpa in contrahendo gilt gleichmäßig für alle Fälle des Erwerbs eines Interesses an einem Unternehmen, ob es sich um einen *asset deal* handelt oder ob eine beliebig große Beteiligung an der unternehmenstragenden Gesellschaft gekauft wird. Eine Ausnahme gilt jedoch, soweit die kaufrechtlichen Gewährleistung als abschließende Sonderregelung vorgeht.

---

170 *Holzapfel/Pöllath*, Unternehmenskauf, Rn. 461.

171 BT-Drs. 14/6040, S. 163.

172 *Palandt–Heinrichs*, § 311 n.F. Rn. 3.

War der Anwendungsbereich des bisherigen Sachmängelrechts eröffnet, so ging dieses der Anwendung der culpa in contrahendo vor.[173] Dies galt unabhängig davon, ob im Einzelfall ein durchsetzbarer Anspruch aus Gewährleistung bestand, also auch, wenn die Verjährung bereits eingetreten war und bei einer Zusicherung nach § 459 II BGB a.F. zugänglichen Eigenschaften auch dann, wenn im Einzelfall eine Zusicherung nicht erfolgt war.[174] Eine Ausnahme galt allerdings für den Fall der vorsätzlichen culpa in contrahendo: diese war auch neben dem Sachmängelrecht anwendbar.[175]

Das Rechtsmängelrecht, das über § 440 BGB a.F. auf das allgemeine Leistungsstörungsrecht verwies, wurde hingegen nicht als abschließende Sonderregelung betrachtet. Neben den Ansprüchen wegen Rechtsmängel waren daher solche aus culpa in contrahendo möglich.[176]

Das neue kaufrechtliche Gewährleistungsrecht schließt auch nach der Kodifizierung der c.i.c. deren Anwendung aus, da es als Teil des besonderen Schuldrechts spezieller ist als das allgemeine Leistungsstörungsrecht, zu dem die c.i.c. gehört.[177] Nunmehr wird dies auch für den Bereich der Rechtsmängel Geltung haben, da die Rechtsmängelhaftung in § 435 BGB vollständig in das einheitliche System der Gewährleistung und somit in ein geschlossenes, die allgemeinen Vorschriften ausschließendes System integriert wurde.[178] Auch die Aufrechterhaltung der Ausnahme für die vorsätzliche vorvertragliche Pflichtverletzung dürfte entfallen, da ein konkurrierender Anspruch auf Ersatz des Vertrauensschadens neben dem Anspruch auf Schadensersatz statt der Leistung, wie ihn die Schuldrechtskommission vorgeschlagen hatte, vom Gesetzgeber nicht verwirklicht wurde.[179]

Es ergeben sich im Bereich des Unternehmenskaufs nach wie vor vor allem drei Anwendungsfelder für die culpa in contrahendo. Das erste sind Fälle, in denen ein Beteiligungskauf wegen einer ungenügenden Höhe der erworbenen Beteiligung nicht als Unternehmenskauf qualifiziert wird. Dann gilt das Gewährleistungsrecht nicht, und die c.i.c. kann eingreifen. Ein Beispiel ist der Fall, der einer Entscheidung des BGH vom 4.4.2001[180] zugrunde lag. Hier hatte

---

173 Grundlegend BGH, 16.3.1973, BGHZ 60, 319.

174 BGH, 11.11.1987, WM 1988, 124 = NJW-RR 1988, 744; BGH, 16.1.1991, NJW 1991, 1223 = ZIP 1991, 321; *Stengel/Scholderer*, NJW 1994, S. 159.

175 BGH, 3.7.1992, NJW 1992, 2564, 2565 = ZIP 1992, 1317; BGH, 3.2.1999, NJW 1999, 1404, 1405; *Stengel/Scholderer*, NJW 1994, S. 159.

176 So aus der neueren Rechtsprechung beispielsweise BGH, 6.4.2001, NJW 2001, 2875 = WM 2001, 1302 = ZIP 2001, 1465 = DB 2001, 1717.

177 *Palandt–Putzo*, § 437 n.F. Rn. 51.

178 *Palandt–Heinrichs*, § 311 n.F. Rn. 19.

179 *Palandt–Heinrichs*, § 311 n.F. Rn. 18.

180 BGH, 4.4.2001, DB 2001, 1298 = GmbHR 2001, 516 m. Anm. *Bärwaldt* = ZIP 2001, 918 = WM 2001, 1118.

der Kläger nur etwa 40% der GmbH-Anteile erworben und war dabei von den Beklagten nicht ausreichend über die schlechte wirtschaftliche Lage der Gesellschaft aufgeklärt worden. Hierfür hatten diese aus c.i.c. einzustehen.

Ein zweiter, bislang wesentlicher Bereich, in dem die Haftung aus culpa in contrahendo Lücken der Anwendung des Gewährleistungsrechtes auffüllt, sind die Fälle, in denen zwar ein Unternehmenskauf vorlag, jedoch ein den Käufer belastender Umstand des Unternehmens nicht als Eigenschaft desselben angesehen wird. Beispielsweise war die culpa in contrahendo einschlägig, wenn es um unterlassene Angaben hinsichtlich des zweifelhaften Charakters eines Mitarbeiters ging, die keine Eigenschaft des Unternehmens betrafen.[181] Insbesondere galt dies unter dem alten Recht für falsche Angaben des Verkäufers über Umsätze und Erträge des Unternehmens und falsche mitgeteilte Bilanzen.[182] Jedoch dürfte diese Fallgruppe durch die Änderung des Fehlerbegriffs, der nun auf eine weiter zu verstehende Beschaffenheit des Kaufgegenstands abstellt, hinfällig geworden sein;[183] damit ist ein wesentlicher Teil der bisherigen Anwendungsfälle der c.i.c. beim Unternehmenskauf entfallen.

Schließlich kann auch dann statt des Gewährleistungsrechtes eine Haftung für Verschulden bei Vertragsverhandlungen einschlägig sein, wenn Mängel an einzelnen Gegenständen im Vermögen des verkauften Unternehmens vorliegen, die noch keine Mangelhaftigkeit des gesamten Unternehmens begründen.[184] Wegen des Fortfalls der früheren *de-minimis*-Begrenzung in § 459 I 2 BGB a.F. hat auch diese Fallgruppe durch die Reform an Bedeutung verloren.

Die Haftung wegen Verschuldens bei Vertragsverhandlungen setzt eine schuldhafte Verletzung einer Pflicht voraus, die dem anderen Teil einen Schaden verursacht hat. Dass es im vorvertraglichen Bereich keine Hauptpflichten, sondern nur Nebenpflichten gibt, stellt nun § 311 II i.V.m. § 241 II BGB klar. Der Käufer wird dann von dem gekauften Unternehmen enttäuscht sein, weil er eine falsche Vorstellung davon hatte, wenn der Verkäufer entweder falsche Auskünfte gegeben hat oder aber wesentliche Informationen verschwiegen hat. Eine unrichtige Auskunft stellt ohne weiteres die Verletzung einer vorvertraglichen Rücksichtspflicht nach §§ 311 II Nr. 1, 241 II dar, das Verschweigen hingegen ist nur pflichtwidrig, wenn darin die Verletzung einer Auskunftspflicht liegt. Nach der Rechtsprechung des BGH besteht eine Offenbarungspflicht des Unternehmensverkäufers dann, wenn ein Verschweigen einen Verstoß gegen Treu und Glauben darstellen würde und der andere Teil

---

181 BGH, 16.1.1991, NJW 1991, 1223 = ZIP 1991, 321.

182 BGH, 12.11.1969, LM § 276 Nr. 5 = NJW 1970, 653; BGH, 27.2.1970, WM 1970, 819 = BB 1970, 819; BGH, 5.10.1973, WM 1974, 51, 52 = DB 1974, 231 = BB 1974, 152; BGH, 18.3.1977, NJW 1977, 1538 = DB 1977, 1042; BGH, 5.10.1988, NJW-RR 89, 306, 307; BGH, 6.12.1995, NJW-RR 1996, 429 = WiB 1996, 313 m. Anm. *Bosch;* BGH, 3.2.1999, NJW 1999, 1404.

183 Dazu schon oben Teil B, 1.1.2.2.

184 *Holzapfel/Pöllath,* Unternehmenskauf, Rn. 427.

die Mitteilung nach der Verkehrsauffassung erwarten durfte.[185] Selbst in der Situation widerstreitender Interessen der Verhandlungsparteien besteht so eine Verpflichtung, solche Umstände ungefragt zu offenbaren, die für den Kaufentschluss des anderen Teils erkennbar von wesentlicher Bedeutung sind.[186] Hierfür ist relevant, dass der Käufer eines Unternehmens in einer besonders schwierigen Lage ist. Trotz der besonders bedeutsamen wirtschaftlichen Folgen einer Kaufentscheidung kann er sich hinsichtlich des Ertragswertes, auf den es bei der heute im Vordergrund stehenden Bewertung auf der Basis der Kapitalwertmethode entscheidend ankommt, nur mithilfe der vom Verkäufer erstellten Bilanzen und ähnlicher Dokumente sowie durch dessen Angaben Einblick verschaffen. Dies rechtfertigt nach Auffassung des BGH einen strengen Maßstab bei der Annahme von Offenbarungspflichten zu Lasten des Verkäufers.[187] Einen Verstoß gegen Offenbarungspflicht hat die Rechtsprechung etwa angenommen, wenn nicht mitgeteilt wurde, dass kurz vor Vertragsschluss infolge Kündigungen 40% des Umsatzes eines Betriebsteils entfallen sind,[188] oder dass die Überlebensfähigkeit des Unternehmens ernstlich gefährdet ist.[189]

Im Gegensatz zur kaufrechtlichen Gewährleistung für Mängel setzt die culpa in contrahendo Verschulden voraus. Ist dies zwar theoretisch ein gewichtiger Unterschied, so stellt das Verschuldenserfordernis in der Praxis doch nur ein geringes Problem für den Käufer dar.[190] Im Gegensatz zum bisherigen Gewährleistungsrecht, das für einen Schadensersatzanspruch nach § 463 BGB a.F. Vorsatz forderte, wenn keine Zusicherung vorlag, genügt Fahrlässigkeit. Insbesondere kann das Verschulden von Hilfspersonen des Verkäufers, etwa des Steuerberaters oder Wirtschaftsprüfers, der die Bilanz erstellt hat, diesem ohne weiteres nach § 278 S. 1 zugerechnet werden.[191] Nach § 254 I BGB muss sich der Käufer ein Mitverschulden anrechnen lassen, doch ist er nicht verpflichtet, die Angaben des Verkäufers zu überprüfen. Ein Berufen des Verkäufers darauf, dass der Käufer ihm nicht hätte glauben dürfen,

---

185 BGH, 16.1.1991, NJW 1991, 1223 = ZIP 1991, 321; BGH, 6.12.1995, NJW-RR 1996, 429 = WiB 1996, 313 m. Anm. *Bosch*.

186 *Bärwaldt*, GmbHR 2001, 519, 520.

187 BGH, 4.4.2001, DB 2001, 1298 = GmbHR 2001, 516 m. Anm. *Bärwaldt* = ZIP 2001, 918 = WM 2001, 1118.

188 BGH, 6.12.1995, NJW-RR 1996, 429 = WiB 1996, 313 m. Anm. *Bosch*.

189 BGH, 4.4.2001, DB 2001, 1298 = GmbHR 2001, 516 m. Anm. *Bärwaldt* = ZIP 2001, 918 = WM 2001, 1118; BGH, 6.2.2002, DB 2002, 942.

190 *Soergel–Huber*, § 459 Rn. 247. Eines der seltenen Beispiele aus der höchstrichterlichen Rechtsprechung, in denen ein Anspruch aus c.i.c. am Verschulden scheitert, findet sich in BGH, 23.11.1979, WM 1980, 284, 287.

191 BGH, 5.10.1973, WM 1974, 51, 52 = DB 1974, 231 = BB 1974, 152.

wäre treuwidrig.[192] Eine etwaige Due-diligence-Prüfung ist somit keine Obliegenheit des Käufers.[193]

Der Verkäufer hat gemäß § 249 S. 1 BGB den Vertrauensschaden des Käufers zu ersetzen. Das negative Interesse eines Unternehmenskäufers kann entweder darin liegen, dass er überhaupt das Unternehmen erworben hat, oder aber in dem zu hohen Preis, den er bei Kenntnis der wahren Lage nicht vereinbart hätte. Der Schadensersatz kommt somit trotz der Beschränkung auf das negative Interesse den kaufrechtlichen Rechtsbehelfen der Minderung und des Rücktritts sehr nahe[194]: Hätte der Käufer dann zu einem niedrigen Preis kontrahiert, so ist die Differenz zwischen dem tatsächlich bezahlten und dem hypothetischen Preis der ersatzfähige Schaden.[195] Hätte er hingegen bei Kenntnis gar nicht kontrahiert, so hat er nach Meinung der Rechtsprechung Anspruch auf Naturalrestitution in der Form der Rückabwicklung des Vertrages.[196] Die beiden Alternativen stehen dem Käufer nicht zur völlig freien Wahl,[197] da sie jeweils Kausalität voraussetzen. Der Käufer muss also darlegen können, dass er bei Kenntnis im einen Fall gar nicht gekauft hätte und im anderen Fall nur einen geringeren Preis bezahlt hätte. Dies ist allerdings in der Praxis unproblematisch. Denn einerseits tritt der hypothetischen Kausalverlauf, in dem der Käufer weniger bezahlt hätte, in der Wirklichkeit regelmäßig gleichzeitig auf, wenn er gar nicht abgeschlossen hätte. Ein rational handelnder Kaufmann wird immer einen Preis haben, zu dem er kaufen würde.[198] Andererseits begünstigt den Käufer eine Beweislastumkehr: er muss nur darlegen, nicht aber beweisen, dass er sich bei Kenntnis entsprechend verhalten

---

192 BGH; 25.5.1977, NJW 1977, 1536, 1537 (insoweit nicht abgedruckt in BGHZ 69, 53); *Soergel–Huber*, § 459 Rn. 248.

193 BGH, aaO.

194 *Soergel–Huber*, § 459 Rn. 244; *Holzapfel/Pöllath*, Unternehmenskauf, Rn. 460.

195 BGH, 25.5.1977, BGHZ 69, 53, 58 = NJW 77, 1536; BGH, 2.6.1980, NJW 1980, 2408 = WM 1980, 1006 = ZIP 1980, 549 = DB 1980, 1786.

196 Grundlegend (kein Fall des Unternehmenskaufs) BGH, 31.1.1962, NJW 1962, 1196; BGH, 12.11.1975, BGHZ 65, 246, 253; BGH, 11.11.1987, WM 1988, 124, 125 = NJW-RR 1988, 744; *Soergel–Huber*, § 459 Rn. 244. Dagegen *Canaris*, ZGR 1982, S. 416-419. – *Triebel/Hölzle*, BB 2002, S. 533, meinen, dass infolge der Schuldrechtsreform der wandlungsähnliche Schadensersatz aus c.i.c. durch § 282 auf Fälle der Unzumutbarkeit des Festhaltens am Vertrag beschränkt sei. Dies übersieht, dass § 282 nur für Fälle gilt, in denen eine Nebenpflicht verletzt wurde und der belastete Vertragsteil auch von der Erfüllung der Hauptpflicht Abstand nehmen möchte. In den Fällen des § 311 II bestehen jedoch ausschließlich Nebenpflichten nach § 241 II, jedoch überhaupt keine Hauptpflicht. § 282 ist in diesen Fällen daher ohne Bedeutung. Dies ergibt sich auch aus den Überlegungen des Rechtsausschusses zu § 282, BT-Drs. 14/7052, S. 186.

197 So jedoch *Müller*, ZIP 2000, S. 818.

198 Ausgenommen die Fälle, in denen der hypothetische Kaufpreis in einem vom Verkäufer zu leistenden Abstand bestünde.

hätte.[199] Der Verkäufer kann dann nur das Gegenteil beweisen, was aber praktisch äußerst schwierig ist, da ein hypothetisches Internum der anderen Seite bewiesen werden müsste. Ebenso wenig muss der Käufer in dem der Minderung entsprechenden Fall beweisen, dass sich der Verkäufer auf einen niedrigeren Preis eingelassen hätte.[200] Später durch das gekaufte Unternehmen erzielte Erträge spielen für die Schadensberechnung keine Rolle.[201]

Der Anspruch aus culpa in contrahendo verjährt in der Frist des § 195 BGB. Nach der alten Fassung des § 195 BGB waren dies 30 Jahre, also sehr viel länger als die kaufrechtliche Verjährung des § 477 I BGB a.F. Hierin lag möglicherweise ein Grund für die enge Sicht der Rechtsprechung zum Eigenschaftsbegriff. Eine weitere Auslegung des Gewährleistungsrechtes hätte unweigerlich zur kurzen kaufrechtlichen Verjährung geführt.[202] Innerhalb der sechsmonatigen Frist konnte kaum je ein Käufer eines komplexen Unternehmens entdecken, dass etwa die Unternehmenskennzahlen nicht stimmten. Die neue Regelverjährung aus § 195, die weiterhin auch für den Anspruch aus §§ 311 II Nr. 1, 280 I 1 gilt, läuft nach §§ 195, 199 I, III nunmehr bis zum Ende des dritten Jahres ab Kenntnis oder grob fahrlässiger Unkenntnis und höchstens zehn Jahre. Sie läuft damit weiterhin erheblich länger als die gewöhnliche Verjährung der kaufrechtlichen Gewährleistungsansprüche, die nach §§ 438 I Nr. 3, 438 II für Unternehmen oder Beteiligungen zwei Jahre ab Ablieferung beträgt. Nur im Falle der Arglist besteht jetzt ein Gleichlauf (§ 438 III 1 BGB).

3) Anfechtung wegen Irrtums

Der Käufer, der wegen einer falschen Vorstellung über das Unternehmen kauft, gibt eine Willenserklärung unter dem Eindruck eines Irrtums ab. Vom Fall der arglistigen Täuschung abgesehen[203] scheint nur § 119 II BGB eine denkbare Grundlage für eine Anfechtung des Kaufvertrages zu sein.[204]

---

[199] BGH, 11.11.1987, WM 1988, 124, 125 = NJW-RR 1988, 744; BGH, 5.10.1988, NJW-RR 89, 306, 307; *Reinicke/Tiedtke*, Kaufrecht, Rn. 1092; *Roschmann*, ZIP 1998, S. 1943; *Soergel–Huber*, § 459 Rn. 243.

[200] BGH, 25.5.1977, BGHZ 69, 53, 58 = NJW 77, 1536; BGH, 2.6.1980, NJW 1980, 2408 = WM 1980, 1006 = ZIP 1980, 549 = DB 1980, 1786; BGH, 5.10.1988, NJW-RR 1989, 306, 307. Nach *Soergel–Huber*, § 459 Rn. 244 besteht hier eine unwiderlegliche Vermutung, dass der Verkäufer sich auf den den Verkaufsumständen entsprechenden niedrigeren Preis eingelassen hätte. Dagegen *Canaris*, ZGR 1982, S. 421, nach dessen Ansicht der Käufer beweisen muss, dass der Verkäufer entsprechend billiger verkauft hätte.

[201] BGH, 25.5.1977, BGHZ 69, 53, 58 = NJW 1977, 1536, 1538; *Roschmann*, ZIP 1998, S. 1943.

[202] So schon RG, 13.3.1906, RGZ 63, 59.

[203] Dazu unten Teil B, 4.

[204] Vereinzelt wird vorgeschlagen, die Problematik der Haftung beim Unternehmenskauf teilweise durch Rückgriff auf einen in der Rechtsprechung des RG angewandten Kalkulationsirrtum als erweiterten Inhaltsirrtum zu lösen: *Müller*, ZHR 147 (1983), S. 540 f.; vgl. auch *Buchwaldt*, NJW 1994, S. 155 und kritisch *MünchKommHGB–Lieb*, Anh. § 25, Rn. 76.

Die Anfechtung wegen eines Irrtums über verkehrswesentliche Eigenschaften eines gekauften Gegenstands ist jedoch sehr weitgehend durch das kaufrechtliche Gewährleistungsrecht ausgeschlossen. Soweit die Eigenschaft, auf die sich der Irrtum bezieht, einen Sachmangel begründen kann, wurde das Gewährleistungsrecht zumindest unter Geltung des früheren Rechts von Rechtsprechung und Lehre als vorrangig betrachtet, damit nicht durch die Möglichkeit der Anfechtung das in sich geschlossene System der Mangelgewährleistung beim Kauf unterlaufen werden kann.[205] § 119 II BGB würde dem enttäuschten Käufer den Vorteil einer anderen Fristberechnung – zwar ist Unverzüglichkeit nötig, jedoch erst ab Kenntnis, § 121 I 1 BGB – sowie die Irrelevanz auch grob fahrlässiger Unkenntnis[206] bringen. Der Vorrang gilt erst recht für das modernisierte Gewährleistungsrecht, das nach der Einbeziehung der Rechtsmängelhaftung und der Fälle der aliud-Lieferung sowie der Zuweniglieferung nun umso mehr Anspruch darauf erhebt, eine geschlossene Sonderregelung darzustellen. Der Vorrang besteht daher weiterhin.[207] Für die beim Anteilskauf, der nicht Unternehmenskauf, sondern bloßer Rechtskauf ist, einschlägige Rechtsmängelhaftung galt der Vorrang zwar bisher nicht.[208] Das neue Recht hat auch hier eine abgeschlossene Sonderregelung geschaffen, weshalb nunmehr auch für Rechtsmängel das Gewährleistungsrecht der Anfechtung nach § 119 II BGB vorgeht.[209]

Der Vorrang des Gewährleistungsrechts gilt auch, wenn im Einzelfall kein Anspruch wegen des Mangels besteht, etwa wegen grob fahrlässiger Unkenntnis (§ 442 I 2 BGB) oder weil die Gewährleistung abbedungen ist.

Strittig ist nur, ob die Anfechtung nach § 119 II BGB in zwei Randbereichen des Gewährleistungsrechtes möglich sein soll. Zum einen geht es um die Zeit zwischen Vertragsschluss und Gefahrübergang. Nach Ansicht der Rechtsprechung sollte jedenfalls bislang in diesem Zeitraum beim Stückkauf – und um einen solchen handelt es sich beim Unternehmenskauf immer – die Anfechtung erlaubt sein, weil § 459 a.F. auf den Gefahrübergang abstellte und Gewährleistungsansprüche somit grundsätzlich erst mit dem Gefahrübergang entstünden.[210] Dies gelte dann auch, wenn ausnahmsweise wegen der Unbehebbarkeit des Mangels schon vor diesem Zeitpunkt Ansprüche aus dem

---

205 BGH, 14.12.1960, BGHZ 34, 32, 33f.; *Reinicke/Tiedtke*, Kaufrecht, Rn. 591; *Soergel–Huber*, vor § 459 Rn. 187.

206 Allerdings mit dem Risiko der Haftung auf das Vertrauensinteresse des Verkäufers nach § 122 BGB.

207 *Palandt–Putzo*, § 437 n.F. Rn. 53.

208 BGH, 12.11.1975, BGHZ 65, 246, 252f. Das Urteil äußert sich nicht dazu, ob Mängel des Unternehmens eine verkehrswesentliche Eigenschaft der Anteile darstellen können, wenn ein bloßer Rechtskauf vorliegt. Dagegen überzeugend *Müller*, ZIP 2000, S. 824.

209 BT-Drs. 14/6040, S. 210.

210 BGH, 14.12.1960, BGHZ 34, 32, 33f.

Gewährleistungsrecht geltend gemacht werden könnten.[211] Nach der in der Lehre überwiegenden Gegenansicht ist jedoch die Irrtumsanfechtung immer bereits ab Vertragsschluss ausgeschlossen, da schon dann die Gewährleistungsansprüche entstünden, jedoch bei behebbaren Mängeln des Stücks aufgeschoben seien.[212] Dieser Meinung schließt sich die Regierungsbegründung zum Schuldrechtsmodernisierungsgesetz für die neue Rechtslage an, ohne dass aber eine ausdrückliche Regelung erfolgt ist.[213]

Der zweite umstrittene Bereich betrifft Fälle, in denen ein Irrtum über eine verkehrswesentliche Eigenschaft vorliegt, ohne dass dies gleichzeitig einen gewährleistungsrechtlichen Fehler darstellt. Für das bisherige Gewährleistungsrecht hat die Rechtsprechung dies in einigen Fällen für möglich gehalten und die Anfechtung zugelassen.[214] In der Literatur war die Frage umstritten, ob solche Fälle möglich waren.[215] Infolge der Neugestaltung des Gewährleistungsrechts hat sich dieser Streit erledigt. Der Begriff der Eigenschaft im Sachmängelrecht, der dem des § 119 II BGB entsprach,[216] ist durch die Beschaffenheit abgelöst worden, die jedenfalls so viel weiter zu verstehen sein dürfte, dass alle Fälle einer verkehrswesentlichen Eigenschaft i.S.d. § 119 II BGB abgedeckt sind. Für den Unternehmenskauf war er auch unter dem alten Recht nicht relevant, da die Angaben wie Umsätze, Erträge und Bilanzen, auf die die Rechtsprechung §§ 459 ff. BGB a.F. nicht anwandte, nach dieser Auffassung schon gar keine Eigenschaften waren und deshalb auch nicht verkehrswesentliche Eigenschaften sein konnten.

4) Anfechtung wegen arglistiger Täuschung, § 123 BGB

Unabhängig von der Einschlägigkeit des Gewährleistungsrechtes für den Käufer eines Unternehmens stets gegeben ist die Möglichkeit, den Vertrag wegen arglistiger Täuschung durch die Gegenseite anzufechten.[217]

Voraussetzung ist, dass der Verkäufer einen Umstand zumindest bedingt vorsätzlich falsch mitteilt oder – wenn eine Offenbarungspflicht besteht, weil der Käufer die Angabe ersichtlich für seinen Entschluss berücksichtigen

---

211 BGH, 14.12.1960, BGHZ 34, 32, 37.

212 *Soergel–Huber*, vor § 459 Rn. 192 m.w.N.; a.A. *Palandt–Putzo*, vor § 459 a.F. Rn. 9; *ders.*, § 437 n.F. Rn. 53.

213 BT-Drs. 14/6040, S. 210.

214 Es ging etwa um das Alter der Kaufsache, das nicht ohne weiteres einen Mangel darstellte: BGH, 26.10.1978, NJW 1979, 160; BGH, 9.10.1980 (Kraftfahrzeug), BGHZ 78, 216, 218 (Mähdrescher).

215 Dagegen etwa *Flume*, DB 1979, 1637 - 1939; *Reinicke/Tiedtke*, Kaufrecht, Rn. 600; *Soergel–Huber*, vor § 459 Rn. 194f.

216 BGH, 19.12.1980, BGHZ 79, 183, 185.

217 *Soergel–Huber*, vor § 459 Rn. 204 mit Nachweisen der ständigen Rechtsprechung; *Palandt–Putzo*, § 437 n.F. Rn. 54; *Reinicke/Tiedtke*, Kaufrecht, Rn. 601.

würde und sie nach der Verkehrsauffassung erwarten könnte – verschweigt. Das bewusste Verschweigen eines Mangels wird immer einen Fall der arglistigen Täuschung darstellen.[218]

Rechtsfolge der Anfechtung ist die rückwirkende Vernichtung des Vertrages nach § 142 I BGB. Dies ist allerdings für den Käufer kaum je von Vorteil, da dann mangels Kaufvertrages etwaige Gewährleistungsansprüche, darunter auch der Schadensersatzanspruch nach §§ 437 Nr. 3 1.Alt., 280 I 1 BGB, entfallen.[219] Ansprüche aus culpa in contrahendo und aus Delikt können zwar auch geltend gemacht werden, wenn kein Vertrag besteht oder dieser durch Anfechtung nichtig wurde.[220] Sie gehen nach § 249 S. 1 jedoch nur auf Herstellung des Zustands, der ohne den arglistig ausgenützten Irrtum des Käufers bestünde, also nur auf Ersatz des Vertrauensschadens und nicht wie der Anspruch aus §§ 437 Nr. 3 1. Alt, 280 I auf Ersatz des positiven Interesses.

Die Frist für die Geltendmachung der Anfechtung beträgt ein Jahr ab Kenntnis, höchstens aber dreißig Jahre (§ 124 BGB).

5) Deliktische Ansprüche

Auch deliktische Ansprüche des Käufers wegen einer unbefriedigenden Beschaffenheit des gekauften Unternehmens sind unabhängig vom Bestehen eines Anspruchs aus Gewährleistung. Da beim Kauf jedoch regelmäßig eine Rechtsgutsverletzung ausscheidet,[221] wie sie für § 823 I BGB Voraussetzung wäre, kommen praktisch nur die Fälle des Betruges (§§ 823 II BGB i.V.m. 263 I StGB) oder der vorsätzlichen sittenwidrigen Schädigung (§ 826 BGB) in Betracht. Die Anwendungsfälle des Deliktsrechts sind daher im wesentlichen mit denen der arglistigen Täuschung und der vorsätzlichen culpa in contrahendo identisch.

Besteht in diesen Fällen ein Anspruch aus § 826 BGB und §§ 823 II BGB i.V.m. 263 I StGB, so geht er auf Ersatz des negativen Interesses.[222] Denn nach § 249 S. 1 BGB und der diesen erklärenden Differenzhypothese ist das Opfer so zu stellen, als wäre die schädigende Handlung nicht begangen worden. Die

---

218 *Soergel–Huber*, vor § 459 Rn. 205.

219 Einen Fall, in dem die Anfechtung vorzuziehen ist, nennt *Soergel–Huber*, vor § 459 Rn. 208: wenn die Kaufsache untergegangen ist, kann die Anfechtung besser sein, da die Saldotheorie von der Rechtsprechung bei arglistiger Täuschung nicht angewandt wird und so der Anspruch auf Rückzahlung des Kaufpreises aus § 812 I 1 1. Alt. im Ergebnis vorteilhafter ist als Schadensersatz.

220 BGH, 3.2.1999, NJW 1999, 1404, 1405.

221 Zumindest denkbar wären auch bei Unternehmen allerdings Fälle eines weiterfressenden Schadens (grundlegend BGH, 24.11.1976, BGHZ 67, 359), wenn nur eine unbedeutende Einzelsache so mangelhaft ist, dass sie später eine Eigentumsverletzung an den übrigen Sachen des Unternehmens verursacht und dem Verkäufer diesbezüglich ein Verschulden zur Last gelegt werden kann.

222 *Palandt–Thomas*, § 823 Rn. 159.

deliktische Handlung des Verkäufers besteht in einer irreführenden Darstellung des Unternehmens. Ohne diese hätte der Käufer in der Regel nicht oder zu einem niedrigeren Preis gekauft. Der Schadensersatzanspruch geht auf die Herstellung des hypothetischen Zustands, somit entweder auf Befreiung vom Vertrag oder auf Erstattung des zu hohen Kaufpreisanteils. Nicht verlangen kann der Käufer jedoch das positive Interesse, also so gestellt zu werden, als hätte das Unternehmen die versprochenen Eigenschaften.[223] Die Rechtsfolge entspricht also der der culpa in contrahendo nach §§ 311 II Nr. 1, 241 II, 280 I BGB.

Der Anspruch verjährt ebenso wie derjenige aus culpa in contrahendo und Gewährleistungsansprüche bei Arglist (§ 438 III) in drei Jahre ab dem Ende des Jahres, in dem Kenntnis erlangt oder grob fahrlässig nicht erlangt wurde, maximal in zehn Jahren (§§ 195, 199 I, III).

6) Andere in der Literatur vorgeschlagene Lösungsansätze

Die dargestellte Konzeption der Rechtsprechung baut die Haftung des Verkäufers beim Unternehmenskauf primär auf zwei rechtliche Grundlagen auf, nämlich zum einen auf die kaufrechtliche Gewährleistung, zum anderen auf die culpa in contrahendo, wobei die Gewährleistung zwar vorrangig ist und weitgehend einschlägig ist, jedoch praktisch bislang ein erheblicher Bereich über die culpa in contrahendo gelöst wurde, wenn die Gewährleistung gar nicht anwendbar war wie beim Kauf einer nur bedeutenden Beteiligung oder soweit angenommen wurde, gewisse falsche Angaben führten nicht zu einem Mangel. Die Literatur hat diese Lösung weitgehend akzeptiert. Teilweise hat sie jedoch abweichende Konzepte vorgeschlagen.

Eine Meinung stellte dabei die Grundannahme der herrschenden Meinung, die Anwendbarkeit der Gewährleistungsregeln auf den Unternehmenskauf, nicht in Frage, hält jedoch das indirekte Ausweichen der Rechtsprechung auf die c.i.c. für unnötig und will Angaben über Umsätze, Erträge und Bilanzen innerhalb der Gewährleistungsregeln behandeln.[224] Nach der hier vertretenen Auffassung ist der Gesetzgeber nunmehr einen Weg gegangen, der zu diesem Ergebnis führen wird, weil der neue Begriff der Beschaffenheit weiter als der bisherige Eigenschaftsbegriff ist und zudem die Gründe der Billigkeit entfallen sind, die Teil der Motivation der bisherigen Auffassung waren.

Eine radikalere Konzeption hat *Baur* vorgeschlagen.[225] Nach seiner Auffassung genügt es nicht, bei der Anwendung der Gewährleistungsregeln auf den

[223] Bei dem Kauf eines Unternehmens, immer ein Einzelstück, kann nur ein Eingehungsbetrug, nicht aber ein Erfüllungsbetrug vorliegen.

[224] *Lieb*, FS Gernhuber, S. 264-266; *Reinicke/Tiedtke*, Kaufrecht, Rn. 1086 - 1089; zumindest für Zusicherungsfähigkeit von Umsatz- und Ertragsangaben aus der Vergangenheit *Hommelhoff*, Diss., S. 59 ff.

[225] *Baur*, BB 1979, S. 386.

Unternehmenskauf korrigierend einzugreifen, vielmehr passen diese Vorschriften im Ganzen nicht, insbesondere die zu kurze Verjährung des § 477 I BGB a.F. Stattdessen soll die Haftungsproblematik insgesamt und unabhängig davon, ob ein *asset deal* oder ein *share deal* vorliegt, über die culpa in contrahendo gelöst werden. Vorteile dieser Lösung seien die *„erforderliche Elastizität"*[226] der c.i.c. hinsichtlich Tatbestand und Rechtsfolge, die Möglichkeit, über § 254 ein Mitverschulden zu berücksichtigen und der Ersatz des negativen Interesses. In der Schuldrechtsmodernisierung hat der Gesetzgeber den von *Baur* vorgetragenen Ansatz jedoch klar ausgeschlossen, indem die Anwendung der Mängelgewährleistung auf Unternehmen als sonstige Gegenstände in § 453 I 2. Alt. festgeschrieben wurde.[227]

Canaris hielt die analoge Anwendung der kaufrechtlichen Sachmängelgewährleistung für ebenfalls für unhaltbar.[228] Der Unterschied zwischen Unternehmen und Sachen sei groß, das Unternehmen seiner Natur nach ständiger Veränderung in hoher Komplexität unterworfen, und zudem seien wesentliche Vorschriften aus dem Sachmangelrecht wie die Wahl zwischen Wandelung und Minderung und die kurze Verjährung des § 477 I BGB a.F. für Unternehmenskäufe unpassend. Eine Analogie sei deshalb unzulässig, sie stelle ein Relikt aus der Zeit dar, als weder die c.i.c. noch die Lehre vom Wegfall der Geschäftsgrundlage anerkannt waren. Überlegen sei die Lösung über eine Anwendung der Lehre von der Störung der Geschäftsgrundlage, da so primär eine Anpassung des Vertrages erreicht werden könne. Abhängig von der Erkennbarkeit der Störung sei dann das Risiko von Käufer und Verkäufer zu tragen, im Gegensatz zum Gewährleistung durch den Verkäufer unabhängig von dessen Erkenntnismöglichkeit.[229] Auch dieser Ansicht hat die Schuldrechtsmodernisierung den Boden entzogen, da der Gesetzgeber klar gemacht hat, dass das Gewährleistungsrecht auf den Unternehmenskauf angewendet werden soll.[230]

Der grundsätzlichen Kritik von *Baur* und *Canaris* schließt *Huber* sich an, soweit Mängel des Unternehmens als Ganzes betroffen sind.[231] Das Mängelrecht soll nach seiner Auffassung jedoch Geltung haben, soweit es um Fehler einzelner Teile des Unternehmensvermögens geht. Er liegt damit sehr nahe an den in Anwendung des bisherigen Rechts von der Rechtsprechung erzielten Ergebnissen: Denn gerade die wichtigsten Fehler des Unternehmens ans Ganzes, nämlich fehlerhafte Kennzahlen und Bilanzen, hat der BGH nicht für Ei-

---

[226] *Baur*, aaO.

[227] BT-Drs. 14/6040, S. 242.

[228] *Canaris*, ZGR 1982, S. 397-402.

[229] *Canaris*, ZGR 1982, S. 402 ff.; zustimmend *Müller*, ZIP 2000, S. 825.

[230] BT-Drs. 14/6040, S. 242.

[231] *Soergel–Huber*, vor § 433 Rn. 24 a.E.

genschaften des Unternehmens erachtet und so über die culpa in contrahendo gelöst. Auch dies ist jedoch infolge der Schuldrechtsreform hinfällig.

C) RECHTSLAGE IM FRANZÖSISCHEN RECHT

1) Vorbemerkung

Ziel dieser Arbeit ist es nicht nur aufzuzeigen, mit welchen Ergebnissen das französische Recht die Frage nach der Haftung des Veräußerers eines Unternehmens beantwortet, ob es sich nun um einen eigentlichen Unternehmenskauf handelt oder um den Erwerb der unternehmenstragenden Kapitalgesellschaft.

Zwar ist es bereits interessant, diese Ergebnisse mit denen des deutschen Rechtes zu vergleichen, zumal sie sich in vielen Punkten gewichtig unterscheiden, wie im folgenden zu zeigen versucht werden soll.

Noch wichtiger für den Juristen, der sich mit der Problematik beschäftigt, ist jedoch, auch die gedankliche Struktur, die zu den divergierenden Resultaten führt, in den Vergleich einzubeziehen. Dies soll aus deutscher Sicht erleichtert werden, indem das französische Recht soweit wie möglich aus der Struktur des deutschen Rechts gezeigt wird; dafür war das Ziel, die Gliederung des französischrechtlichen Teiles an die soeben in Teil B) für das deutsche Recht verwendete anzugleichen.

Dennoch bedingte die andere Herangehensweise des französischen Rechts an das Problem des Kaufs der unternehmenstragenden Gesellschaft hier eine abweichende Hauptgliederung. Das französische Recht beurteilt den *share deal* immer nur als Kauf von Gesellschaftsanteilen, nicht aber entsprechend dem wirtschaftlichen Ziel, das die Vertragsparteien dabei regelmäßig verfolgen, gleich dem Erwerb des Unternehmens selbst. Dies schlägt sich nicht nur in der dogmatischen Begründung, sondern ganz wesentlich auch in den gefundenen Lösungen nieder. Hierin liegt ein fundamentaler Gegensatz zur Rechtslage in Deutschland, wie sie schon die ständige Rechtsprechung des Reichsgerichtes begründete. Wollte man dennoch die Gliederung, die sich im deutschen Recht aufdrängte, auch hier verwenden, so liefe dies der französischen Herangehensweise völlig zuwider. In zwei Oberpunkten wird deshalb die Haftung beim Kauf des Unternehmens direkt der Rechtslage beim Erwerb von Anteilen der Gesellschaft gegenüberstellt.

2) Kauf des Unternehmens als solchen

Ebenso wie im deutschen Recht kann das wirtschaftliche Ziel, ein Unternehmen zu übernehmen, durch Erwerb des Unternehmensvermögens erreicht werden, im Gegensatz zum Erwerb der Anteile an der unternehmenstragenden Gesellschaft.[232]

---

[232] Die in Deutschland verbreitete Verwendung der aus dem angloamerikanischen Rechtskreis übernommenen Begriffe *share deal* und *asset deal* ist in Frankreich nicht üblich.

Im französischen Recht wird dieser eigentliche Unternehmenskauf im wesentlichen durch die Regelung für den Verkauf des *fonds de commerce* geprägt. Zwar umfasst dieses rechtliche Gebilde, wie im folgenden aufgezeigt wird, nicht alle Vermögensgegenstände des Unternehmens. Jedoch sind regelmäßig die wichtigsten Vermögensgegenstände, die ein Unternehmen ausmachen, Teil des *fonds de commerce*, zumindest diejenigen, die für die Besonderheit des Unternehmenskaufes bedeutsam sind. Zentraler Bestandteil des *fonds de commerce* ist der Kundenstamm des Unternehmens sowie diejenigen Betriebsmittel, die es ermöglichen, Kunden anzuziehen und zu halten. Nur dadurch können Umsätze erzielt und letztlich ein Gewinn erreicht werden, und deshalb steckt im *fonds de commerce* dasjenige Potential des Unternehmens, das es rechtfertigt, dass das Unternehmen regelmäßig einen höheren Wert hat als die Summe seiner Vermögensgegenstände. In dem *fonds de commerce* und nicht mehr in weiteren, eventuell mitverkauften Vermögensteilen steckt also in der Regel der den Zerschlagungswert übersteigende Wert des gesamten Unternehmens.

Unternehmen werden in der Mehrzahl der Fälle weniger wegen des Wertes einzelner Stücke des Vermögens, sondern wegen des Umsatz- und Gewinnpotenzials gekauft. Wenn die darauf bezogenen Erwartungen des Käufers enttäuscht werden, lässt sich dies oft nicht an der Fehlerhaftigkeit einzelner Gegenstände festmachen, das Problem steckt in jenem nicht greifbaren Teil des Unternehmens. Wie mit diesen enttäuschten Erwartungen rechtlich umzugehen ist, ist das eigentliche Problem bei der Beurteilung des Unternehmenskaufes. Dadurch, dass diese Erwartungen ganz wesentlich mit dem *fonds de commerce* verknüpft sind, erklärt sich, dass die entscheidenden Rechtsfragen im Zusammenhang mit dem unmittelbaren Unternehmenskauf im französischen Recht bei den Rechtsbehelfen der Käufers eines *fonds de commerce* zu finden sind. Die Rechtslage ist im Folgenden unter 2.1 dargestellt.

Nicht Teil des *fonds de commerce* sind – dies sei schon vorweg bemerkt – Verbindlichkeiten „des Unternehmens". In Wirklichkeit handelt es sich um Verbindlichkeiten des Unternehmensträgers, ob juristische oder natürliche Person, die in Verbindung mit dem Geschäft stehen. Dadurch entfällt beim Kauf eines *fonds de commerce* ein typisches Problem, das beim Kauf der unternehmenstragenden Gesellschaft immer wieder auftritt und eine zentrale Rolle spielt, nämlich das unerwartete Auftauchen von Verbindlichkeiten, deren Grund aus der Zeit vor dem Übergang des Unternehmens stammt.

Allerdings werden neben dem Kauf des *fonds de commerce*, der einer gesetzlichen Sonderregelung unterworfen ist, vom Käufer oft auch die nicht erfassten, dem Unternehmen zugeordneten Gegenstände und eventuell auch die Verbindlichkeiten übernommen. Dies hat jedoch nach den Regeln des allgemeinen Rechtes zu erfolgen (dazu im Folgenden unter 2.2).

2.1) *Kauf eines fonds de commerce*

Es wurde bereits gezeigt, dass der Erwerb des *fonds de commerce* den entscheidenden Bestandteil des Unternehmenskaufes im französischen Recht darstellt.

Im Gegensatz zur sogenannten *„cession de contrôle"*, dem Verkauf einer zur Beherrschung der Gesellschaft ausreichenden Mehrheit von Gesellschaftsanteilen, ist der Verkauf eines *fonds de commerce* durch Gesetz detaillierten Vorschriften unterworfen. Die wichtigsten Normen stammen aus zwei grundlegenden Gesetzen: einerseits aus dem „Gesetz betreffend den Verkauf und die Verpfändung von *fonds de commerce*" vom 17.3.1909[233] und andererseits aus dem „Gesetz betreffend die Regelung des Verkaufspreises von *fonds de commerce*" vom 29.6.1935.[234] Diese Gesetze wurden 2000 weitgehend in den Code de commerce integriert.

Der wichtigste Unterschied zwischen dem Kauf eines *fonds de commerce* und dem Kauf der Mehrheit an einer Gesellschaft besteht darin, dass der Käufer des *fonds de commerce* keine Haftung für Verbindlichkeiten des Unternehmens übernimmt.[235] Beim Kauf einer Mehrheitsbeteiligung an einer S.A.R.L. oder S.A. hingegen wird das Gesellschaftsvermögen mit allen Aktiva und auch allen Passiva übernommen, da ja an der Gesellschaft sich nichts ändert; ein Erwerb bloß der Aktiva ist hier unmöglich.

2.1.1) *Der* **fonds de commerce**

Der *fonds de commerce* ist eine Rechtsfigur, die in dieser Form nur das französische Handelsrecht kennt.[236] Eine unmittelbare Entsprechung im deutschen Recht gibt es nicht.[237]

Im Folgenden wird zunächst versucht, die juristische Eigenart des *fonds de commerce* herauszuarbeiten, danach wird ein Überblick über die Gegenstände gegeben, die Teil eines *fonds de commerce* sein können oder müssen.

---

[233] Gesetz vom 17.3.1909 *„relative à la vente et au nantissement des fonds de commerce"*, J.O. vom 19.3.1909, abgedr. bei *Lutz*, Erwerb eines „fonds de commerce", S. 29-34, weitgehend aufgehoben durch Ordonnance Nr. 2000-912 vom 18.9.2000. Das Gesetz von 1909 wurde früher häufig auch „loi Corcelet" genannt (so *Derruppé*, Rép. com. v° fonds de commerce, Nr. 8).

[234] Gesetz vom 29.6.1935 *„relative au règlement du prix de vente des fonds de commerce"*, J.O. vom 30.6.1935, teilw. abgedr. bei *Lutz*, Erwerb eines „fonds de commerce", S. 34; weitgehend aufgehoben durch Ordonnance Nr. 2000-912 vom 18.9.2000.

[235] *Paillusseau/Caussain/Lazarski/Peyramaure*, La cession d'entreprise, Nr. 258.

[236] *Derruppé*, Rép. com. v° fonds de commerce, Nr. 4.

[237] *Lutz*, Erwerb eines „fonds de commerce", S. 24.

2.1.1.1) *Begriff und rechtliche Eigenschaften des* **fonds de commerce**

Der Begriff des *fonds de commerce* ist ein Produkt der Rechtspraxis, nicht der Gesetzgebung. Im 19. Jahrhundert entstand in Kaufmannskreisen das Bedürfnis, auch den Teil des Wertes eines kaufmännischen Unternehmens, der über die einzeln beleihbaren oder sonst verwertbaren Vermögensstücke hinausging, zur Ausnützung des Kredits des Unternehmens gebrauchen zu können. Als Antwort hierauf entwickelte die Praxis den heutigen Begriff des *fonds de commerce*, der nicht bloß verkauft, sondern auch in Gesellschaften eingebracht, als Pfand gegeben oder verpachtet werden kann.[238]

Erst später wurde der *fonds de commerce* auch Gegenstand der Gesetzgebung. Bezeichnenderweise war das erste Gesetz, das den Begriff im Jahre 1872 aufgriff, ein Steuergesetz, durch das der Übergang eines *fonds de commerce* mit einer Verkehrsteuer belegt wurde.[239] 1898 wurde die Begründung eines besitzlosen Pfandrechtes an einem *fonds de commerce* durch Registereintragung gesetzlich ermöglicht.[240] Durch das Gesetz vom 17.3.1909 wurde dann der Verkauf und die Verpfändung des *fonds de commerce* erstmals ausführlich geregelt. Neben etlichen weiteren Gesetzen, die Einzelfragen regelten,[241] wurde das Gesetz von 1909 vor allem durch das Gesetz vom 29.6.1935 ergänzt, das gewisse Angaben beim Verkauf von *fonds de commerce* zwingend vorschreibt.[242] Durch die Verordnung des Präsidenten der Republik vom 21.9.2000[243] wurden die wesentlichen Vorschriften der Gesetze von 1909 und 1935 in den neu zusammengestellten Code de commerce übernommen.

Grundvoraussetzung dafür, dass ein *fonds de commerce* existieren kann, ist, dass der *fonds* der Ausübung einer kaufmännischen Tätigkeit dient. Anderenfalls ist das kaufmännische Sonderrecht nicht anwendbar. Deshalb enthalten etwa die Praxen der Freiberufler, obwohl sie in besonderem Maße auf das Anziehen und Halten einer Kundschaft ausgerichtet sind, keine *fonds de commerce*.[244] Dasselbe gilt für handwerkliche Unternehmen.[245] Wird ein nichtkauf-

---

238 *Derruppé*, Rép. com. v° fonds de commerce, Nr. 5; *De Juglart/Ippolito*, Droit commercial, Nr. 150.

239 Gesetz vom 28.2.1872, DP 72.4.412, zit. n. *Derruppé*, Rép. com. v° fonds de commerce, Nr. 6.

240 Durch Gesetz vom 1.3.1898, DP 98.4.20, wurde dem Art. 2075 C.civ. ein Absatz mit dieser Wirkung hinzugefügt (*Derruppé*, Rép. com. v° fonds de commerce, Nr. 7). Durch das Gesetz vom 17.3.1909 wurde Art. 2075 C.civ. dann vollständig neu formuliert.

241 Eine vollständige Aufstellung der verschiedenen Gesetzesquellen findet sich bei *Derruppé*, Rép. com. v° fonds de commerce, Nr. 6 - 18.

242 Dazu näher unten Teil C, 2.1.2 und 2.1.4.1.

243 Ordonnance Nr. 2000-912 vom 18.9.2000 *„relative à la partie Législative du code de commerce"*, J.O. vom 21.9.2000, mit Anhängen.

244 *Derruppé*, Rép. com. v° fonds de commerce, Nr. 126.

245 *Derruppé*, Rép. com. v° fonds de commerce, Nr. 127.

männisches Unternehmen verkauft, so kommen die besonderen Offenbarungs- und Haftungsnormen, die Art. L141-1 bis L141-4 Code de commerce vorsehen, nicht zur Anwendung.

Das Gesetz vom 17.3.1909 enthielt zwar eine Aufzählung von Gegenständen, die in einem *fonds de commerce* enthalten sind. Auf eine gesetzliche Definition des *fonds de commerce* wurde jedoch verzichtet.[246] Sie wurde auch nicht durch die Kodifikation der Vorschriften im Code de commerce eingeführt. Eine Definition, die die Kommission für die Reform des Code de commerce in den Jahren 1948 – 1950 für das dann nicht verwirklichte Projekt eines „Gesetzes über den *fonds de commerce*" erarbeitet hatte, wurde nicht Gesetz. Sie gab jedoch die von der Rechtsprechung erarbeitete Definition des *fonds de commerce* zutreffend wieder und entspricht der Rechtslage.[247] Sie sollte lauten:

> *„Le fonds de commerce est constitué par les biens mobiliers affectés à l'exercice des activités commerciales. Il comprend obligatoirement une clientèle."*[248]

Derruppé definiert den *fonds de commerce* wie folgt:

> *„un bien composé de divers éléments unis par une même affectation qui est le développement d'une activité commerciale."*[249]

Diese Definition zeigt die wesentlichen Eigenschaften des *fonds de commerce* auf: Er ist eine aus einer Mehrheit von Gegenständen zusammengesetzte Gesamtheit, die selbst auch ein eigener Gegenstand ist, und deren Zusammensetzung sich aus dem verfolgten Ziel ergibt.

Ausgangspunkt und Anknüpfungspunkt für das Verständnis des *fonds de commerce* ist die *„clientèle"*, der Kundenstamm. Sie ist nach der Rechtsprechung das wesentliche Element und die Voraussetzung dafür, dass ein *fonds de commerce* überhaupt bestehen kann.[250] Ohne die *clientèle* kann ein *fonds de commerce* auch nicht veräußert werden, da er sonst seine Existenz einbüßen würde. Der *fonds de commerce* ist eine Gesamtheit von Gegenständen eines Kaufmanns, die mit dem Ziel zusammengefasst sind, die *clientèle* und *achalandage*[251] zu finden

---

246 *Derruppé,* Rép. com. v° fonds de commerce, Nr. 1; *Lutz,* Erwerb eines „fonds de commerce", S. 24.

247 *Derruppé,* Rép. com. v° fonds de commerce, Nr. 2 f.

248 Travaux de la Commission pour la réforme du code de commerce, Bd. 3, S. 328 - 428, zit. n. *Derruppé,* Rép. com. v° fonds de commerce, Nr. 2. [Eine Übersetzung aller französischen Zitate findet sich im Anhang.]

249 *Derruppé,* Rép. com. v° fonds de commerce, Nr. 22.

250 Cass. req., 15.2.1937, DP 1938, 1, 13 m. Anm. *Cordonnier* = S. 1937, 1, 169 m. Anm. *Rousseau* = Rev. gén. dr. com. 1938, 164 m. Anm. *Lagarde;* Cass. com. 29.5.1953, JCP 1953, II, 7720 m. Anm. *Cohen.*

251 Dazu sogleich.

und zu halten.[252] Die genaue Bedeutung der *clientèle* ist jedoch schwer zu verstehen und in der Literatur umstritten.

Der Code de commerce spricht mehrfach[253] von *„clientèle et achalandage."* Auch in der Praxis werden diese beiden Begriffe fast ausschließlich gemeinsam verwendet,[254] und nach verbreiteter Ansicht gibt es keinen wirklichen Unterschied[255] oder dieser ist zumindest ohne Bedeutung. Zum Teil wird differenziert zwischen der *clientèle,* die die dauernde Kundschaft sei, ob mit oder ohne vertragliche Bindung an das Geschäft, und der *achalandage,* die etwa der Laufkundschaft entspricht.[256]

Die Unterscheidung zwischen *clientèle* und *achalandage* kann jedoch bedeutsam werden. Dies zeigte sich etwa in einem Fall, den die Cour d'Appel von Paris zu entscheiden hatte.[257] Eine Gesellschaft berief sich gegenüber dem Vermieter eines Geschäftslokals darauf, einen *fonds de commerce* übernommen zu haben, zu dem der Geschäftsraummietvertrag (*bail commercial*) gehörte. Die Übernehmerin bedruckte Textilien; das Geschäft des angeblich übernommenen *fonds de commerce* war Papierhandel, Druckerei und Buchbinderei. Der Vermieter berief sich darauf, dass nicht eine Übernahme des *fonds de commerce,* sondern vielmehr eine unzulässige Übertragung des Geschäftsraummietvertrages vorliege, der zur Auflösung des *bail commercial* berechtige. Die Cour d'Appel gab dem Vermieter Recht. Weil die Übernehmerin weder den Namen noch Ausstattung oder Ware des Verkäufers des *fonds de commerce* übernommen hatte, sondern offenbar nur an dem Mietverhältnis interessiert war, sei es nicht zur Übertragung einer *clientèle* gekommen. Die bloße Anziehungskraft, die von der Lage des Ladengeschäfts ausging und die allein viele Kunden anzog, genügte der Cour d'Appel nicht, um den Übergang einer echten *clientèle* zu erkennen, statt dessen sei nur die *achalandage* übernommen worden, und das reiche für einen Erwerb des *fonds de commerce* nicht aus.

Nach der Auffassung von *Derruppé*[258] zeigen Fälle wie dieser, dass es nicht genügt, die *achalandage* als eine Teilmenge der *clientèle* zu verstehen. Unter *achalandage* sei richtigerweise potentielle Kundschaft zu verstehen, die einem Bestandteil des *fonds de commerce* anhafte (wie in dem zitierten Fall dem Ladengeschäft), und die sich zu einem späteren Zeitpunkt in eine echte *clientèle* verwandeln könne.

---

252 *De Juglart/Ippolito,* Droit commercial, Nr. 150.

253 In Art. L141-5 Abs. 2 und in Art. L142-2 Abs. 1 und Abs. 3.

254 *Derruppé,* Rép. com. v° fonds de commerce, Nr. 28.

255 *Mestre/Pancrazi,* Droit commercial, Nr. 552.

256 *Guyon,* Droit des affaires I, Nr. 690.

257 Cour d'Appel de Paris, 9.6.1987, D. 1987, IR 163 = Rev. trim. Droit com. 1987, 495 Nr. 1 Anm. *Derruppé.*

258 *Derruppé,* Rép. com. v° fonds de commerce, Nr. 109.

Ein weiterer Streitpunkt hinsichtlich der rechtlichen Einordnung der *clientèle* besteht in der Frage, ob diese selbst ein Bestandteil des *fonds de commerce* ist.[259] Nach der traditionellen Auffassung ist dies der Fall.[260] Dem entspricht auch der Wortlaut des Code de commerce, der die *clientèle* in seinem Art. L141-5 Abs. 2 als Bestandteil des *fonds* aufführt. Auch die ständige Rechtsprechung sieht seit 1937 die *clientèle* als wesentlichen Bestandteil des *fonds de commerce* an.[261]

Die Gegenmeinung nimmt an, dass die *clientèle* bloß Voraussetzung des *fonds de commerce* sei. Der *fonds* sei gerade das Mittel, auf eine *clientèle* zuzugreifen, nicht aber selbst dessen Bestandteil.[262] Die Vertreter dieser Meinung geben aber ebenso zu, dass die *clientèle* von zentraler Bedeutung für das Bestehen des *fonds de commerce* ist, so dass die Diskussion wohl ohne praktische Relevanz ist.[263]

Der *fonds de commerce* ist seiner rechtlichen Natur nach eine *universalité* (Mobiliarsachgesamtheit). Dies ist schon seit 1888[264] und bis heute die Auffassung der Rechtsprechung.[265] Die Literatur teilt diese Auffassung, wenngleich einige Details strittig sind.[266] Dies hat zweierlei Bedeutung.

Einerseits ist der *fonds de commerce* selbst ein Rechtsobjekt, das sich von den einzelnen Bestandteilen unterscheidet und als solches Gegenstand von Verträgen sein kann.[267] Insbesondere kann der *fonds de commerce* verkauft, verpfändet, verpachtet oder verleast werden, ohne dass damit Verträge über die im *fonds de commerce* enthaltenen einzelnen Gegenstände vorlägen. Der *fonds de commerce* ist eine bewegliche, unkörperliche „Sache".[268] Wegen des Mobiliarcharakters kann ein *fonds de commerce* nicht gemeinsam mit einem Grundstück als dessen Zubehör verkauft werden, sondern es müssen zwei juristisch getrennte Verträge über das Grundstück und den *fonds de commerce*

---

259 *De Juglart/Ippolito*, Droit commercial, vor Nr. 150-1; *Derruppé*, Rép. com. v° fonds de commerce, Nr. 29 - 31.

260 *Mestre/Pancrazi*, Droit commercial Nr. 551, 559.

261 Vgl. die oben (Fn. 250) zitierte Rechtsprechung; weitere Nachweise bei *Derruppé*, Rép. com. v° fonds de commerce, Nr. 29.

262 *Ripert/Roblot/Vogel*, Droit commercial I/1, Nr. 443; *Guyon*, Droit des affaires I, Nr. 691.

263 *Derruppé*, Rép. com. v° fonds de commerce, Nr. 31.

264 Cass. req., 13.3.1888, DP 1888, 1, 351.

265 *Derruppé*, Rép. com. v° fonds de commerce, Nr. 155.

266 *Derruppé*, Rép. com. v° fonds de commerce, Nr. 155; *Lutz*, Erwerb eines „fonds de commerce", S. 25.

267 *Derruppé*, Rép. com. v° fonds de commerce, Nr. 155 f.; *Guyon*, Droit des affaires I, Nr. 698; *De Juglart/Ippolito*, Droit commercial, Nr. 150; *Sonnenberger*, FrHWR, IV 5; *Lutz*, Erwerb eines „fonds de commerce", S. 25.

268 *De Juglart/Ippolito*, Droit commercial, Nr. 161; *Mestre/Pancrazi*, Droit commercial, Nr. 561; *Derruppé*, Rép. com. v° fonds de commerce, Nr. 154; *Sonnenberger*, FrHWR, IV 5.

abgeschlossen werden.[269] Diese können allerdings ohne weiteres in derselben Urkunde enthalten sein.[270]

Andererseits ist der *fonds de commerce* in seinem Bestehen unabhängig von Veränderungen in seiner Zusammensetzung.[271]

Der *fonds de commerce* ist jedoch kein Rechtssubjekt und auch kein Sondervermögen.[272] Es kann deshalb keine Verbindlichkeiten des *fonds de commerce* geben.[273] Alle Gegenstände, die Bestandteile des *fonds de commerce* sind, sind auch normale Bestandteile des Vermögens des Inhabers des *fonds de commerce.* Sie sind jederzeit auch einzeln dem Zugriff der privaten Gläubiger des Kaufmanns ausgesetzt und stellen keine separate Haftungsmasse für das Handelsgeschäft dar.[274] Der Übergang des *fonds de commerce* hat nicht zur Folge, dass die Gläubiger des Verkäufers nun auf die Gegenstände des *fonds de commerce* im Vermögen des Übernehmers zugreifen könnten.[275]

Relevant wird die Rechtsfigur des *fonds de commerce* nur, wenn ein Rechtsgeschäft über den *fonds de commerce* als solchen getätigt wird, zum Beispiel sein Verkauf oder seine Verpfändung. Solange dies nicht geschieht, hat der *fonds de commerce* keine Bedeutung.

Aus alldem ergibt sich, dass der Begriff des *fonds de commerce* nicht gleichbedeutend ist mit dem Begriff des Unternehmens. Die *„entreprise"* ist ein trotz seiner Modernität im französischen Recht ebenso schwer zu fassender, je nach Zusammenhang anderes bedeutender Begriff[276] wie im deutschen Recht der des Unternehmens. Der Gleichlauf mit dem Begriff des *fonds de commerce* ist schon deswegen ausgeschlossen, weil wesentliche Bestandteile des Unternehmens wie Immobilien und Forderungen aus dem *fonds de commerce* ausgeschlossen sind.[277] Jedoch ist nach Auffassung von *Derruppé* der *fonds de commerce* der dem Unternehmen am nächsten kommende juristische Begriff.[278]

---

269 *Lutz,* Erwerb eines „fonds de commerce", S. 25.

270 *Paillusseau/Caussain/Lazarski/Peyramaure,* La cession d'entreprise, Nr. 853.

271 *Derruppé,* Rép. com. v° fonds de commerce, Nr. 155; *Guyon,* Droit des affaires I, Nr. 698; *De Juglart/Ippolito,* Droit commercial, Nr. 150; *Sonnenberger,* FrHWR, IV 5.

272 *Guyon,* Droit des affaires I, Nr. 698; *Sonnenberger,* FrHWR, IV 5.

273 *Guyon,* Droit des affaires I, Nr. 698. – Einzelne Verträge gehen jedoch ausnahmsweise mit dem *fonds de commerce* auf einen Erwerber über, dies sind etwa Arbeitsverträge und die Geschäftsraummiete (dazu näher unten Teil C, 2.1.1.2).

274 *Guyon,* Droit des affaires I, Nr. 698.

275 *Guyon,* Droit des affaires I, Nr. 698.

276 *Sonnenberger,* FrHWR, IV 3.

277 *Derruppé,* Rép. com. v° fonds de commerce, Nr. 3; *Lutz,* Erwerb eines „fonds de commerce", S. 24.

278 *Derruppé,* Rép. com. v° fonds de commerce, Nr. 3.

Ebenso wenig entspricht der *fonds de commerce* der Firma des deutschen Handelsrechtes.[279] Deren Fortführung setzt die Übernahme des Handelsgeschäftes voraus (§ 23 HGB), begründet jedoch eine Haftung des Erwerbers für die im Betrieb des Handelsgeschäfts begründete Altverbindlichkeiten (§ 25 HGB), wogegen der Übernehmer eines *fonds de commerce* – von einer rein steuerrechtlichen Ausnahme abgesehen – Verbindlichkeiten, die im Zusammenhang mit dem *fonds* entstanden sind, nicht übernehmen muss.

Dennoch handelt es sich beim *fonds de commerce* um die Essenz des kaufmännischen Unternehmens. Insbesondere enthält der *fonds de commerce* mit dem Kundenstamm die greifbarste Grundlage für den über den Wert der die Passiva übersteigenden Aktiva hinausgehenden Wert, der dem Unternehmen als solchem anhaftet (also für den sogenannten *„good will"*). Der Erwerb dieses *good will* begründet die rechtliche Besonderheit des Unternehmenskaufs, da eben nicht bloß einzelne Vermögensstücke verkauft werden, sondern ein auf die zukünftige Erzielung von Gewinnen ausgerichtetes Ganzes, eine lebende Wirtschaftseinheit, die regelmäßig höher zu bewerten ist als mit dem Zerschlagungspreis.

2.1.1.2) Bestandteile des **fonds de commerce**

Ein *fonds de commerce* kann eine Vielzahl verschiedener Elemente enthalten. Dies hängt ganz von der Lage des Einzelfalles ab. Da die Figur des *fonds de commerce* nur bei Rechtsgeschäften in Bezug auf denselben relevant wird[280], etwa beim Verkauf des *fonds de commerce,* hängt von den Vereinbarungen der Parteien ab, welche Gegenstände veräußert werden.[281] Ob die veräußerten Gegenstände dann allerdings einen *fonds de commerce* ausmachen, ist aber vom Parteiwillen unabhängig, sondern ergibt sich aus der Anwendung des Gesetzes. Die Antwort auf diese Frage ist von erheblicher Bedeutung. Sofern die verkauften Gegenstände oder eine Teilmenge davon einen *fonds de commerce* bilden, sind die Vorschriften über den *fonds de commerce* anzuwenden, auch wenn die Parteien sich dessen nicht bewusst waren oder es nicht wollten, zum Beispiel um die Publizitätspflichten beim Verkauf eines *fonds de commerce* zu vermeiden. Nur wenn ein *fonds de commerce* veräußert ist, kann der Käufer die zu seinem Schutz verlangten Angaben fordern und die in Art. L141-1 und L141-3 Code de commerce eingeführten Klagen erheben. Nur dann greifen auch die besonderen Rechte der Gläubiger des Verkäufers. Hierher gehörte auch, wenn auch auf einer anderen Ebene, die lange bestehende Sorge beim Verkauf einer Gesellschaft, die einen *fonds de commerce* betreibt, dass die Transaktion als Verkauf eines *fonds de commerce* betrachtet werden könnte.[282]

---

[279] *Lutz*, Erwerb eines „fonds de commerce", S. 24.

[280] Dazu oben Teil C, 2.1.1.1.

[281] *Ripert/Roblot/Vogel*, Droit commercial I/1, Nr. 455; *Sonnenberger*, FrHWR IV 6.

[282] Dazu näher unter 3.1.

Auf der anderen Seite kann es auch dann am Vorliegen eines *fonds de commerce* fehlen, wenn die Parteien dies explizit wollten oder wenn sie das Geschäft ausdrücklich als eines über einen *fonds de commerce* bezeichnen, wie es etwa in dem oben zitierten Fall geschah, bei dem es den Parteien um die Übertragung des Geschäftsraummietvertrages ging.[283]

Man kann deshalb die Bestandteile des *fonds de commerce* von zwei Seiten aus betrachten: Einerseits stellt sich die Frage, welche Gegenstände in einem *fonds de commerce* enthalten oder aber nicht enthalten sein dürfen, andererseits gibt es Elemente, die so wesentlich für einen *fonds de commerce* sind, dass sie jedenfalls umfasst sein müssen.

Zulässige und unzulässige Bestandteile des **fonds de commerce**

Der Code de commerce zählt wie das darin aufgegangene Gesetz vom 17.3.1909 an verschiedenen Stellen die Gegenstände auf, die ein *fonds de commerce* enthalten kann. Es handelt sich hier aber nicht um eine abschließende Aufzählung.[284]

Das Gesetz unterteilt die möglichen Bestandteile in drei Kategorien: Immaterialgüter (*éléments incorporels*), Betriebsmittel (*matériel)* und Waren (*marchandises*).

Auf die in der Literatur umstrittene Frage, ob die Kundschaft (*clientèle* und *achalandage*), die das Gesetz als möglichen Bestandteil erwähnt, wirklich im *fonds de commerce* enthalten sein kann, oder ob sie nicht eigentlich bloß eine Voraussetzung für seine Existenz, nicht aber ein Element des *fonds* darstellt, ist oben[285] bereits eingegangen worden.

Unproblematisch im *fonds de commerce* enthaltene Immaterialgüter sind der Handelsname und Unternehmenszeichen sowie das *droit au bail*. Dieses *bail commercial*, die Miete der Geschäftsräume, hat eine besondere Bedeutung und ist häufig das wichtigste Motiv für den Kauf des *fonds de commerce*. Denn dieses Rechtsverhältnis genießt einen bedeutenden Bestandsschutz.[286]

Ebenfalls im *fonds de commerce* enthalten sein können Immaterialgüterrechte wie Patente, Urheberrechte und Gebrauchsmuster.[287] Dasselbe gilt für behördliche Genehmigungen, zumindest soweit sie nicht unübertragbar der Person des Inhabers des *fonds de commerce* erteilt worden sind. [288]

---

283 Oben Teil C, 2.1.1.1 (bei Fn. 257).

284 *Derruppé*, Rép. com. v° fonds de commerce, Nr. 26.

285 Oben Teil C, 2.1.1.1 (bei Fn.259).

286 Buch I, Titel IV, Kapitel V Code de commerce; eine detaillierte Darstellung der rechtlichen Bedeutung des *bail commercial* findet sich bei *Sonnenberger*, FrHWR, IV 16 - 36.

287 *Derruppé*, Rép. com. v° fonds de commerce, Nr. 37.

288 *Derruppé*, Rép. com. v° fonds de commerce, Nr. 58 - 67; *Mestre/Pancrazi*, Droit commercial, Nr. 556.

Bedeutende Teile fast jedes normalen Unternehmens können jedoch niemals Gegenstand eines *fonds de commerce* sein. Dazu gehören an erster Stelle Immobilien. Obwohl an keiner Stelle im Gesetz erwähnt ist, dass Liegenschaften nicht Bestandteil des *fonds de commerce* sein können, entspricht dies der ständigen Rechtsprechung und wird allgemein als geltendes Recht angesehen.[289] Während also das Geschäftsraummietverhältnis ohne weiteres auf den Übernehmer des *fonds de commerce* übergeht, ist eine besondere Vereinbarung notwendig, wenn der bisherige Betreiber des *fonds de commerce* Eigentümer der Geschäftsräume ist. Dies wird in der Literatur als „überraschend"[290] und als „störend und künstlich"[291] bezeichnet. Der Ausschluss gilt auch für *„immeubles par destination"*[292] (Art. 524 und 525 C.civ.), was in etwa den mit einem Grundstück verbundenen Sachen und dem Zubehör eines Grundstücks im deutschen Recht entspricht.

Andere Sachen, die nicht in einem *fonds de commerce* enthalten sein können, sind die Geschäftsbücher und die Geschäftskorrespondenz des Inhabers.[293] Für die Bücher des Verkäufers ergibt sich dies indirekt aus Art. L141-2 Abs. 2 Code de commerce, der den Verkäufer verpflichtet, die Bücher drei Jahre lang für den Käufer bereit zu halten.

Weiter grundsätzlich ausgeschlossen sind Forderungen und Verbindlichkeiten und insgesamt vertragliche Verbindungen zu Dritten, auch wenn sie im Zusammenhang mit dem Betrieb des *fonds de commerce* stehen.[294] Die im Handelsgeschäft entstandenen Forderungen werden daher nicht als Teil des *fonds de commerce* auf einen Erwerber übertragen.[295] Der Erwerber ist auch grundsätzlich nicht an Verträge mit den vom ehemaligen Betreiber des *fonds* belieferten Händlern gebunden.[296] Einige Vertragsverhältnisse gehen als Ausnahme hiervon jedoch infolge besonderer gesetzlicher Anordnung auf den Erwerber eines *fonds de commerce* über. Dies sind neben dem schon erwähnten

---

[289] *Derruppé*, Rép. com. v° fonds de commerce, Nr. 75; *Mestre/Pancrazi*, Droit commercial, Nr. 556-1; *Guyon*, Droit des affaires I, Nr. 699.

[290] *Derruppé*, Rép. com. v° fonds de commerce, Nr. 76.

[291] *Guyon*, Droit des affaires I, Nr. 699.

[292] *Derruppé*, Rép. com. v° fonds de commerce, Nr. 86 – 90.

[293] *Derruppé*, Rép. com. v° fonds de commerce, Nr. 91 f. Auf eine unsichere Rechtslage hinsichtlich der Geschäftskorrespondenz weist jedoch *Sonnenberger*, FrHWR, IV 15, hin.

[294] *Derruppé*, Rép. com. v° fonds de commerce, Nr. 45; *Mestre/Pancrazi*, Droit commercial, Nr. 556-1.

[295] Cass. civ., 12.1.1937, DH 1937, 99 (zit. n. *Derruppé*, Rép. com. v° fonds de commerce, Nr. 46); Cass. com., 21.6.1950, JCP 1950, II, 5898 m. Anm. *Cohen* = Rev. trim. Droit com. 1951, 45 Nr. 4 Anm. *Jauffret*.

[296] Cour d'Appel de Paris, 30.6.1994, Rev. trim. Droit com. 1994, 696 Anm. *Derruppé*.

Geschäftsraummietverhältnis die Arbeitsverhältnisse (Art. L122-12 Abs. 2 Code du travail) und Versicherungen (Art. L121-10 Code des assurances).[297]

Die Steuerpflicht für die im Geschäftsjahr, während dessen das Geschäft übergeht, erwirtschafteten Gewinne geht zwar nicht auf den Erwerber über, er ist jedoch gemäß Art. 1684-1 Code Général des Impôts für die Steuer darauf mit dem Veräußerer als Gesamtschuldner verpflichtet.[298] Für Steuern aus vor der Übergabe des *fonds de commerce* abgeschlossenen Veranlagungszeiträumen gilt jedoch wie für alle anderen Forderungen gegen den Veräußerer, dass ein automatischer Übergang oder eine Mithaftung des Erwerbers nicht gegeben ist. Hierdurch erklärt sich, dass das beim Verkauf der unternehmenstragenden Gesellschaft häufig entstehende Problem, dass infolge einer nach dem Übergang durchgeführten Steuerprüfung eine Nachforderung des Fiskus geltend gemacht wird, die auf die Zeit vor dem Verkauf zurückgeht und für die dennoch eine Verbindlichkeit der Gesellschaft und somit wirtschaftlich des Übernehmers besteht, beim Kauf des *fonds de commerce* nicht entstehen kann.

Die **clientèle** *als notwendiger Bestandteil des* **fonds de commerce**

Rechtsprechung und Literatur stimmen dahingehend überein, dass ein *fonds de commerce* ohne *clientèle* nicht existieren kann.[299] Die Cour de Cassation stellte dazu schon 1937 fest:

> *„de tous les éléments, la clientèle représente le plus essentiel, celui sans lequel un fonds ne saurait exister".*[300]

Im Detail sind jedoch zwei entgegengesetzte Meinungen auszumachen, entsprechend dem schon oben[301] dargestellten Meinungsstreit, ob die *clientèle* mit dem Wortlaut des Art. L141-5 Abs. 2 Code de commerce und der Rechtsprechung als Bestandteil des *fonds de commerce* angesehen wird oder nicht. Die Vertreter der zweiten Meinung nehmen an, dass nicht die *clientèle* selbst notwendig Teil des *fonds de commerce* sein muss, sondern diejenigen möglichen Bestandteile, die für die Erhaltung der *clientèle* unverzichtbar sind, ob dies nun im Einzelfall der Firmenname oder ihr Zeichen, das besonders gut gelegene

297 *Derruppé*, Rép. com. v° fonds de commerce, Nr. 49-51; *Mestre/Pancrazi*, Droit commercial Nr. 556-1; *Sonnenberger*, FrHWR, IV 9. Zudem ordnet Art. L132-16 Code de la propriété intellectuelle an, dass Verlagsverträge grundsätzlich ohne Zustimmung des Autors mit dem fonds de commerce des Verlages übertragen werden können (*Derruppé*, Rép. com. v° fonds de commerce, Nr. 53). Deswegen wird jedoch der Verlagsvertrag nicht eigentlich Bestandteil des *fonds de commerce*.

298 *Derruppé*, Rép. com. v° fonds de commerce, Nr. 53.

299 *Derruppé*, Rép. com. v° fonds de commerce, Nr. 104.

300 Cass. req., 15.2.1937, zit. (oben Fn. 250); ganz ähnlich Cass. com., 29.5.1953, zit. (oben Fn. 250).

301 Oben Teil C, 2.1.1.1 (bei Fn. 259).

Geschäftslokal oder aber ein zentrales Patent ist.[302] Im Ergebnis liegen beide Meinungen sehr nah beieinander,[303] denn ohne Erwerb auch der zu ihrer Erhaltung zwingend erforderlichen Gegenstände kann die *clientèle* eben gar nicht erworben werden.

Ein Erwerb eines vermeintlichen *fonds de commerce,* ohne dass die zur Erhaltung der *clientèle* unverzichtbaren Bestandteile erworben werden, ist daher kein Erwerb eines *fonds de commerce.* Die für den Erwerb des *fonds de commerce* geltenden Normen sind auf dieses Geschäft nicht anwendbar. Ein Beispielsfall wurde bereits oben dargestellt.[304]

2.1.2) Rechtliche Regelung des Verkaufs eines **fonds de commerce** *durch den Code de commerce im Überblick*

Die Gesetze vom 17.3.1909 und vom 29.6.1935, die nunmehr als Teil des Code de commerce kodifiziert sind, haben ein Sonderregime für den Verkauf von *fonds de commerce* geschaffen, das das im übrigen anwendbare Kaufrecht ergänzt. Das gesetzgeberische Ziel, das damit verfolgt wurde, ist der gleichzeitige Schutz mehrerer Interessen, die typischerweise beim Verkauf eines *fonds de commerce* Bedeutung erlangen. Die Vorschriften schützen erstens den Käufer des *fonds de commerce* davor, dass seine Erwartungen enttäuscht werden, indem durch Art. L141-1 Code de commerce, der auf dem Gesetz vom 29.6.1935 beruht, eine Reihe von verpflichtenden Angaben des Verkäufers gefordert werden. Weitere Interessen wurden durch das Gesetz vom 17.3.1909 gesichert: Als zweites wird darin der Verkäufer vor der Nichtzahlung des Kaufpreises geschützt, indem das *privilège du vendeur* gestärkt wird, und drittens werden auch die Interessen der Gläubiger des Verkäufers berücksichtigt, die sich durch Widerspruch gegen den Verkauf vor dem Verlust des Haftungssubstrates schützen können.[305] Zusätzlich wird durch die Registereintragungspflicht mit Androhung der Nichtigkeit sichergestellt, dass der wahre Kaufpreis dem Fiskus bekannt wird und die Parteien nicht die fälligen Steuern verkürzen können.[306]

Grundsätzlich unterliegt der Verkauf eines *fonds de commerce* dem Recht des Handels-Mobiliarkaufes.[307] Denn für beide Seiten stellt er ein Handelsgeschäft dar, wenn auch möglicherweise das erste und das letzte. Es ist allerdings streitig, ob nicht in Einzelfällen einmal kein Handelsgeschäft vorliegen kann,

---

302 *Ripert/Roblot/Vogel,* Droit commercial I/1, Nr. 455.

303 *Derruppé,* Rép. com. v° fonds de commerce, Nr. 104.

304 Oben Teil C, 2.1.1.1 (bei Fn. 257).

305 *De Juglart/Ippolito,* Droit commercial, Nr. 203-2; *Mestre/Pancrazi,* Droit commercial, Nr. 598; *Derruppé,* Rép. com. v° fonds de commerce, Nr. 248.

306 *Mestre/Pancrazi,* Droit commercial, Nr. 598.

307 Allerdings für Geschäftsfähigkeit und für güterrechtliche Verfügungsbefugnis an die erschwerten Voraussetzungen des Immobilienkaufes angeglichen, *Mestre/Pancrazi,* Nr. 599.

nämlich dann, wenn der Verkäufer den *fonds de commerce* nicht mehr betrieb, weil er ihn verpachtet hatte, oder wenn der Käufer den *fonds* nur zu diesem Zweck erwirbt.[308] Nach der Gegenansicht ist der Verkauf eines *fonds de commerce* immer ein Handelsgeschäft, und zwar seiner Natur nach und unabhängig davon, ob die Parteien im einzelnen mit der Transaktion kaufmännische Ziele verfolgen.[309]

Der Kaufvertrag verpflichtet den Verkäufer, alle Bestandteile des *fonds de commerce* an den Verkäufer zu übergeben. Jeder Bestandteil muss nach den für ihn geltenden Normen übertragen werden.[310] Soweit dies notwendig ist, müssen die Bestandteile auch gesondert unter Beachtung formeller Erfordernisse übertragen werden. Denn die Zusammenfassung der Gegenstände in dem *fonds de commerce* und die Möglichkeit des gemeinsamen Verkaufs als *fonds* schaffen eben kein eigenes Rechtssubjekt, die enthaltenen Gegenstände müssen aus dem Vermögen des Verkäufers in das des Käufers übertragen werden. Besondere Formalitäten sind zum Beispiel für die Übertragung der Patente und Marken notwendig, das *bail commercial* ist als Forderungsabtretung zu übertragen.[311] Eine eigentliche Übergabe der Kundschaft ist nicht möglich, sie geht automatisch über durch die Übernahme der Teile des *fonds de commerce,* von denen sie abhängt. Der Verkäufer ist jedoch verpflichtet, bei der Übernahme der Kundschaft behilflich zu sein.[312]

Eine besondere Form ist für den Kaufvertrag über einen *fonds de commerce* an sich nicht notwendig, da es sich um einen *contrat consensuel* handelt.[313] Insbesondere ist die schriftliche Beweisform[314] des Zivilrechts nicht erforderlich, da es sich beim Verkauf des Fonds als einer handelsrechtlichen Sachgesamtheit immer um ein Handelsgeschäft (*acte de commerce*) handelt.[315] Es be-

---

308 So *Derruppé,* Rép. com. v° fonds de commerce, Nr. 249.

309 *Ripert/Roblot/Vogel,* Droit commercial I/1, Nr. 369; *Mestre/Pancrazi,* Droit commercial, Nr. 601.

310 Cass. com., 21.6.1950, zit. (oben Fn. 295); *Derruppé,* Rép. com. v° fonds de commerce, Nr. 365.

311 *Mestre/Pancrazi,* Droit commercial, Nr. 612.

312 *Mestre/Pancrazi,* Droit commercial, Nr. 612; *Derruppé,* Rép. com. v° fonds de commerce, Nr. 368.

313 *Mestre/Pancrazi,* Droit commercial, Nr. 601; *Derruppé,* Rép. com. v° fonds de commerce, Nr. 301; *Ripert/Roblot/Vogel,* Droit commercial I/1, Nr.510; *Lévi,* Lamy droit commercial 2002, Nr. 457.

314 Die Frage der Form wird im französischen Recht grundsätzlich als Beweisproblem gesehen (*Sonnenberger,* Das französische Zivilrecht, 1 F 502); der Beweis eines *„acte de commerce"* ist mit jedem Mittel, also auch ohne Vertragsurkunde möglich, womit indirekt eben kein Formerfordernis besteht.

315 *Mestre/Pancrazi,* Droit commercial, Nr. 601 m.w.N.; in den seltenen Fällen, in denen die Gegenmeinung ein zivilrechtliches Geschäft annimmt (siehe oben bei Fn. 308), ist Schriftlichkeit Voraussetzung für den Beweis des Vertrages, *Derruppé,* Rép. com. v° fonds de commerce, Nr. 303.

steht jedoch ein indirekter Zwang zur Schriftform, ohne dass ein echtes Formerfordernis als Wirksamkeitsvoraussetzung vorläge:

Art. L141-5 Abs. 1 Code de commerce erfordert einen schriftlichen Vertrag und dessen Registrierung, damit das Verkäufervorrecht (*privilège du vendeur*) entstehen kann. Dabei müssen in der Urkunde einzelne Teilpreise für die unkörperlichen Bestandteile des *fonds*, für die Betriebsmittel und für die Waren angegeben werden.[316]

Nach L141-1 Code de commerce[317] ist der Verkäufer verpflichtet, eine Reihe von detaillierten Angaben über den *fonds de commerce* zu machen, diese müssen schriftlich erfolgen.[318] Konsequenz des Fehlens der Pflichtangaben ist allerdings nur die *nullité relative*, das heißt, dass bloß auf Klage des Käufers hin, die innerhalb der Jahresfrist des Art. L141-1 Abs. 2 erhoben werden muss, der Vertrag annulliert werden kann. Auch hier ist die Form aber keine eigentliche Wirksamkeitsvoraussetzung des Vertrages.[319]

In der Praxis kommen bloß mündliche Kaufverträge über *fonds de commerce*, obwohl sie nach dem Gesagten möglich sind, jedoch äußerst selten vor.[320]

Der Verkauf eines *fonds de commerce* muss publiziert werden, und zwar binnen 15 Tagen nach dem Vertragsschluss in einem lokalen zum Abdruck kaufmännischer Bekanntmachungen autorisierten Blatt und im Bulletin officiel des annonces commerciales (Art L141-12 Code de commerce). Das Publizitätserfordernis dient dem Schutz der Gläubiger des Verkäufers.[321] Diese können während eine Frist von 10 Tagen der Kaufpreiszahlung widersprechen (Art. L141-14), dann wird der Kaufpreis unter den Gläubigern verteilt, falls mangels Einigung notwendig nach einem gerichtlichen Verteilungsverfahren.[322] Die Veröffentlichung ist keine Wirksamkeitsbedingung für den Kaufvertrag. Die Sanktion für ihr Fehlen ist indirekt, doch wirksam: Zahlungen des Käufers an den Verkäufer sind den Gläubigern gegenüber unwirksam, wenn die Publika-

---

316 *Mestre/Pancrazi*, Droit commercial, Nr. 615.

317 Ehemals Art. 12 des Gesetzes vom 29.6.1935.

318 Dazu näher unten Teil C, 2.1.4.2. – Einige ältere Entscheidungen von Cours d'Appel haben entschieden, dass bei Vorliegen eines nur mündlichen Kaufvertrages Art. 12 Abs. 1 des Gesetzes vom 29.6.1935 nicht greift, also keine (auch keine mündlichen) Pflichtangaben gemacht werden müssen: Cour d'Appel de Lyon, 10.5.1938, Rev. fonds de commerce 1938, 437 (zit. n. *Derruppé*, Rép. com. v° fonds de commerce, Nr. 304, 308); Cour d'Appel de Riom, 23.6.1947, D. 1948, 117 m. Anm. *Ripert*.

319 *Derruppé*, Rép. com. v° fonds de commerce, Nr. 301; *Ripert/Roblot/Vogel*, Droit commercial I/1, Nr. 510; Cour d'Appel de Riom, 23.6.1947, zit. (oben Fn. 318).

320 *Derruppé*, Rép. com. v° fonds de commerce, Nr. 302; *Ripert/Roblot/Vogel*, Droit commercial I/1, Nr. 511.

321 *Ripert/Roblot/Vogel*, Droit commercial I/1, Nr. 516.

322 *Mestre/Pancrazi*, Droit commercial, Nr. 608; *Sonnenberger*, FrHWR, IV 43.

tion unterbleibt oder unwirksam ist, weil sie unrichtig, zu früh oder zu spät erfolgte.[323]

Um die Zahlung der Registersteuern sicherzustellen, ist die Registrierung des Verkaufs bei der zuständigen Steuerbehörde vorgeschrieben (Art. L141-13 Code de commerce). Die Registrierung ist keine Wirksamkeitsvoraussetzung des Kaufvertrages, ihr Fehlen führt jedoch zur Unwirksamkeit der Veröffentlichung des Kaufes, der sie vorausgehen muss, mit den soeben genannten Folgen. Außerdem ist der Vorrang des Verkäufers unwirksam, wenn die Registrierung unterbleibt.

Die Gläubiger des Verkäufers genießen einen weiteren Schutz: wenn der Kaufpreis nicht zur Befriedigung der registrierten oder widersprechenden Gläubiger genügt, so kann jeder dieser Gläubiger eine *„surenchère du sixième"* verlangen (Art. L141-19 Code de commerce). Dabei wird der Fonds gerichtlich versteigert. Das Mindestgebot entspricht dem Kaufpreis zuzüglich einem Sechstel des auf die nichtkörperlichen Bestandteile des *fonds de commerce* entfallenden Preisanteils. Kommt kein Gebot zustande, so wird der *fonds de commerce* dem Antragsteller zugeschlagen.[324]

2.1.3) Mögliche Rechtsgrundlagen für Ansprüche des enttäuschten Käufers eines **fonds de commerce**

Dem Käufer eines *fonds de commerce,* der von dem gekauften *fonds* enttäuscht ist, stehen im französischen Recht verschiedene Rechtsbehelfe offen.

Einerseits kann sich der Käufer darauf berufen, dass seine Fehlvorstellung von dem *fonds de commerce* einen Willensmangel darstellt, der den Kaufvertrag[325] anfechtbar macht. In Frage kommen Täuschung, Eigenschaftsirrtum und ein durch fehlende Pflichtangaben nach Art. L141-1 Code de commerce hervorgerufener Irrtum. Die Berufung auf einen Willensmangel führt bei Erfolg zur Nichtigerklärung des Kaufvertrages durch Urteil und damit zur Rückabwicklung des Geschäfts. Willensmängel werden unter 2.1.4 diskutiert.

Eine zweite Möglichkeit des enttäuschten Käufers besteht in der Anwendung des kaufrechtlichen Sachmangelrechts, und zwar entweder unmittelbar oder – häufiger – über die Verweisung aus Art. L141-3 Code de commerce wegen Unrichtigkeit einer der Pflichtangaben. Der Käufer kann bei der Rechtsfolge wählen zwischen Wandlung und Minderung und bei Kenntnis des Verkäufers auch Schadensersatz (2.1.5).

---

323 *Ripert/Roblot/Vogel,* Droit commercial I/1, Nr.522; *Mestre/Pancrazi,* Droit commercial, Nr. 606. Nach einer großzügigeren Ansicht führt die verspätete Veröffentlichung nicht zur Unwirksamkeit, sondern nur zu einem späteren Beginn der Widerspruchsfrist (*Mestre/Pancrazi,* aaO.).

324 *Mestre/Pancrazi,* Droit commercial, Nr. 610 f.; *Sonnenberger,* FrHWR, IV 43.

325 Der Code civil spricht davon, dass Willenerklärungen den Vertrag betreffen, während das BGB die einzelne Willenerklärung betrachtet.

Unter 2.1.6 wird schließlich gezeigt, dass der Verkäufer auch wegen eines Verschuldens auf Schadensersatz in Anspruch genommen werden kann.

Die verschiedenen Rechtsbehelfe können nebeneinander geltend gemacht werden. Anders als im deutschen Recht schließt die Eröffnung der Sachmängelhaftung die Berufung auf die *erreur sur les qualités substantielles*, deren Voraussetzungen häufig gleichzeitig eintreten, nicht aus. Der Käufer kann frei zwischen den beiden Möglichkeiten wählen.[326] (Die Nichtigerklärung des Vertrages wegen Irrtums schließt allerdings dann die Geltendmachung von Sachmängeln aus, da es nun an einem wirksamen Kaufvertrag fehlt.)

2.1.4) Geltendmachung von Willensmängeln

Beim Kauf eines *fonds de commerce* gelten die selben Anforderungen an das Zustandekommen der Einigung frei von Willensmängeln wie bei anderen Verträgen auch. Die Einigung darf nicht durch Täuschung (*dol*) oder durch einen beachtlichen Irrtum beeinträchtigt sein. Vorliegen kann hier ein Irrtum über wesentliche Eigenschaften, die *erreur sur les qualités substantielles.* (Auf den beim Kauf eines Unternehmens kaum relevanten Irrtum über die Person des Verkäufers, der nach Art. 1110 Abs. 2 C.civ. beachtlich ist, wenn die Person der Hauptgrund für den Vertragsschluss ist, wird nicht näher eingegangen.)

Neben diesen Willensmängeln aus dem allgemeinen Zivilrecht gibt es beim Verkauf eines *fonds de commerce* noch einen speziellen Willensmangel. Dieser setzt voraus, dass eine der nach Art. L141-1 Code de commerce verpflichtenden Angaben des Verkäufers über den *fonds de commerce* unterlassen wurde. Obwohl Art. L141-1 wie eine Formvorschrift formuliert ist, handelt es sich funktionell um einen Willensmangel, wobei das Fehlen einer förmlichen Angabe vom Gesetz als Ausgangspunkt für eine relevante Fehlvorstellung des Käufers angesehen wird.

Das Vorliegen eines der genannten Willensmängel führt zur *nullité relative,* die der irrende Käufer durch Klage verfolgen muss.

Einem Willensmangel ähnlich ist die Läsion. Sie wird deshalb ebenfalls in diesem Zusammenhang behandelt.

2.1.4.1) Keine Läsion

Die Läsion ist ihrer Natur nach je nach Konzeption entweder ein besonderer Willensmangel, der beim Vorliegen gewisser Umstände vom Gesetz unterstellt wird,[327] oder eine objektives besonderes Ungleichgewicht von Leistung und

---

326 *Mazeaud/Chabas,* Droit civil II/1, Nr. 175; *Sonnenberger,* Das französische Zivilrecht, 1 F 434.

327 *Mousseron,* Conventions de garantie, Nr. 59; *Ghestin,* Droit civil, La formation du contrat, Nr. 787; *Mazeaud/Chabas,* Droit civil II/1, Nr. 211.

Gegenleistung.[328] Weichen vertraglich vereinbarter Preis und echter Wert des Vertragsgegenstands in genügender Weise voneinander ab, so kann die übervorteilte Vertragspartei den Vertrag wegen Läsion angreifen. Anders als beim Wucher nach § 138 Abs. 2 BGB kommt es auf die Ausbeutung der Lage oder der mangelnden Kenntnisse des Betroffenen nicht an.[329]

Die Läsion ist jedoch kein Willensmangel, der wie die *erreur sur la substance* (Art. 1110 C.civ.) oder der *dol* (Art. 1116 C.civ.) zur Klage auf *annulation* jedes Vertrages berechtigt. Ihr Anwendungsbereich ist eng beschränkt. Nur Minderjährige können sich bei jeder Art von Vertag auf die Läsion berufen (Art. 1305 C.civ.). Für Volljährige ist das Vorgehen aufgrund einer Läsion nur dann eröffnet, wenn dies im Gesetz besonders angeordnet ist (Art. 1118, 1313 C.civ.).

Für den Kauf eines *fonds de commerce* ist das nicht der Fall.[330] Zwar hatte das Gesetz vom 29.6.1935 dem Käufer (jedoch nicht dem Verkäufer) eines *fonds de commerce* die Klage auf Minderung wegen Läsion für den Fall eröffnet, dass der Preis um mindestens 33 % überhöht war. Diese Klagemöglichkeit galt jedoch nur für Transaktionen, die vor dem 29.6.1935 stattgefunden hatten.[331] Für diese Kaufverträge hatte die Pflicht, gemäß Art. 12 Abs. 1 des Gesetzes (jetzt Art. L 141-1 Code de commerce) detaillierte Angaben über den *fonds de commerce* zu machen, noch nicht gegolten. Anstatt die Läsion allgemein zum Schutz des übervorteilten Käufers einzuführen, hat der Gesetzgeber sich dafür entschieden, den Käufer über die Pflichtangaben nach Art. L141-1 Code de commerce zu schützen.[332]

2.1.4.2) Besonderer Willensmangel: Fakultative Nichtigkeit bei fehlenden Angaben gemäß Art. L141-1 Code de commerce

In Art. L141-1 Abs. 1 schreibt der Code de commerce vor, dass der Verkäufer eines *fonds de commerce* eine Reihe von detaillierten Angaben über den zu verkaufenden *fonds* machen muss. Fehlt auch nur eine dieser Angaben, so kann das Gericht auf Klage des Käufers den Vertrag für nichtig erklären (Art. L141-1 Abs. 2). Sind Angaben zwar vorhanden, aber unrichtig, dann kann der Käufer vorgehen, als läge ein versteckter Mangel des *fonds de commerce* vor; dafür verweist Art. L141-3 Abs. 1 Code de commerce auf die Rechtsfolgen des Gewährleistungsrechtes für den Kauf.[333]

---

328 *Malaurie/Aynès*, Droit civil, Les obligations/contrats, Nr. 123; *Ghestin*, Droit civil, La formation du contrat, Nr. 788; *Mazeaud/Chabas*, Droit civil II/1, Nr. 211.

329 *Sonnenberger*, Das französische Zivilrecht, 1 F 660.

330 *Ghestin*, Droit civil, La formation du contrat, Nr. 608; *Derruppé*, Rép. com. v° fonds de commerce, Nr. 267.

331 *Derruppé*, Rép. com. v° fonds de commerce, Nr. 267.

332 *Ghestin*, Droit civil, La formation du contrat, Nr. 608.

333 Dazu näher unten Teil C, 2.1.5.1.

Art. L141-1 Code de commerce lautet:

„*(1) Dans tout acte constatant une cession amiable de fonds de commerce, consentie même sous condition et sous la forme d'un autre contrat ou l'apport en société d'un fonds de commerce, le vendeur est tenu d'énoncer:*

1° Le nom du précédent vendeur, la date et la nature de son acte d'acquisition et le prix de cette acquisition pour les éléments incorporels, les marchandises et le matériel;

2° L'état des privilèges et nantissements grevant le fonds;

3° Le chiffre d'affaires qu'il a réalisé au cours de chacune des trois dernières années d'exploitation, ou depuis son acquisition s'il ne l'a pas exploité depuis plus de trois ans;

4° Les bénéfices commerciaux réalisés pendant le même temps;

5° Le bail, sa date, sa durée, le nom et l'adresse du bailleur et du cédant, s'il y a lieu.

(2) L'omission des énonciations ci-dessus prescrites pourra, sur la demande de l'acquéreur formée dans l'année, entraîner la nullité de l'acte de vente."

Zunächst stellt sich die Frage, in welchen Fällen Art. L141-1 Abs. 1 anzuwenden ist. Dabei wurde argumentiert, dass die Verpflichtung, schriftliche Angaben zu machen, nicht gelte, wenn der Verkauf des *fonds de commerce* bloß mündlich erfolgt. Denn dann liege gar kein *„acte"* vor, und die Verpflichtung gelte nach dem Wortlaut des Art. L141-1 Abs. 1 nur für *„tout acte"*.[334] Diese Ansicht war auch Grundlage zweier Entscheidungen der Cours d'Appel von Lyon und Riom in den Jahren 1938 und 1947.[335] Die herrschende Meinung in der Literatur wendet jedoch die Verpflichtung aus Art. L141-1 Abs. 1 auch auf die – ohnehin sehr seltenen – Fälle an, in denen keine schriftliche Vereinbarung abgeschlossen wird, so dass der Verkäufer nicht durch Verzicht auf die Schriftform dem Zwang entkommen kann, die Pflichtangaben zu machen.[336] Eine Ausnahme mündlicher Verträge entspricht kaum dem Sinn des Gesetzes. Dafür spricht, dass die Berufung auf eine Läsion, die das Gesetz nur für Altfälle angeordnet hat,[337] nicht auf schriftliche Verträge beschränkt war; ein Grund dafür, gerade zukünftige mündliche Verträge anders zu behandeln, ist nicht ersichtlich.

---

[334] *Demontès/Jauffret*, S. 427, Nr. 6 (zit. n. *Derruppé*, Rép. com. v° fonds de commerce, Nr. 308).

[335] Cour d'Appel de Lyon, 10.5.1938, zit. (oben Fn. 318); Cour d'Appel de Riom, 23.6.1947, zit. (oben Fn. 318).

[336] Ripert, Anm. zu Cour d'Appel de Riom, 23.6.1947, D. 1948, 117 (118); *Derruppé*, Rép. com. v° fonds de commerce, Nr. 308; *Mestre/Pancrazi*, Droit commercial, Nr. 601; *Lévi*, Lamy droit commercial 2002, Nr. 463.

[337] Dazu oben Teil C, 2.1.4.1 (bei Fn. 331).

Nach Art. L141-1 Abs. 1 Code de commerce ebenso wie ein Verkauf des *fonds de commerce* zu behandeln ist die Einbringung des *fonds* in eine Gesellschaft. Auch hier liegt ein Transfer des *fonds* auf eine andere Rechtsperson vor.[338] Die Pflicht aus Art. L141-1 Abs. 1 gilt auch, wenn der Verkäufer selbst Gesellschafter der kaufenden Gesellschaft ist.[339] Jedoch wird dann vielfach eine Nichtigerklärung nicht in Frage kommen, weil kein Willensmangel vorliegt (zu dieser zusätzlichen Voraussetzung sogleich unten).

Das Gesetz unterwirft ausdrücklich auch solche Transaktionen den Vorschriften des Art. L141-1 Abs. 1, die in der Form eines anderen Vertrages abgeschlossen sind. Hierauf gründete sich die lange bestehende Sorge der Verkäufer einer Mehrheitsbeteiligung an einer Gesellschaft, in deren Vermögen sich im wesentlichen ein *fonds de commerce* befand, dass der Anteilsverkauf durch das Gericht als Verkauf des *fonds de commerce „sous forme d'un autre contrat"* aufgefasst werden würde. Seit einer Grundsatzentscheidung der Kammer für Handelssachen der Cour de Cassation vom 13.2.1990 ist jedoch klar, dass der Erwerb einer Beteiligung an einer fortbestehen bleibenden juristischen Person nicht als Geschäft über den *fonds de commerce* der juristischen Person betrachtet werden darf, auch wenn der Übergang der Möglichkeit, über den *fonds de commerce* wirtschaftlich zu verfügen, der eigentliche Beweggrund für die Transaktion war.[340]

Im einzelnen ist der Verkäufer zu folgenden Angaben verpflichtet:

Art. L141-1 Abs. 1 Nr. 1 Code de commerce verpflichtet den Verkäufer dazu, Angaben über die Herkunft des *fonds de commerce* zu machen. Wenn er den *fonds* nicht selbst geschaffen hat, so muss er über das Datum des Erwerbes vom Vorbesitzer Auskunft geben sowie darüber, was die *„nature de l'acte"* war, das heißt, ob ein privatschriftlicher oder ein öffentlicher Vertrag geschlossen wurde.[341] Er muss den Namen des Vorverkäufers nennen sowie insbesondere den Preis, zu dem er den *fonds de commerce* erworben hat. Dabei muss der Preis aufgeschlüsselt werden nach Immaterialgütern, Betriebsgütern und Waren; dies gilt jedoch nur, wenn der damalige Preis so aufgeteilt war.[342]

Gemäß Art. L141-1 Abs. 1 Nr. 2 sind auf dem *fonds de commerce* lastende Vorrechte und Pfandrechte anzugeben, sofern sie im dafür bestehenden Register eingetragen sind.[343] Nicht unter Nr. 2 fallen eingetragene Pfandrechte, die auf Einzelgegenständen lasten, die zum *fonds* gehören, zum Beispiel das in

---

338 Alle Handelsgesellschaften des französischen Rechts und auch alle beim Gesellschaftsregister immatrikulierten zivilrechtlichen Gesellschaften sind juristische Personen, Art. L210-6 Code de commerce bzw. Art. 1842 Abs. 1 C.civ. (für zivilrechtliche Gesellschaften).

339 *Derruppé*, Rép. com. v° fonds de commerce, Nr. 489 - 491.

340 Dazu ausführlich unten Teil C, 3.1.2.2.1.

341 *Derruppé*, Rép. com. v° fonds de commerce, Nr. 312.

342 *Derruppé*, Rép. com. v° fonds de commerce, Nr. 312.

343 *Derruppé*, Rép. com. v° fonds de commerce, Nr. 313.

Frankreich mögliche besitzlose Registerpfandrecht an Kraftfahrzeugen. Denn diese Rechte belasten nicht den *fonds de commerce* als solchen.[344]

Die Angabe des mit dem *fonds de commerce* erzielten Umsatzes erfordert Art. L141-1 Abs. 1 Nr. 3, und Nr. 4 schreibt auch die Angabe der erzielten Gewinne vor. Beide Zahlen sind verlangt für „jedes der letzten drei Betriebsjahre" (sofern der Verkäufer den *fonds* nicht nur für kürzere Zeit in Besitz gehabt hatte oder ihn erst vor weniger als drei Jahren geschaffen hatte). Anzugeben sind die handelsrechtlich ermittelten Umsätze. Die Angabe der nicht nach handelsrechtlichen, sondern nach steuerrechtlichen Grundsätzen ermittelten Zahlen genügt nicht (etwa das *„bénéfice fiscal forfaitaire"*).[345] Werden fälschlich nur die steuerlichen Gewinne erklärt, so bedeutet das jedoch nicht, dass die nach Art. L141-1 Abs. 1 Nr. 4 erforderliche Angabe fehlt, was die Annulationsklage eröffnen würde; in diesem Fall sind die Angaben ungenau, so dass nach Art. L141-3 Code de commerce eine Haftung in Frage kommt.[346]

Bezüglich der Umsatz- und Gewinnangaben entstehen zwei problematische Fragen. Die erste betrifft die Berechnung des genannten Zeitraums von drei Jahren. Es wäre praxisgerecht, hier anzunehmen, dass die drei letzten abgeschlossenen Geschäftsjahre vor dem Verkauf gemeint sind.[347] Denn nur für diese Zeiträume werden in einem normalen Geschäftsbetrieb ohne weiteres verwendbare Zahlen vorliegen. Die Cour de Cassation hat jedoch in ständiger Rechtsprechung entschieden, dass einzig eine mehr am Wortlaut orientierte Auslegung des Art. L141-1 Abs. 1 Nr. 3 und 4 dem Gesetz genüge. Nach Ansicht der Kammer für Handelssachen ist eine taggenaue Berechung des Zeitraumes rückwärts ab dem Tag des Vertragsschlusses notwendig.[348] Dies scheint zu erfordern, dass – da das Gesetz die Angabe für *„jedes* der letzten drei Betriebsjahre" vorschreibt – die Ergebnisse der Jahresabschlüsse auf das zufällige Datum des Vertragsschlusses vor einem, zwei und drei Jahren umgerechnet werden müssten.[349] Das wäre, selbst wenn eine vollständig elektronisierte Buchführung vorhanden ist, wegen der nötigen Bewertung der Aktiva

---

344 *Derruppé*, Rép. com. v° fonds de commerce, Nr. 313.

345 Cour d'Appel de Paris, 22.11.1976, D. 1977, IR 332 = Rev. trim. Droit com. 1977, 486 Nr. 18 Anm. *Derruppé*.

346 Cass. com., 10.5.1982, Bull. civ. IV, Nr. 166; Cass. com., 3.11.1983, JCP 1984, IV, 10; Cass. com., 29.4.1997, Dalloz affaires 1997, 851 = Rev. trim. Droit com. 1998, 134 Anm. *Derruppé*.

347 So *Montier/Montier*, Rev. fonds de commerce 1938, S. 463, Nr. 49 und 52; *Cohen*, Traité théorique et pratique des fonds de commerce, Nr. 170 (beide zit. n. *Derruppé*, Rép. com. v° fonds de commerce, Nr. 316).

348 Cass. com., 24.11.1954, Gaz. Pal. 1955, 1, 35 = Rev. trim. Droit com. 1955, 303 Nr. 13 Anm. *Jauffret*; Cass. com., 9.3.1964, Gaz. Pal. 1964, 1, 361 = Rev. trim. Droit com. 1964, 526 Nr. 13 Anm. *Jauffret*; Cass. com., 22.7.1969, Bull. civ. IV, Nr. 278 = D. 1970, somm., 52; Cass. com., 3.10.1973, Bull. civ. IV, Nr. 381 = D. 1973, 21 m. Anm. *Hallouin*; Cass. com., 10.12.1991, D. 1993, Jur., 21 m. Anm. *Hallouin*; Cass. com., 29.4.1997, zit. (oben Fn. 346).

349 *Hallouin*, Anm. zu Cass. com., 10.12.1991, D. 1993, Jur., 21 (22).

höchst kompliziert und arbeitsintensiv, gleichzeitig ist nicht ersichtlich, welchen Vorteil der Käufer durch diesen erheblichen Aufwand hätte. Die einzige zusätzliche Information, die den Käufer wirklich interessiert, ist die Entwicklung im laufenden Geschäftsjahr bis zum Vertragsschluss. Dem scheint die Vorgehensweise der Praxis in Reaktion auf die genannte Rechtsprechung zu entsprechen, indem sie den letzten drei vollständigen Jahresabschlüssen vorläufige Zahlen für das laufende Geschäftsjahr bis zum Abschluss des Vertrages hinzufügt.[350] Auch *Derruppé*, der die Ansicht der Cour de Cassation als allein mit dem Gesetzestext vereinbare begrüßt, hält die Hinzufügung der Zahlen für das laufende Jahr zu denen für letzten drei vollständigen Geschäftsjahre für ausreichend.[351] Der gleichen Meinung ist *Hallouin*.[352] Die Problematik wird dadurch entschärft, dass falsch berechnete Angaben nicht zur Annulationsklage nach Art. L141-1 Abs. 2, sondern nur zur Haftung für ungenaue Angaben nach Art. L141-3 Abs. 1 Code de commerce führen.[353] Als Auslassung – mit der Folge der möglichen Nichtigerklärung – gilt jedoch, wenn nur die Zahlen für die letzten drei abgeschlossenen Geschäftsjahre, keine Information jedoch für das aktuelle Geschäftsjahr angegeben werden.[354]

Ein zweites Problem beruht darauf, dass Art. L141-1 Abs. 1 Nr. 3 und 4 Code de commerce die Angabe von Umsätzen und Erträgen des *fonds de commerce* und nicht etwa des gesamten Unternehmens gebietet. Nach einer Entscheidung der Cour de Cassation sind die Angaben ungenau im Sinne des Art. L141-3 Abs. 1, wenn sie sich nicht ausschließlich auf den verkauften *fonds de commerce* beziehen.[355] In dem zugrundeliegenden Fall war der ursprüngliche *fonds de commerce* der Verkäufer geteilt worden. Einen Teil hatten sie behalten und weiter betrieben, den zweiten verkauft. Angegeben hatten die Verkäufer in der Verkaufsurkunde jedoch nur die mit dem gesamten *fonds de commerce* erzielten Gewinne, nicht die ausschließlich durch den verkauften Teil erwirtschafteten. Den Käufern war klar, dass sie wegen des Erwerbs nur eines Teiles einen erheblich niedrigeren Preis bezahlt hatten, als ihn Umsatz und Ertrag beider Teile gemeinsam gerechtfertigt hätten. Dennoch konnten sie sich auf Art. L141-3 Abs. 1 berufen. Die Kammer für Handelssachen der Cour de Cassation schreibt:

---

[350] *Derruppé*, Rép. com. v° fonds de commerce, Nr. 316.

[351] *Derruppé*, Rép. com. v° fonds de commerce, Nr. 316.

[352] *Hallouin*, Anm. zu Cass. com., 10.12.1991, D. 1993, Jur., 21 (23).

[353] *Derruppé*, Rép. com. v° fonds de commerce, Nr. 316.

[354] Cass. com., 10.12.1991, zit. (oben Fn. 348).

[355] Cass. com., 31.3.1992, Bull. civ. IV, Nr. 142 = JCP éd. E 1992, Pan., 745.

„les mentions portées dans l'acte de vente étaient inexactes en ce qu'elles ne se rapportaient pas exclusivement au fonds de commerce vendu".[356]

Es erscheint jedoch schwierig, die durch andere Gegenstände des einheitlichen Unternehmens, die nicht Teil des *fonds de commerce* sind, erreichten Umsätze und vor allem Gewinne aus den Zahlen herauszurechnen. Besonders klar wird dies, wenn man den Fall betrachtet, in dem eine Gesellschaft ihren *fonds de commerce* verkauft. Die Jahresabschlüsse der Gesellschaft berücksichtigen selbstverständlich die gesamte Situation der Gesellschaft, insbesondere auch deren Verbindlichkeiten und auch Gewinne, die durch den Einsatz von definitionsgemäß aus dem *fonds de commerce* ausgeschlossenen Gegenständen erzielt wurden, beispielsweise aus Zinsen auf alle Arten von Forderungen oder durch Verwertung einer Immobilie, in der (auch) der *fonds de commerce* betrieben wird. Nicht selten dürfte auch der Fall sein, dass – ob nun eine natürliche Person oder eine Gesellschaft Träger des *fonds* ist – das Grundstück, auf dem der *fonds de commerce* betrieben wird, sich im Eigentum dessen befindet, der auch den *fonds* unterhält. Dann kommt es, weil ja der *fonds de commerce* kein eigenes Vermögen hat, nicht etwa zu internen Zahlungsströmen, die der Miete oder Pacht entsprächen. Wenn die Ratio des Art. L141-1 Code de commerce ist, dass der Käufer eines *fonds de commerce* Zahlen erhält, die er mit anderen Unternehmen vergleichen kann, so müssten aber die Gewinne des *fonds* bereinigt werden um die Erhöhung, die in dem Wert der Überlassung des Grundstücks besteht.

Art. L141-1 Abs. 1 Nr. 5 Code de commerce schreibt schließlich vor, dass alle relevanten Daten zu nennen sind, die die Geschäftsraummiete betreffen, sofern ein solches Vertragsverhältnis Teil des *fonds de commerce* ist. Hierzu gehören Abschlussdatum und Laufzeit des Vertrages sowie Name und Adresse des Vermieters und gegebenenfalls des Zedenten des Vertrages, falls das *bail* bereits einmal übertragen worden war.[357]

Die Aufzählung der erforderlichen Angaben in Art. L141-1 Abs. 1 Nr. 1 bis 5 ist abschließend.[358] Wird eine andere für den Käufer relevante Tatsache in Be-

---

[356] Cass. com., 31.3.1992, zit. (oben Fn. 355). – In einem Fall, in dem die Pflichtangaben Zahlen enthielten, die nicht ausschließlich aus der Aktivität des *fonds de commerce* stammten, entschied die Cour d'Appel von Paris, dass jedenfalls keine Auslassung der Angaben mit der möglichen Nichtigkeitsfolge des Art. L141-1 Abs. 2 Code de commerce vorlag (CA Paris, 6.9.1994, RJDA 1994, Nr. 1273). Dies schließt nicht aus, im Sinne der genannten Rechtsprechung der Cour de Cassation eine Ungenauigkeit der Angaben anzunehmen, die über Art. L141-3 Code de commerce zur Gewährleistung führen könnte.

[357] Ein älteres Urteil (Cour d'Appel de Lyon, 12.10.1937, Rev. fonds de commerce 1937, 553, zit. n. *Derruppé*, Rép. com. v° fonds de commerce, Nr. 320) hat angenommen, dass auch die Höhe des Mietzinses angegeben werden müsse. Dieser Verstoß gegen den Wortlaut beruht allerdings nach Ansicht von *Derruppé* (aaO.) auf einem bloßen Irrtum.

[358] Cass. com., 7.6.1974, Bull. civ. IV Nr. 177 = Rev. trim. Droit com. 1974, 485 zustimmende Anm. *Jauffret*; *Derruppé*, Rép. com. v° fonds de commerce, Nr. 321; *Lévi*, Lamy droit

zug auf den zu erwerbenden *fonds de commerce* vom Käufer nicht erwähnt oder falsch dargestellt, kommt deshalb ein auf die Liste des Art. L141-1 Abs. 1 Code de commerce gestützter Rechtsbehelf – also die Annulation nach Art. L141-1 Abs. 2 oder die kaufrechtliche Sachmängelhaftung über den Verweis in Art. L141-3 Abs. 1 – nicht in Betracht.[359] Jedoch ist es möglich, dass der Käufer dennoch nach allgemeinem Recht die Annulation verlangen kann, etwa wegen einer arglistigen Täuschung oder eines relevanten Irrtums, oder dass er einen Sachmangel unter den Voraussetzungen des allgemeinen Kaufrechtes geltend machen kann.

Wird zumindest eine der Informationen, die Art. L141-1 Abs. 1 Code de commerce verlangt, vom Verkäufer nicht schriftlich gegeben, so kann der Verkauf des *fonds de commerce* auf Klage des Käufers durch das zuständige Handelsgericht annulliert werden (Art. L141-1 Abs. 2). Das Fehlen einer Angabe ist jedoch keine hinreichende Bedingung für die Nichtigerklärung. Aus der Verwendung des Wortes „kann" („*pourra*") im Gesetzestext wird gefolgert, dass die Annulation für das Gericht nur fakultativ ist.[360]

Um die Nichtigerklärung des Kaufvertrages zu erreichen, muss der Käufer zusätzlich zum Fehlen einer vorgeschriebenen Angabe beweisen, dass die Auslassung bei ihm einen Willensmangel hervorgerufen hat und ihm dadurch ein Schaden entstanden ist.[361] Dies entspricht einer ständigen Rechtsprechung der Kammer für Handelssachen der Cour de Cassation.[362] Hierbei liegt nach der herrschenden Meinung die Beweislast für das Vorliegen des Willensmangels entsprechend den allgemeinen Regeln beim klagenden Käufer.[363]

Das Gericht prüft also, ob der Käufer nicht anderweitig über die entscheidenden Tatsachen Bescheid wusste, oder ob er sich allenfalls zu seinen Ungunsten irrte, die wirkliche Lage also besser ist als die irrig angenommene. In

---

commercial 2002, Nr.465; *Cohen*, Traité théorique et pratique des fonds de commerce, Nr. 172 (zit. n. *Derruppé*, Rép. com. v° fonds de commerce, Nr. 321).

359 Cass. com., 7.6.1974, zit. (oben Fn. 358).

360 *Derruppé*, Rép. com. v° fonds de commerce, Nr. 324; *Mestre/Pancrazi*, Droit commercial Nr. 602.

361 *Ghestin*, Droit civil, La formation du contrat, Nr. 608; *Mestre/Pancrazi*, Droit commercial, Nr. 602; *Derruppé*, Rép. com. v° fonds de commerce, Nr. 325 f.; *Hannoun*, D. 1994 Chr. S. 67, Nr. 6; *Sonnenberger*, FrHWR, IV 42.

362 Cass. com., 30.10.1951, D. 1952, 86 = Rev. trim. Droit com. 1952, 305 Nr. 14 Anm. *Jauffret*; Cass. com., 23.7.1957, D. 1957, 710 = Rev. trim. Droit com. 1958, 66 Nr. 8 Anm. *Jauffret*; Cass. com., 5.1.1971, Bull. civ. IV, Nr. 6; Cass. com., 23.6.1980, Bull. civ. IV, Nr. 266 = Rev. trim. Droit com. 1981, 65 Anm. *Derruppé*.

363 Cass. com., 21.7.1953, Gaz. Pal. 1953, 2, 316; Cass. com., 21.4.1958, Gaz. Pal. 1958, I, 425; Cass. com., 10.5.1982, Bull. civ. IV, Nr. 166; Cass. com. 11.10.1982, Bull. civ. IV, Nr. 302. Ebenso *Derruppé*, Rép. com. v° fonds de commerce, Nr. 326; a.A. jedoch *Ripert/Roblot/Vogel*, Droit commercial I/1, Nr. 513, nach dessen Ansicht eine Beweislastumkehr stattfinden soll, unter Berufung auf Cass. com., 6.1.1954, Bull. civ. IV, Nr. 2.

diesem Fall ist kein Schaden gegeben. Selbst wenn der Verkäufer überhaupt keine Angabe gemacht hat, kann es sein, dass die *Annulation* nicht in Frage kommt, etwa wenn der Käufer die Lage teils ohnehin kannte, teils keinen Schaden erlitt.[364]

Als ein Beispiel kann der Fall dienen, den die Kammer für Handelssachen der Cour de Cassation am 30.1.1990 entschied.[365] Die Klägerin hatte sich für die Käuferin eines *fonds de commerce,* eine Gesellschaft, verbürgt und wurde aus der Bürgschaft in Anspruch genommen. Nun beantragte sie die Nichtigkeit der Hauptforderung nach Art. 12 Abs. 2 des Gesetzes vom 29.6.1935 (nun Art. L141-1 Abs. 2 Code de commerce), weil die Verkäuferin die nach Art. 12 Abs. 1 Nr. 3 und 4 des Gesetzes vom 29.6.1935 nötigen Angaben über Umsätze und Ertrag des *fonds* nicht für den gesamten geforderten Zeitraum von drei Jahren gemacht hatte. Jedoch hatten der Käuferin schon vor dem Vertragsschluss alle Geschäftsbücher der Verkäuferin vorgelegen. Die Cour de Cassation bestätigte die Ansicht der Vorinstanz, dass die Käuferin (eigentlich wohl ihre Vertreter) deshalb nicht infolge der fehlenden Pflichtangaben in einem Irrtum gewesen sein könne, und die daher erfolgte Verweigerung der Nichtigerklärung.

Nicht ausreichend für die auf Art. L141-1 Abs. 2 Code de commerce gestützte Klage auf Nichtigerklärung ist, wenn eine der erforderlichen Angaben nicht fehlt, sondern falsch oder ungenau ist.[366] In diesem Fall kann aber die Sachmängelhaftung aufgrund des Verweises in Art. 13 Abs. 1 geltend gemacht werden, wenn nicht auch aufgrund der allgemeinen Willensmängel eine Klage auf Nichtigerklärung Erfolg hat.[367]

Der Käufer muss die Nichtigkeit binnen Jahresfrist beantragen (Art. L141-1 Abs. 2). Diese Frist ist eine Ausschlussfrist („*délai préfix*"). Dies bedeutet, dass der Fristlauf anders als im Fall einer Verjährungsfrist weder unterbrochen noch gehemmt werden kann. Zum Beispiel genügt die Erhebung der Klage bei einem unzuständigen Gericht nicht, um die Frist einzuhalten[368]. Die Frist beginnt mit dem Tag des Vertragsschlusses zu laufen.[369]

Aus dem Gesagten ergibt sich, dass es sich bei der in Art.L141-1 Abs. 2 Code de commerce eingeräumten Klage auf Nichtigerklärung um einen be-

---

[364] *Derruppé,* Rép. com. v° fonds de commerce, Nr. 325.

[365] Cass. com., 30.1.1990, Bull. civ. IV, Nr. 29.

[366] Cass. com., 1.12.1992, Bull. civ. IV, Nr. 385.

[367] Zu dieser Möglichkeit sogleich (bei Fn. 371).

[368] Cass. com., 10.12.1991, Bull. civ. IV, Nr. 382 = Rev. trim. Droit com. 1992, 353 Nr. 5 Anm. *Derruppé.*

[369] Cass. com., 15.12.1987, Bull. civ. IV, Nr. 273 = JCP 1988, IV, 77; Cass. com., 3.3.1992, Bull. civ. IV, Nr. 106 = D. 1992, IR, 101 = Rev. trim. Droit com. 1992, 353 Nr. 5 Anm. *Derruppé.* Der Fristlauf beginnt auch dann mit dem Tag des Vertragsschlusses, wenn erst später auf den Eintritt einer aufschiebenden Bedingung verzichtet wird: Cass. com., 6.2.1996, JCP éd. E 1996, II, 841 m. Anm. *Petit.*

sonderen Willensmangel handelt. In diesem Sinn hat die Rechtsprechung die ihr durch die fakultative Nichtigkeitsanordnung eingeräumte Entscheidungsfreiheit ausgelegt. Die Nichtigkeit wird nur ausgesprochen, wenn der Käufer des *fonds de commerce* wegen der fehlenden Angabe in einem Irrtum war. Der Verstoß gegen die als Formvorschrift angesehene[370] Pflicht, eine Reihe von schriftlichen Angaben zu machen, wird geahndet, indem der Käufer sich auf einen dadurch hervorgerufenen Irrtum berufen und die Annulation beantragen kann, unabhängig davon, ob der Irrtum sich auf eine *qualité substantielle* bezieht – was die Annulation gemäß Art. 1110 C.civ. eröffnen würde – oder ob er durch eine Arglist des anderen Teiles hervorgerufen wurde – dies würde auch die Annulation wegen *dol*, Art. 1116 C.civ., erlauben.

Die Möglichkeit der *annulation* in diesem Fall nach der besonderen Vorschrift für den Verkauf des *fonds de commerce* schließt jedoch nicht aus, dass der Käufer sich auch auf die genannten Willensmängel des allgemeinen Zivilrechts beruft.[371]

2.1.4.3) Erreur sur les qualités substantielles

In vielen Fällen, in denen der Käufer eine falsche Vorstellung von den Eigenschaften des erworbenen *fonds de commerce* hatte, kann er seit Inkrafttreten des Gesetzes vom 29.6.1935 unter Berufung auf unterlassene Angaben gemäß dessen Art. 12 – jetzt Art. L141-1 Code de commerce – die Nichtigerklärung des Kaufes erlangen. Eine Berufung auf das allgemeine Recht der Willensmängel des Code civil ist dann unnötig. Art. L141-1 Code de commerce ersetzt jedoch die allgemeinen Willensmängel nicht, sondern ergänzt sie nur.[372]

Der Käufer kann sich also weiterhin darauf berufen, er habe sich beim Abschluss des Kaufvertrages in einem Irrtum über die wesentlichen Eigenschaften der Kaufsache, also hier des *fonds de commerce*, befunden (*„erreur sur les qualités substantielles"*). Dies kann vor allem in zwei Situationen erfolgreich sein, obwohl die Nichtigerklärungsklage nach Art. L141-1 Code de commerce nicht eröffnet ist. Erstens sind dies die Fälle, in denen der Käufer über solche Eigenschaften des *fonds* irrt, über die der Verkäufer keine Angabe nach Art. L141-1 Abs. 1 machen muss. Zweitens gilt dies dann, wenn der Käufer die Jahresfrist des Art. L141-1 Abs. 2 zur Erhebung des Nichtigerklärungsklage ver-

---

370 *Derruppé* behandelt die gesamte Problematik aus Art. 12 und 13 des Gesetzes vom 29.6.1935 (jetzt Art. L141-1 Code de commerce) ebenso wie *Mestre/Pancrazi* unter dem Titel „Conditions de Forme" (*Derruppé*, Rép. com. v° fonds de commerce, vor Nr. 299; *Mestre/Pancrazi*, Droit commercial, Nr. 601).

371 Cass. com., 18.6.1996, Rev. trim. Droit com. 1996, 654, Anm. *Derruppé*; *Mestre/Pancrazi*, Droit commercial, Nr. 602 a.E.; *Derruppé*, Rép. com. v° fonds de commerce, Nr. 254; *De Juglart/Ippolito*, Droit commercial, Nr. 204-2.

372 Nachweise oben Fn. 371.

säumt hat. Denn die Frist für die Geltendmachung allgemeiner Willensmängel beträgt deutlich längere fünf Jahre.

Nach Einführung des besonderen Willensmangels aus Art. L141-1 Abs. 2 Code de commerce durch das Gesetz vom 29.6.1935 sind jedoch die Fälle seltener geworden, in denen der Verkauf eines *fonds de commerce* unter Berufung auf die allgemeinen Willensmängel annulliert wurde.[373]

Die Frage, ob ein Irrtum einer Vertragspartei zur Annulation führen kann, beurteilt sich nach Art. 1110 C.civ. Art. 1110 Abs. 1 C.civ. lautet:

> *„L'erreur n'est une cause de nullité de la convention que lorsqu'elle tombe sur la substance même de la chose qui en est l'objet."*[374]

Die Auslegung dieses Artikels hat sich seit Inkrafttreten des Code civil Anfang des 19. Jahrhunderts erheblich verändert. Ursprünglich wurde entsprechend dem engen Wortlaut des Art. 1110 Abs. 1 C.civ. nur der echte Substanzirrtum für bedeutsam gehalten. Dieser kann nur dann entstehen, wenn eine gekaufte Sache aus einem anderen Material besteht, als es eine Partei glaubte.[375] Der einfachste Beispielfall hierfür ist die irrtümliche Annahme, ein gekaufter Ring sei aus massivem Gold, während er in Wirklichkeit nur vergoldet ist.[376]

Heute wird das Anwendungsgebiet des Art. 1110 Abs. 1 deutlich weiter gesehen. Aus der *erreur sur la substance* ist die *erreur sur les qualités substantielles* geworden. Einerseits wurde die Beschränkung auf Verträge, die Sachen zum Gegenstand haben, aufgegeben. Statt *„chose"* kann heute auch *objet* oder *cause* gelesen werden.[377] Andererseits fällt seit einigen bereits im 19. Jahrhundert ergangenen höchstrichterlichen Entscheidungen auch der Irrtum über eine *qualité substantielle* und nicht nur über eine eng verstandene *substance* unter Art. 1110 Abs. 1 C.civ.[378]

Welche Eigenschaft im konkreten Fall eine *qualité substantielle* ist, ist nach der herrschenden Lehre und der Rechtsprechung subjektiv zu bestimmen.[379] Es kommt darauf an, ob es sich um eine Eigenschaft des Objekts handelt, die für die Vertragsschließenden wesentlich war, *substantielle* ist also mit *essentielle*

---

[373] *Derruppé*, Rép. com. v° fonds de commerce, Nr. 254.

[374] Art. 1110 Abs. 2 C.civ. regelt den Irrtum über die Person. Dieser hat beim Unternehmenskauf kaum Bedeutung und wird deshalb nicht näher betrachtet.

[375] *Sonnenberger*, Das französische Zivilrecht, 1 F 422.

[376] *Chaussade-Klein, Vorvertragliche „obligation de renseignements"*, S. 63.

[377] *Sonnenberger*, Das französische Zivilrecht, 1 F 422.

[378] *Sonnenberger*, Das französische Zivilrecht, 1 F 422.

[379] *Terré/Simler/Lequette*, Droit civil, Les obligations, Nr. 207 f.; *Malaurie/Aynès*, Droit civil, Les obligations/contrats, Nr. 105; *Bureau*, Anm. zu Cass. com., 17.10.1995 und 12.12.1995, Rev. soc. 1996, 55 Nr. 11; *Blasselle*, Anm. zu Cass. com., 7.2.1995, D. 1996, 50; *Sonnenberger*, Das französische Zivilrecht, 1 F 422; *Chaussade-Klein, Vorvertragliche „obligation de renseignements"*, S. 64.

gleichbedeutend.[380] Der Gegenseite muss klar gewesen sein, dass die sich als fehlend erweisende Eigenschaft für die irrende Partei wesentlich war.[381] *Didier* fasst dies so zusammen:

> *„Dans l'interpretation que la doctrine donne de l'art. 1110, on entend par substance de la chose vendue la qualité de la chose qui a déterminé la décision de l'acheteur à la connaissance du vendeur."*[382]

Auch die Gebrauchsabsicht der Erwerbers und die Eignung des Kaufgegenstands dazu können einen relevanten Irrtum begründen, sofern sie in den Vertrag einbezogen wurden (*„intégrés dans le champ contractuel"*).[383] So führte etwa die dem Verkäufer bekannte Annahme des Käufers eines Villengrundstücks, dass das Grundstück in Parzellen aufgeteilt werden könne, was dann wegen der geringeren Größe des Grundstücks unzulässig war, zur Annahme einer *erreur sur la substance*.[384]

Ein Irrtum berechtigt nur dann zur *annulation*, wenn er für den Vertragsschluss kausal war (*erreur déterminante*). Das heißt, dass der irrende Teil bei Kenntnis der wahren Lage den Vertrag nicht oder zumindest nicht so abgeschlossen hätte. Der Anfechtende muss dies beweisen, doch kann dies mit Hilfe von Vermutungen erfolgen, etwa weil es im allgemeinen so ist, dass eine bestimmte Eigenschaft der Hauptgrund für den Kauf eines Gegenstandes ist. Der andere Vertragspartner kann dann versuchen, dies durch den Verweis auf eine etwaige besondere Lage zu entkräftigen.[385]

Der Irrtum ist dann nicht für den Vertragsschluss kausal, wenn der Kläger sich bei Vertragsschluss bewusst auf ein Risiko eingelassen hat. Realisiert sich das Risiko, so kann der Vertrag nicht etwa für nichtig erklärt werden.[386] Mit den Worten von *Mestre*: *„l'aléa chasse la nullité pour erreur."*[387] Dies ist gerade für die Fälle des Unternehmenskaufes bedeutsam, da dieser regelmäßig ein bewusstes Wagnis darstellt, der Käufer immer weiß, dass er mit der unternehmerischen Chance auch ein unternehmerisches Risiko übernimmt.

---

[380] *Chaussade-Klein, Vorvertragliche „obligation de renseignements"*, S. 64.

[381] *Terré/Simler/Lequette*, Droit civil, Les obligations, Nr. 209; *Malaurie/Aynès*, Droit civil, Les obligations/contrats, Nr. 106; *Bureau*, Anm. zu Cass. com., 17.10.1995 und 12.12.1995, Rev. soc. 1996, 55 Nr. 11.

[382] *Didier*, Anm. zu Cass. com., 1.10.1991, Rev. soc. 1992, 500 Nr. 2.

[383] *Bureau*, Anm. zu Cass. com., 17.10.1995 und 12.12.1995, Rev. soc. 1996, 55 Nr. 12; *Terré/Simler/Lequette*, Droit civil, Les obligations, Nr. 212.

[384] Cass. civ., 23.11.1931, DP 1932.1.129.

[385] *Didier*, Anm. zu Cass. com., 1.10.1991, Rev. soc. 1992, 500 Nr. 2.

[386] Cass. com., 6.1.1987, Bull. Joly 1987, 25 = Rev. soc. 1987, 597 m. Anm. Randoux = Rev. trim. Droit civ. 1987, 742 Anm. *Mestre*; *Mousseron*, Conventions de garantie, Nr. 65; Cour d'Appel de Paris, 26.10.1990, Rev. trim. Droit com. 1992, 192 Anm. *Champaud/Danet*.

[387] *Mestre*, Anm. zu Cass. com., 6.1.1987, Rev. trim. Droit civ. 1987, 742 (743).

Der Irrtum muss entschuldbar sein

Die Klage auf *Annulation* ist nur zulässig, wenn der Irrtum entschuldbar war. Schon bei einfacher Fahrlässigkeit auf Seiten des Irrenden muss dieser sich am Vertrag festhalten lassen.[388] Dies ist seit einer Entscheidung von 1954[389] die Linie der Rechtsprechung.[390] Nach der herrschenden Ansicht handelt es sich hier um eine dem Irrtumsrecht innewohnende Begrenzung. Die Erhebung der Nichtigerklärungsklage, trotzdem der Irrtum auf einem Verschulden der Klägers beruht, wäre nach Auffassung von *Ghestin* rechtsmissbräuchlich, da dem die Nichtigkeit Begehrenden in diesem Fall eine zum Schadensersatz verpflichtende *faute* zur Last liegt, die ihn zum Ersatz des vollen Schadens des anderen Teils verpflichten würde, nicht etwa bloß zum Ersatz des negativen Interesses.[391]

Dies steht in deutlichem Gegensatz zu der Regelung, wie sie das BGB mit § 122 praktiziert. Eine solche Haftung des Irrenden ist dem französischen Recht fremd. Sie unterscheidet sich nicht nur in der dogmatischen Konstruktion, in der das BGB die Anfechtung immer auch bei Verschulden erlaubt, den Anfechtenden jedoch sogar bei unverschuldetem Irrtum zum Schadenersatz verpflichtet, wenn kein Verschulden der Gegenseite vorliegt. Auch das wirtschaftliche Ergebnis ist anders, da nach § 122 BGB nur auf das negative Interesse gehaftet wird. Diese von Jhering vorgeschlagenen Beschränkung auf das negative Interesse hat in Frankreich keine Zustimmung gefunden.[392]

Rechtsfolge und Frist zur Geltendmachung

Die Rechtsfolge eines beachtlichen Irrtums ist die *nullité relative*. Sie kann nicht wie nach § 140 Abs. 1 BGB durch einfache Erklärung gegenüber dem anderen Teil geltend gemacht werden. Vielmehr ist eine gestaltende Nichtigerklärung durch ein Gericht nötig, die auf Klage des Irrenden hin erfolgt (Art. 1117 C.civ.).[393]

Die Klagemöglichkeit auf Nichtigerklärung verjährt nach fünf Jahren, Art. 1304 Abs. 1 C.civ.[394] Die Frist beginnt mit der Entdeckung des Irrtums zu lau-

---

[388] *Ghestin*, Droit civil, La formation du contrat, Nr. 523; *Mousseron*, Conventions de garantie, Nr. 65; *Sonnenberger*, Das französische Zivilrecht, 1 F 429; *Chaussade-Klein*, Vorvertragliche „obligation de renseignements", S. 73.

[389] Cour d'Appel d'Amiens, 30.11.1954, D.S. 1955, 420 m. Anm. *Gabolde*. Ein Beispielsfall (Cour d'Appel de Paris, 2.3.1995) wird unten bei der Frage des deliktischen Schadensersatzes diskutiert (Teil C, 2.1.6, unten bei Fn. 569).

[390] *Sonnenberger*, Das französische Zivilrecht, 1 F 429.

[391] *Ghestin*, Droit civil, La formation du contrat, Nr. 522; deutlicher noch *ders.*, 2. Auflage, Nr. 946.

[392] *Ghestin*, Droit civil, La formation du contrat, Nr. 522.

[393] *Sonnenberger*, Das französische Zivilrecht, 1 F 432.

[394] Bis zu einer Änderung durch das Gesetz Nr. 68-5 vom 3.1.1968 betrug die Frist zehn Jahre.

fen, Art. 1304 Abs. 2 2. Halbs. C.civ.[395] Damit verbleibt dem enttäuschten Käufer eines *fonds de commerce* für die Geltendmachung der *erreur sur la substance* erheblich mehr Zeit als für das Einschlagen anderer rechtlicher Wege, denn die Nichtigerklärungsklage nach Art. 12 des Gesetzes vom 29.6.1935 kann, wie oben dargelegt, nur innerhalb einer Ausschlussfrist von einem Jahr erhoben werden, und die Berufung auf einen Sachmangel nach dem Kaufrecht setzt die Einhaltung des *„bref délai"* des Art. 1648 C.civ. oder zumindest der Jahresfrist des Art. L141-4 Code de commerce voraus.

Konkurrenz zu anderen Rechtsbehelfen

In den Fällen, in denen ein Irrtum über die wesentlichen Eigenschaften der Kaufsache vorliegt, ist häufig auch ein Sachmangel gegeben. Im deutschen Recht wird deshalb angenommen, dass das Gewährleistungsrecht beim Kauf eine Spezialregelung darstellt, die die Berufung auf einen Eigenschaftsirrtum nach § 119 Abs. 2 BGB ausschließt, zumindest nach Gefahrübergang. Das französische Zivilrecht kennt keinen solchen Vorrang des Sachmängelrechts. Der Käufer, der sich in einem an sich beachtlichen Irrtum befand, kann auch dann wegen des Willensmangels vorgehen, wenn dieser Irrtum auf einem Sachmangel beruht. Dabei hat die Cour de Cassation eine frühere Rechtsprechung, nach der statt der Fünfjahresfrist des Art. 1304 Abs. 1 C.civ. der Käufer in einem solchen Fall auch die *annulation* wegen des Willensmangels unter Einhaltung der kurzen Frist (*„bref délai"*), die bei der Geltendmachung eines Sachmangels einzuhalten ist, beantragen musste, inzwischen aufgegeben.[396]

Neben der Nichtigerklärung kann der Käufer des *fonds de commerce* auch Schadensersatz verlangen, sofern die andere Seite den Irrtum wenigstens fahrlässig verursacht hat. Es ergibt sich dann ein deliktischer Anspruch aus vorvertraglichem Verschulden (*faute précontractuelle*) gemäß Art. 1382 C.civ. (dazu unten unter 2.1.6).[397] Dass beide Möglichkeiten nebeneinander bestehen und auch über die Nichtigerklärung hinaus Schadensersatz verlangt werden kann, hat die Rechtsprechung der Cour de Cassation seit 1968 anerkannt.[398]

2.1.4.4) Dol

Ein weiterer Willensmangel aus dem allgemeinen Zivilrecht, der zur Klage auf Nichtigerklärung der Vertrags über den Kauf eines *fonds de commerce* be-

---

[395] Cass. civ. 1ère, 31.5.1972, JCP 1972, IV, 184; Cour d'Appel de Bordeaux, 9.9.1997, Bull. Joly 1998, 530.

[396] Cass. civ. 1ère, 28.6.1988, D. 1989, 450 m. Anm. *Lapoyade Deschamps*; anders die frühere Rspr.: Cass. civ. 1ère, 19.7.1960, Gaz. Pal. 1960, 2, 217.

[397] *Ghestin*, Anm. zu Cass. com., 14.3.1972, D.S. 1972 Jur. 653 (654).

[398] Cass. civ., 29.11.1968, Gaz. Pal. 1969, 1, 63; *Chaussade-Klein*, Vorvertragliche „obligation de renseignements", S. 77.

rechtigen kann, ist die arglistige Täuschung (*dol*). In Art. 1116 Abs. 1 C.civ. heißt es:

> „*Le dol est une cause de nullité de la convention lorsque les manœuvres pratiquées par l'une des parties sont telles qu'il est évident que, sans ces manœuvres, l'autre partie n'aurait pas contracté.*"

Die arglistige Täuschung hat eine Doppelnatur, sie ist gleichzeitig Willensmangel und Delikt.[399] Als Konsequenz daraus hat sie eine zweistufige Grundvoraussetzung: Erstens muss eine Täuschung vorliegen, hierin liegt der deliktische Aspekt. Zweitens dann muss ein auf dieser Täuschung beruhender Irrtum wesentlich für die Willensbildung sein. Dies ist das psychologische Element, das den *dol* zu einem Willensmangel macht.[400]

Die Täuschung selbst verursacht den Willensmangel nicht unmittelbar. Vielmehr muss aufgrund der Täuschungshandlung bloß ein Irrtum – und zwar eben irgendein Irrtum, unabhängig davon, ob ein solcher Irrtum normalerweise als relevant angesehen wird – hervorgerufen werden. Infolge dieses Irrtums entsteht dann beim Getäuschten ein Willensmangel. Diese Struktur erklärt bereits, dass beim *dol* auch Irrtümer zur Nichtigerklärungsklage berechtigen, sie üblicherweise unerheblich sind. Dazu gehört der Irrtum über den Wert ebenso wie jeder andere Motivirrtum.[401]

Täuschung durch den Vertragspartner

Der Gesetzestext erwähnt als Voraussetzung des *dol*, dass „*manœuvres pratiquées*" vorliegen müssen. Dies ist unproblematisch, wenn positives Tun des Täuschenden gegeben ist, etwa eine Verfälschung der Bilanz oder eine unmittelbare Lüge, auch eine falsche Pflichtangabe nach Art. 12 Abs. 1 des Gesetzes vom 29.6.1935.

Obwohl der Wortlaut des Art. 1116 C.civ. dies nicht ausdrücklich erwähnt, ist doch klar, dass die Täuschung vorsätzlich erfolgen muss. Dies ist in der Verwendung der Formulierung „*manœuvres*" enthalten.[402]

Lange Zeit unklar war jedoch, wie das Täuschen durch Verschweigen, die *réticence*, zu bewerten ist. Die Ansicht der Rechtsprechung und der herrschenden Literatur hat sich im Laufe der Zeit geändert.

Das *ancien droit* stellte die *réticence* der positiven Täuschung gleich, und bei der Erarbeitung des Textes des (damals als Code Napoléon entworfenen)

---

[399] *Terré/Simler/Lequette*, Droit civil, Les obligations, Nr. 222; *Chaussade-Klein*, Vorvertragliche „obligation de renseignements", S. 8.

[400] *Terré/Simler/Lequette*, Droit civil, Les obligations, Nr. 222; *Chaussade-Klein*, Vorvertragliche „obligation de renseignements", S. 9.

[401] *Ghestin*, Droit civil, La formation du contrat, Nr. 557 m.w.N. (dort Fn. 33); *Chaussade-Klein*, Vorvertragliche „obligation de renseignements", S. 18.

[402] *Chaussade-Klein*, Vorvertragliche „obligation de renseignements", S. 18.

Code civil hielt man es für unnötig, auf die *réticence* besonders einzugehen.[403] Im 19. Jahrhundert setzte sich aber die Ansicht durch, dass die *réticence* allein den Tatbestand des *dol* nicht erfüllt.[404] So blieb es bis 1958. Die *réticence* konnte die Nichtigerklärung nur begründen, wenn sie eine *erreur sur les qualités substantielles* (Art. 1110 C.civ.) hervorgerufen hatte.[405]

Die Akzeptanz der *réticence* als den *manœuvres positives* gleichwertig vollzog sich in zwei Schritten. Zunächst entschied die Cour de Cassation 1958[406], dass die *réticence* dann zur Nichtigerklärung wegen *dol* führen könne, wenn *„certaines circonstances"* vorlägen. Diese besonderen Umstände konnten zum Beispiel in einem besonderen Vertrauensverhältnis zwischen den Parteien begründet sein.[407]

Seit einer Entscheidung der dritten Zivilkammer der Cour de Cassation vom 15.1.1971 kann angenommen werden, dass die *réticence* ganz allgemein zur Nichtigerklärung wegen *dol* führen kann. Auf die zusätzliche Bedingung, es müssten besondere Umstände vorliegen, wird nunmehr verzichtet. Die dritte Zivilkammer schrieb:

> *„le dol peut être constitué par le silence d'une partie dissimulant à son co-contractant un fait qui, s'il avait été connu, l'aurait empêché de contracter"*.[408]

Die *réticence dolosive* ist damit dem *dol* durch *manœuvres positives* gleichgestellt. Eine Täuschung durch Schweigen wird dann angenommen, wenn eine richterrechtlich entwickelte Auskunftspflicht vorsätzlich verletzt wird.[409] Diese Auskunftspflicht ergibt sich aus dem Grundsatz des guten Glaubens und entsteht nach der soeben zitierten Formulierung der Cour de Cassation grundsätzlich, wenn der Schweigende eine Tatsache unerwähnt lässt, von der er weiß, dass der Vertragspartner bei ihrer Kenntnis den Vertrag nicht abgeschlossen hätte.[410]

Für den Bereich des Verkaufs eines *fonds de commerce*, bei dem regelmäßig auf beiden Seiten erfahrene Geschäftsleute miteinander verhandeln, ist aber zu

---

403 *Chaussade-Klein,* Vorvertragliche „obligation de renseignements", S. 30 f. (m.w.N.).

404 *Chaussade-Klein,* Vorvertragliche „obligation de renseignements", S. 31 f.

405 *Ghestin,* Droit civil, La formation du contrat, Nr. 566; *ders.*, La réticence, le dol et l'erreur sur les qualités substantielles, D. 1971. Chron. p. 247, Nr. 5 f.; *Du Pontavice,* Anm. zu Cass. com., 3.4.1979, Rev. soc. 1980, 723 (731); *Mousseron,* Conventions de garantie, Nr. 71.

406 Cass. civ. 1ere, 19.5.1958, Bull. civ. I, Nr. 251.

407 *Ghestin,* Droit civil, La formation du contrat, Nr. 566.

408 Cass. civ. 3ème, 15.1.1971, Bull. civ. III, Nr. 38 = Rev. trim. Droit civ. 1971, 839 Anm. *Lossouarn.*

409 *Ghestin,* Conformité et garanties dans la vente, Nr. 88; *Chaussade-Klein,* Vorvertragliche „obligation de renseignements", S. 48.

410 *Terré/Simler/Lequette,* Droit civil, Les obligations, Nr. 225; *Jourdain,* J.-cl. civ. v° responsabilité civile, Nr. 39; *Sonnenberger,* Das französische Zivilrecht, 1 F 441.

berücksichtigen, dass von einem Fachmann als Opfer der Täuschung so viel Kenntnis und Erfahrung erwartet wird, dass es hier schwieriger ist, eine *réticence* anzunehmen; sie ist jedoch nicht ausgeschlossen.[411] Das Vertrauen auf eine Aufklärungspflicht darf keine Entschuldigung für eine Fahrlässigkeit des Opfers sein. Jedenfalls ein Fachmann muss seine eigenen Erkenntnismöglichkeiten nutzen.[412] Keine *réticence* lag etwa in einem Fall vor, in dem der Käufer dem Verkäufer vorwarf, ihm einen von einem Beratungsunternehmen angefertigten Bericht vorenthalten zu haben. Der Bericht analysierte nur die allgemein zugänglichen Bilanzzahlen des Unternehmens, wie es der Käufer ohne weiteres auch selbst hätte tun können, wenn er sich wie ein *„acquéreur normalement diligent"* verhalten hätte. Die Handelskammer der Cour de Cassation lehnte es ab, einen *dol* anzunehmen.[413]

Ähnlich liegt es im Fall des „dolus bonus". Dies ist eine so grob falsche Erklärung, typischerweise ein erkennbar überzogenes Werbeversprechen, dass sie bei normalen Vertragsschließenden nicht einmal in die Willensbildung eingreifen kann. Es liegt also gar keine Täuschung vor.[414] Im Bereich des Unternehmenskaufs fiel hierunter ein Geschäft, bei dem die Käufer einer Gesellschaft trotz Vereinbarung eines erheblichen Preises nicht einmal nach den Bilanzen und Ergebnissen der vergangenen, tatsächlich mit Verlusten abgeschlossenen Geschäftsjahre gefragt hatten.[415]

Für die arglistige Täuschung genügt auch, dass nur ein bereits vorhandener, vom täuschenden Vertragspartner erkannter Irrtum des Opfers ausgenutzt wird.[416]

Die Täuschung des Opfers muss vom Vertragspartner ausgehen. Täuscht ein Dritter, so kann der Vertrag nicht wegen *dol* für nichtig erklärt werden.[417] Dass die Nichterwähnung der Täuschung durch Dritte kein Irrtum des Gesetzgebers ist, zeigt der Vergleich mit der *violence*, für die die Gewaltanwendung durch Dritte gemäß Art. 1111 C.civ. ausdrücklich ausreicht.[418] Eine Täuschung nur durch den Prokuristen, nicht jedoch durch den Inhaber und Ver-

---

[411] *Chauvel*, Rép. civ. v° dol, Nr. 65.

[412] Cour d'Appel de Versailles, 21.5.1986, D. 1986, Jur., 562 m. Anm. *Jeantin*.

[413] Cass. com., 20.10.1998, JCP éd. E 1999, 29 (30) Nr. 5 Anm. *Viandier/Caussain*.

[414] *Chaussade-Klein*, Vorvertragliche „obligation de renseignements", S. 11.

[415] Cour d'Appel de Versailles, 17.2.1995, Rev. trim. Droit com. 1996, 62, Anm. *Champaud/Danet*. Nach Ansicht von *Champaud* und *Danet* handelt es sich geradezu um einen „Schulfall für die Erläuterung des ‚dolus bonus'" (aaO., S. 64).

[416] Cass. civ. 3ème, 2.10.1974, Bull. civ. III, Nr. 330; *Terré/Simler/Lequette*, Droit civil, Les obligations, Nr. 225; *Chaussade-Klein*, Vorvertragliche „obligation de renseignements", S. 46 f.

[417] *Mousseron*, Conventions de garantie, Nr. 69; *Mestre/Velardocchio*, Lamy sociétés commerciales 2002, Nr. 875.

[418] Wegen der geringen praktischen Relevanz beim Unternehmenskauf wird im übrigen darauf verzichtet, weiter auf den Willensmangel der *violence* einzugehen.

käufer des *fonds de commerce* berechtigt daher nicht zur Nichtigerklärung. Allerdings kommt eine Haftung des täuschenden Dritten aus Verschulden (*faute*) in Betracht, die jedoch nicht zur Aufhebung des Kaufvertrags führt.

Die Härte dieser Regel wird jedoch durch praktische Erleichterungen reduziert.[419] Als beachtliche Täuschung durch den Vertragspartner gilt die Täuschung durch dessen Stellvertreter, da dieser den Vertrag schließt. Ebenso reicht es aus, dass die Vertragspartei Komplizin des Täuschungsmanövers ist, das ein Dritter zu ihren Gunsten ausführt.[420] Erforderlich ist in diesem Fall die Kenntnis von den Handlungen des Dritten und die Absicht, davon bewusst zu profitieren. Nicht genügend ist jedoch die bloße Kenntnis von dem Täuschungsmanöver eines Dritten.[421] Hierin unterscheidet sich der *dol* von der arglistigen Täuschung des § 123 BGB, bei der nach § 123 Abs. 2 BGB schon dann die Anfechtung zulässig ist, wenn der Vertragspartner die Täuschung durch den Dritten kannte oder sogar nur kennen musste.

Für den Vertragsschluss kausaler Irrtum

Voraussetzung für die Annullierung wegen *dol* ist, dass die Täuschung einen Irrtum hervorruft, der für den Vertragsschluss ausschlaggebend war (*dol déterminant*).

Dass überhaupt ein Irrtum vonnöten ist, ist heute wieder unzweifelhaft. Das Gegenteil hatte eine Entscheidung der Cour d'Appel von Colmar im Jahr 1970 angenommen.[422] Der Colmarer Appellationshof hatte in einem Fall eine Schenkung wegen *dol* für nichtig erklärt, weil das Opfer lange bedrängt worden war, den Vertrag abzuschließen, und schließlich nachgab, ohne aber in irgendeinem Irrtum zu sein. Einige Stimmen hatten diese Entscheidung begrüßt, weil damit eine Lücke gefüllt werde und das Verhalten ebenso unredlich sei wie eine Täuschung.[423] Von der Mehrheit in der Literatur kam jedoch Kritik.[424] Auf der Linie dieser Kritik erging schließlich eine Entscheidung des Kammer für Handelssachen der Cour de Cassation, die in einem der in Colmar entschiede-

---

419 *Marty/Raynaud*, Droit civil, Les obligations I, Nr. 158; *Ghestin*, Droit civil, La formation du contrat, Nr. 573.

420 Ein Beispiel liegt Cass. com., 4.12.1990, Bull. Joly 1991, 194 m. Anm. *Roca* zugrunde. Hier war die naive und unerfahrene Käuferin einer Kapitalbeteiligung an einem Unternehmen gemeinsam von ihrem eigenen Rechtsanwalt (!) und dem Vertragspartner getäuscht worden.

421 Dies kritisiert *Ghestin*, Droit civil, La formation du contrat, Nr. 573.

422 Cour d'Appel de Colmar, 30.1.1970, D.S. 1970, 297 m. Anm. *Alfandari* = JCP 1970, II, 16609 m. Anm. *Lossouarn*.

423 Nachweise bei *Chaussade-Klein*, Vorvertragliche „obligation de renseignements", S. 20 f.

424 *Marty-Raynaud*, Nr. 157 a.E. m.w.N.

nen Situation ähnlich gelagerten Fall betonte, dass ohne eine Täuschung ein *dol* nicht angenommen werden könne.[425]

Noch nicht beendet ist jedoch die Diskussion um die Behandlung des *„dol incident."* Hier geht es um die Frage, ob ein *dol* mit der Berechtigung, die gerichtliche Nichtigerklärung zu verlangen, auch in Fällen gegeben ist, in denen zwar durch Täuschung ein Irrtum des Opfers hervorgerufen wurde, dieses jedoch auch bei Kenntnis den Vertrag abgeschlossen hätte, jedoch zu anderen Bedingungen, insbesondere zu einem niedrigeren Preis. Nach einer „klassischen Lehrmeinung"[426] gibt es in einem solchen Fall keinen Anspruch auf Nichtigerklärung, sondern nur auf Schadensersatz. Dieser stellt sich praktisch als eine Art Minderung dar.[427]

Die in der Literatur herrschende Ansicht verneint jedoch heute die Besonderheit des *dol incident.*[428] Diese Autoren führen aus, dass der Wille zum Vertragsschluss erst dann rechtliche Relevanz bekommt, wenn er als Wille vorliegt, zu einem bestimmten Preis zu kaufen.[429] Dies überzeugt. Auch in dem Fall des *dol incident* ist die Täuschung doch kausal für diesen konkreten Vertragsschluss. Ein ökonomisch rational handelnder Gewerbetreibender würde jederzeit alles kaufen oder verkaufen, wenn der Preis und die übrigen Bedingungen attraktiv genug sind. Deshalb ist bei konsequenter Betrachtung der *dol incident* nicht von anderen Fällen abzusondern. Es gibt immer irgendeinen Preis, auch wenn er von dem täuschungsbehaftet vereinbarten weit abweicht, zu dem ein getäuschter Vertragspartner auch bei Kenntnis kontrahiert hätte.

Marty und *Raynaud* führen die Diskussion um die Bedeutung des *dol incident* darauf zurück, dass eine begriffliche Verwirrung herrsche, während doch zwischen den Vertretern scheinbar verschiedener Ansichten keine Differenz in der Sache bestehe. Jedenfalls sei die Annullierung dann möglich und geboten, wenn die Willensbildung durch die Täuschung verändert wurde, und zwar auch, wenn es nur um die Konditionen des Geschäftes oder um Nebenklauseln ging.[430]

---

[425] Cass. com., 2.6.1981, Bull. civ. IV, Nr. 259.

[426] So *Terré/Simler/Lequette*, Droit civil, Les obligations, Nr. 230.

[427] *Le Cannu*, Anm. zu Cour d'Appel de Bordeaux, 11.7.1986, Rev. soc. 1986, 593 (597); *Derruppé*, Rép. com. v° fonds de commerce, Nr. 262.

[428] *Ripert/Boulanger*, Droit civil II, Nr. 185; *Terré/Simler/Lequette*, Droit civil, Les obligations, Nr. 230; *Ghestin*, Droit civil, La formation du contrat, Nr. 576; *ders.*, Anm. zu Cass. com., 14.3.1972, D.S. 1972, Jur., 653; *Marty-Raynaud*, Nr. 157; a.A. *Mousseron*, JCP éd. E 1994, I, 362, Nr. 12; *Derruppé*, Rép. com. v° fonds de commerce, Nr. 262.

[429] *Ripert/Boulanger*, Droit civil II, Nr. 185; *Ghestin*, Droit civil, La formation du contrat, Nr. 576.

[430] *Marty-Raynaud*, Nr. 157.

Unklar ist die Haltung der Rechtsprechung zu der Frage des *dol incident*. Das Problem taucht in der Rechtsprechung der Cour de Cassation nur selten auf.[431]

In der Literatur wird darauf verwiesen, dass gerade für den Fall des Verkaufs von *fonds de commerce* die Rechtsprechung der Kammer für Handelssachen in einigen allerdings seltenen Entscheidungen an der Anwendung des *dol incident* festgehalten habe und die Nichtigerklärung verneint habe, weil bloß eine Täuschung über den Wert des Warenlagers oder über die Umsatzzahlen vorgelegen habe.[432] Die dafür angeführten Entscheidungen[433] stammen jedoch fast alle aus der Zeit vor dem ersten Weltkrieg, ihre Geltung in der modernen Rechtsprechung erscheint schon deshalb zweifelhaft. Auch muss gerade beim Kauf eines Unternehmens unterscheiden werden zwischen der aus den genannten Gründen nicht überzeugenden Anwendung einer Theorie des *dol incident*, die nur dann Nichtigkeit gewährt, wenn der Vertrag bei Kenntnis der wahren Lage überhaupt nicht geschlossen worden wäre, und der auch unter Berücksichtigung der herrschenden Lehre, die den *dol incident* zurecht ablehnt, immer notwendig bleibenden genauen Prüfung, ob der Vertrag nicht bei Kenntnis der Sachlage dennoch zu denselben Bedingungen zustande gekommen wäre. Beim Kauf eines Unternehmens, bei dem der Kaufpreis sich oft infolge langer Verhandlungen aus einer komplexen Berücksichtigung verschiedener Faktoren ergibt, spielt der gewöhnliche Verkehrswert der Vermögensgegenstände des Unternehmens nämlich oft nur eine untergeordnete Rolle. Wichtiger kann die Berücksichtigung der damit erzielbaren zukünftigen Cash Flows und Gewinne sein (für die vielleicht die Angabe, über die getäuscht wurde, kaum eine Rolle spielt) oder die Bewertung eines einzigen unkörperlichen Gegenstandes wie der Marke des Unternehmens oder eines Schlüsselpatentes, wenn es dem Käufer nur hierauf ankommt. Stellt sich auf der Tatsachenebene heraus, dass der Käufer den *fonds de commerce* auch bei Kenntnis eines niedrigeren Umsatzes in der Vergangenheit zu dem selben Preis erworben hätte, so ist ein Irrtum über diesen Umsatz eben nicht kausal für den konkreten Vertragsschluss. Wenn auch die Täuschung verwerflich ist, so liegt mangels Kausalität kein Nichtigerklärungsgrund vor, und zwar unabhängig davon, wie man die Frage des *dol incident* beantwortet. An dieser Stelle kann wieder die von *Marty* und *Raynaud*[434] festgestellte begriffliche Verwirrung für die Annahme verantwortlich sein, beim Verkauf von *fonds de commerce* würde der *dol incident* noch angewendet.

---

431 *Chaussade-Klein*, Vorvertragliche „obligation de renseignements", S. 17.

432 *Ghestin*, Droit civil, La formation du contrat, Nr. 576; *Chaussade-Klein*, Vorvertragliche „obligation de renseignements", S. 17.

433 *Ghestin*, aaO.; *Derruppé*, Rép. com. v° fonds de commerce, Nr. 263.

434 Oben bei Fn. 430.

Jedenfalls in einem obiter dictum hat die Kammer für Handelssachen der Cour de Cassation in einer Entscheidung vom 2.5.1984[435] darauf hingewiesen, dass die Theorie des *dol incident* in ihrer Rechtsprechung keine Beachtung mehr finden wird. Sie schrieb dort:

> *„(...) abstraction faite du motif justement critiqué tiré du caractère incident du dol (...)"*.[436]

Ghestin ebenso wie *Chauvel* schließen aus dieser Formulierung, dass damit die Diskussion um den *dol incident* beendet werden könne.[437] *Terré, Simler* und *Lequette* hingegen gehen davon aus, dass die alte Theorie vom *dol incident* der Rechtsprechung weiterhin zugrunde liege.[438] Auch *Mousseron* meint (zum Kauf der unternehmenstragenden Gesellschaft), dass nach der Rechtsprechung weiter nur dann eine Nichtigerklärung wegen *dol* erfolge, wenn der Käufer die Anteile bei Kenntnis gar nicht erworben hätte.[439] Zumindest eine der von *Mousseron* dazu zitierten[440] Entscheidungen spricht jedoch eher für die gegenteilige Ansicht, es heißt dort zur Begründung der Aufrechterhaltung der mit der Revision angegriffenen Nichtigerklärung wegen *dol* (Cass. com. 10.7.1989):

> *„sans cet artifice qu'avait permis la présentation d'un bilan fallacieux, le cessionnaire n'aurait pu contracter* aux conditions retenues".[441]

Wäre die Kammer für Handelssachen der Cour de Cassation in dieser Entscheidung in Anwendung der klassischen Theorie des *dol incident* davon ausgegangen, dass Voraussetzung der Nichtigerklärung ist, dass der Getäuschte bei Kenntnis nicht einmal zu anderen Bedingungen kontrahiert hätte, dann würde die Begründung des Gerichts nicht ausreichen, dass das Opfer in dem der Entscheidung vom 10.7.1989 zugrunde liegenden Fall nur „zu den vereinbarten Bedingungen" den Vertrag nicht geschlossen hätte.

---

[435] Cass. com., 2.5.1984, Bull. civ. IV, Nr. 145 = JCP 1984, IV, 218 = JCP éd. E 1984, I, 13590.

[436] Cass. com., aaO.

[437] *Ghestin*, Droit civil, La formation du contrat, Nr. 576; *Chauvel*, Rép. civ. v° dol, Nr. 99. Die Zweifel von *Chaussade-Klein*, Vorvertragliche „obligation de renseignements", S. 17 Fn. 46, der möglicherweise nur ein Teilabdruck der Entscheidung vorlag, an der Aussagekraft des genannten Urteils dürften nicht zutreffen. Zwar trat die Täuschung im Stadium der Vertragsdurchführung auf. Doch ging es hier um die Frage, ob eine während der Durchführung des ursprünglichen Vertrages getroffene Abänderungsvereinbarung bezüglich der Höhe des Preises wegen *dol* aufzuheben war. Hinsichtlich des Abänderungsvertrages lag durchaus eine Täuschung bei Vertragsschluss und nicht später vor.

[438] *Terré/Simler/Lequette*, Droit civil, Les obligations, Nr. 230 Fn. 8. Das zitierte Urteil vom 2.5.1984 (oben Fn. 435) bleibt dort jedoch unerwähnt.

[439] *Mousseron*, Conventions de garantie, Nr. 73.

[440] *Mousseron*, Conventions de garantie, Fn. 163 bei Nr. 73.

[441] Cass. com., 10.7.1989, zit. nach den identischen Abrucken bei Bull. Joly 1989, 884 = Dr. sociétés 1989, Nr. 268 (Hervorhebung im Text durch den Autor).

Keine Berücksichtigung der Fahrlässigkeit des Getäuschten

Verschiedene Ansichten werden zu der Frage vertreten, inwieweit ein Verschulden des Opfers beim *dol* Berücksichtigung findet.

Grundsätzlich ist beim *dol*, anders als beim Irrtum, der *excusable* sein muss,[442] die Fahrlässigkeit des Getäuschten irrelevant. Die Arglist des Täuschenden verbietet es diesem, sich darauf zu berufen, das Opfer habe durch eigenes Verschulden zur fehlenden Kenntnis beigetragen.[443] Die erste Zivilkammer der Cour de Cassation hat dies in einem Fall deutlich entscheiden, in dem einem getäuschten Händler gebrauchter Nutzfahrzeuge vom Berufungsgericht noch vorgeworfen worden war, bei seiner Sachkenntnis habe er sich nicht täuschen lassen dürfen.[444] Das gilt auch, wenn die Täuschung durch Schweigen verursacht wurde, also in den Fällen der *réticence dolosive*.[445] Mit den Worten der Kammer für Handelssachen der Cour de Cassation:

> *„l'intention de tromper l'emporte sur les éventuelles négligences de l'acquéreur"*.[446]

Dennoch wird verschiedentlich die Meinung vertreten, die Fahrlässigkeit des Opfers sei relevant. *Cozian* und *Viandier* sprechen deutlich davon, dass für die Annahme des *dol* notwendig sei, dass der Käufer nicht unvorsichtig war. Sie schreiben (für den Käufer von Gesellschaftsanteilen):

> *„[il faut] que [le cessionnaire] ne soit pas lui-même coupable d'un défaut de diligence"*.[447]

Chaput ist in seiner Aussage ebenso klar, wenn er zu dem Urteil der Cour d'Appel von Paris vom 16.4.1992 anmerkt:

> *„De droit commun la victime ne doit pas avoir commis de faute qui l'ait privée de perspicacité. Ce qui pose la question de savoir si, par ses aptitudes propres, le cessionnaire n'était pas à même de découvrir la*

---

442 Oben Teil C, 2.1.4.3 (bei Fn. 388).

443 *Ghestin*, Droit civil, La formation du contrat, 2. Auflage, Nr. 398, dort Fn. 226; *Jourdain*, Le devoir de se renseigner – contribution à l'étude de l'obligation de renseignement, D. 1983, Chron. S. 139; *Mousseron*, Conventions de garantie, Nr. 72; *Chaussade-Klein, Vorvertragliche „obligation de renseignements"*, S. 11 und S. 61.

444 Cass. civ. 1ère, 27.6.1973, Bull. civ. I, Nr. 221 = Rev. trim. Droit cov. 1974, 144 Anm. *Lossouarn*.

445 Cass. civ. 1ère, 23.5.1977, Bull. civ. I, Nr. 224; *Chaussade-Klein*, Vorvertragliche „obligation de renseignements", S. 61 (dort Fn. 184).

446 Cass. com., 10.7.1989, zit. (oben Fn. 441). Das wörtliche Zitat ist in den genannten Abdrucken der Entscheidung nicht enthalten und wird von *Mousseron*, Conventions de garantie (dort Nr. 72) übernommen. Dieser bezieht die Aussage jedoch nur auf den Verkauf von Unternehmen durch Verkauf einer Gesellschaftsbeteiligung.

447 *Cozian/Viandier/Deboissy*, Droit des sociétés, Nr. 902.

réalité ou même s'il ne lui appartenait pas de procéder à des vérifications plus approfondies."[448]

Auch *Chauvel* meint, dass eine Klage wegen *dol* erfolglos sei, wenn der Irrtum auf einer Tatsache beruhe, die das Opfer kenne oder aber auch kennen müsse.[449]

Terré, Simler und *Lequette* hingegen erwähnen das angebliche Problem der Fahrlässigkeit des Getäuschten gar nicht.

Nach der hier vertretenen Auffassung sind die Aussagen derer, die die *annulation* wegen *dol* von der Sorgfalt des Getäuschten abhängen lassen wollen, zumindest irreführend. Es gibt keinen Anhaltpunkt dafür, dass bei der arglistigen Täuschung im positiven französischen Recht nicht der Vorsatz des Täuschenden eine Nachlässigkeit des Opfers unbeachtlich machen würde, wie dies auch die oben zitierten Autoren und Entscheidungen bestätigen. Richtig ist zwar, dass in manchen Fällen, in denen das Opfer einer Täuschung schuldhaft zu seinem Irrtum beigetragen hat, eine Nichtigerklärung abgelehnt wurde. Dogmatisch muss jedoch der Grund für die Erfolglosigkeit der Klage auf Nichtigerklärung nicht die Fahrlässigkeit, sondern der auf denselben Tatsachen beruhende fehlende Beweis dafür gewesen sein, dass das Opfer sich überhaupt in einem für die Willenserklärung ausschlaggebenden Irrtum befand.

So verhielt es sich in dem Fall, der der Entscheidung der Kammer für Handelssachen der Cour de Cassation vom 26.4.1988[450] zugrunde lag. Auf dieses Urteil berufen sich *Cozian* und *Viandier* bei ihrer Aussage, Fahrlässigkeit verbiete die Nichtigerklärung.[451] Ein Käufer von Gesellschaftsanteilen hatte den Kaufvertrag gerichtlich angefochten, weil die dem Vertrag zugrundeliegende Bilanz schwere Fehler enthalten habe. Der Behauptung, ein *dol* hätte zur Nichtigerklärung führen müssen, hält das höchste Gericht zweierlei entgegen. Einerseits habe der Käufer, der selbst ein erfahrener Manager gewesen sei, erst gekauft, nachdem er sich mit der Gesellschaft vertraut habe machen und die Buchführungsunterlagen prüfen habe können. Andererseits seien die unzulässigen Bilanzierungspraktiken der Verkäufer nicht erst für die Bilanz verwendet worden, die dem Kaufvertrag zugrunde lag, sondern sie seien schon seit längerer Zeit für die Bilanzen der Gesellschaft üblich gewesen.

Der Käufer verhielt sich offenbar fahrlässig. Zwar könnte diese Fahrlässigkeit des Käufers den Richterspruch begründen. Die Entscheidung ist aber auch schlüssig erklärbar, ohne diese Fahrlässigkeit argumentativ in Anspruch zu nehmen. So zeigt das erste Argument der Cour de Cassation gegen die Annahme eines *dol,* nämlich dass der Verkäufer sich mit dem Unternehmen zu-

---

[448] *Chaput,* Anm. zu Cour d'Appel de Paris, 16.4.1992, Bull. Joly 1992, 624 (627).

[449] *Chauvel,* Rép. civ. v° dol, Nr. 88.

[450] Cass. com., 26.4.1988, Bull. Joly 1988, 476.

[451] *Cozian/Viandier/Deboissy,* aaO. (oben Fn. 447).

mindest vertraut machen hatte können, dass dieser nicht bewiesen hat, dass er tatsächlich im Irrtum über die wahre Lage der Gesellschaft war. Das zweite Argument zeigt, dass der angebliche *dol* nicht mittels *manœuvres positives* verübt worden war. So wäre es gewesen, wenn die Verkäufer gerade erst für den Verkauf eine falsche Bilanz hergestellt hätten. Vielmehr lag den Verkäufern eine *réticence* zur Last, da sie auf die unzulässigen Praktiken nicht hingewiesen haben. Die Auskunftspflicht gegenüber dem Vertragspartner, die die *réticence* den *manœuvres positives* gleichstellt, beruht jedoch auf der konkreten Schutzbedürftigkeit des Irrenden, und hierfür kann eine Fahrlässigkeit des Opfers tatsächlich relevant werden, weil der andere Teil nur insoweit eine Pflicht zur Aufklärung hat, als nicht anzunehmen ist, dass die zunächst kenntnislose Partei bei nichtfahrlässiger Vorgehensweise ohne weiteres Kenntnis erlangen konnte, zumal wenn es sich um einen Fachmann handelt.[452] Das bedeutet jedoch, dass eine Aufklärungspflicht des informierten Teils nicht angenommen werden kann, so dass das Schweigen nicht als Täuschung gewertet werden kann. Dogmatisch ist dies ein erheblicher Unterschied zu der Annahme, dass das Opfer einer festgestellte Täuschung – ob durch positives Tun oder durch Schweigen, obwohl eine Aufklärungspflicht bestand – sich auf diese Täuschung wegen der eigenen Fahrlässigkeit nicht berufen könne.

Diese letzte, bei der *réticence* auftretende Problematik dürfte wohl auch *Mousseron* dazu gebracht haben, davon zu sprechen, Unvorsichtigkeit des Opfers führe zumindest gelegentlich dazu, dass ein *dol* nicht angenommen werde.[453] *Mousseron* beruft sich dafür auf eine Formulierung von *Ghestin*[454], der eine *„ignorance légitime, résultant de l'obligation de s'informer"* fordert. Die Annahme einer *obligation de s'informer* wird aber nur dann nötig, wenn sich der Irrende auf eine Aufklärungspflicht des Vertragspartners berufen muss, also wenn ein Täuschen durch Verschweigen im Raume steht, nicht jedoch bei einer Täuschung durch positives Tun. Dass nicht jede noch so große Naivität des Irrenden, zumal wenn es sich um einen Geschäftsmann handelt, durch eine Aufklärungspflicht des anderen Teils ausgeglichen wird, bedeutet aber nicht, dass die Fahrlässigkeit des Getäuschten relevant ist, wenn einmal logisch vorrangig festgestellt ist, dass die Gegenseite zur Aufklärung verpflichtet war, dies aber mit Vorsatz unterlassen hat.

Die Annahme von *Cozian* und *Viandier*, der Getäuschte müsse etwa eine sogenannte *due diligence*-Prüfung des zu kaufenden Unternehmens durchführen, um sich auf eine arglistige Täuschung berufen zu können, steht auch im Widerspruch zu dem bereits erwähnten[455] Urteil der Cour d'Appel von Paris vom

---

[452] Siehe schon oben (bei Fn. 412).

[453] *Mousseron,* Conventions de garantie, Nr. 72.

[454] *Ghestin,* Anm. zu Cass. civ. 3ème, 3.2.1981, D. 1984, 457, zit. n. und abgedruckt bei *Mousseron,* Conventions de garantie, Nr. 72.

[455] Oben bei Fn. 448.

16.4.1992.[456] Zwei Risikokapitalgesellschaften hatten sich bei der Investition in ein Unternehmen von falschen Umsatz- und Gewinnzahlen täuschen lassen, die durch unrichtige Buchführung erzeugt worden waren. Dennoch stellt die Cour d'Appel fest:

> *„en leur qualité de professionnels, elles n'avaient pas l'obligation de suspecter les comptes qui leur étaient soumis et de procéder à des vérifications complémentaires."*[457]

Ein ähnliches Problem wie die Frage der Fahrlässigkeit des Opfers liegt der Beobachtung zugrunde, dass die Rechtsprechung nur selten eine arglistige Täuschung zu Lasten eines kompetenten Fachmanns (*professionnel*) zulässt, wie es die meisten Beteiligten bei einem Unternehmenskauf regelmäßig sein werden.[458] *Mestre* und *Velardocchio* ordnen dies als Frage der Kausalität ein. Insgesamt ist der Grund hierfür, dass die Gerichte sich nur schwer davon überzeugen lassen, dass erfahrene Geschäftsleute auf „einfache Tricks" hereingefallen seien. Denn ebenso wie die Gerichte die Kausalität eines Irrtums auch unter der Berücksichtigung der besonderen Naivität und Unerfahrenheit des Opfers beurteilen, das sich irren mag, obwohl einem erfahrenen Fachmann die offenbare Unrichtigkeit einer Angabe sofort ins Auge gestochen wäre,[459] so hat es umgekehrt ein Fachmann schwerer, zu beweisen, dass er einem Täuschenden vertraut hat. So scheitern die Kläger in dem bei *Mestre* und *Velardocchio*[460] als Beispiel für die Behandlung von Fachleuten zitierten Urteil der Cour de Cassation vom 22.2.1983 auch daran, dass sie, die *„professionnels expérimentés"* waren, den Willensmangel nicht beweisen konnten, auf den sie sich beriefen.[461]

Es bleibt zu bemerken, dass eine dem Getäuschten vorzuwerfende Fahrlässigkeit insoweit berücksichtigt werden kann, als ihm dann der Schadensersatzanspruch nicht zusteht, den das Opfer grundsätzlich neben oder wahlweise statt der *annulation* hat.[462]

Rechtsfolge des dol

Die Rechtsfolge des *dol* ist wie bei der *erreur sur les qualités substantielles* die durch Klage des Opfers geltend zu machende Nichtigkeit, die *nullité relative*.

---

[456] Cour d'Appel de Paris, 16.4.1992, Bull. Joly 1992, S. 624 m. Anm. *Chaput* = JCP 1992, E, 172 Nr. 6 Anm. *Viandier/Caussain*.

[457] Cour d'Appel de Paris, 16.4.1992, aaO.

[458] *Mestre/Velardocchio*, Lamy sociétés commerciales 2002, Nr. 875 m.w.N.

[459] *Marty-Raynaud*, Nr. 157.

[460] *Mestre/Velardocchio*, Lamy sociétés commerciales 2002, Nr. 875.

[461] Cass. com., 22.2.1983, Bull. Joly 1983, 366.

[462] Cour d'Appel de Versailles (13. Kammer), 17.6.1987, JCP éd. E, 1988, II 15109 m. Anm. *Roca* = Rev. trim. Droit civ. 1988, 336 Anm. *Mestre* = JCP éd. E, 1988, II, 15168 Nr. 5 Anm. *Viandier/Caussain*.

Folge der Nichtigerklärung ist, dass die Parteien verpflichtet sind, die empfangenen Leistungen zurückzugewähren. Ist die Rückgabe unmöglich, so ist grundsätzlich der Wert zu ersetzen.[463] Allerdings kann der dolosiv getäuschte Käufer eines *fonds de commerce* auch dann den vollen Kaufpreis zurückverlangen, wenn er nicht mehr in der Lage ist, den *fonds* im vollen Wert zurückzugeben.[464]

Zusätzlich kann der Getäuschte auch Schadensersatz verlangen für die Schäden, die ihm trotz einer Nichtigerklärung verbleiben.[465] Hierunter fallen beispielsweise die Kosten des Vertragsschlusses, aber auch die Kosten für Aufwendungen, die gemacht wurden, um den *fonds de commerce* zu verbessern, bevor die Nichtigerklärung des Kaufes erfolgte. Wenngleich der Schadensersatz häufig aus Art. 1116 C.civ. zugesprochen wird, handelt es sich um einen deliktischen Anspruch, der sich aus einem Verschulden im vorvertraglichen Bereich begründet.[466] Denn ein *dol* ist immer gleichzeitig auch eine *faute* im Sinne des Art. 1382 C.civ.[467]

Die Geltendmachung eines Schadensersatzanspruchs ist auch möglich, wenn das Opfer einer Täuschung auf die Nichtigerklärung des Vertrages wegen *dol* verzichtet und sich entscheidet, den *fonds de commerce* zu behalten.[468] Dies ist seit 1968 ständige Rechtsprechung und entspricht der einheitlichen Natur des Schadensersatzanspruchs, der unabhängig davon besteht, was das Schicksal des Vertrages ist. Nach Wahl des Getäuschten kann so statt der Rückgängigmachung des Kaufs durch die Nichtigerklärung über den Schadensersatzanspruch im Ergebnis eine Minderung des Preises erreicht werden.[469]

Die Vertreter der wohl veralteten Theorie des *dol incident*, die die Nichtigkeit ablehnen, wenn das Opfer der Täuschung bei Kenntnis zwar zu anderen

---

463 Es ist der Wert zu dem Zeitpunkt zu bemessen, zu dem die Rückgabe unmöglich wird. Beim Unternehmenskauf kann das bedeuten, dass der Verkäufer den Wertzuwachs erhält, der unter der Leitung des Scheinerwerbers erwirtschaftet wurde (Cass. com., 29.3.1994, JCP 1994, I, 3795 Nr. 6 Anm. *Viandier/Caussain*).

464 Cass. com., 19.5.1998, JCP 1999, II, 10194 = JCP éd. E 1999, 1875 m. Anm. *Karm*.

465 *Du Pontavice*, Anm. zu Cass. com., 3.4.1979, Rev. soc. 1980, 723 (732); *Chaussade-Klein*, Vorvertragliche „obligation de renseignements", S. 58.

466 Cass. civ. 1ère, 4.2.1975; *Cozian/Viandier/Deboissy*, Droit des sociétés, Nr. 902; *Bertrel/Jeantin*, Acquisitions et fusions, Nr. 100; *Du Pontavice*, Anm. zu Cass. com., 3.4.1979, Rev. soc. 1980, 723 (732); *Chaussade-Klein*, Vorvertragliche „obligation de renseignements", S. 58.

467 *Schmidt*, L'évolution de la faute pré-contractuelle, S. 142.

468 Cass. com., 14.3.1972, D.S. 1972, Jur., 653 m. zust. Anm. *Ghestin*; *Du Pontavice*, Anm. zu Cass. com., 3.4.1979, Rev. soc. 1980, 723 (732); *Cozian/Viandier/Deboissy*, Droit des sociétés, Nr. 902.

469 Näher zur Konkurrenz zwischen der Nichtigerklärung und dem Schadensersatzanspruch unten Teil C, 2.1.6.

Bedingungen, aber dennoch kontrahiert hätte, sehen den Schadensersatz für diesen Fall als einzigen Anspruch des Getäuschten an.[470]

Der Anspruch auf Nichtigerklärung verjährt in fünf Jahren ab der Entdeckung der Täuschung, Art. 1304 Abs. 1 C.civ i.V.m. Art. 1304 Abs. 2 Hs. 2 C.civ.

2.1.5) Kaufrechtliche Rechtsbehelfe

Der Kauf eines *fonds de commerce* wird wie ein Sachkauf betrachtet, da der *fonds* als Ganzes ein *meuble corporel* ist. Die normalen Rechtsbehelfe für den Sachkauf sind anwendbar, nämlich die Gewährleistung für versteckte Sachmängel (*vices cachés,* 2.1.5.1) und die als Eviktionshaftung ausgestaltete Rechtsmängelgewährleistung (2.1.5.3). Die Sachmängelgewährleistung hat ein erheblich breiteres Anwendungsfeld, seit Art. L141-3 Abs. 1 Code de commerce (ehemals Art. 13 Abs. 2 des Gesetzes vom 29.6.1935) für den Fall der Ungenauigkeit der nach Art. L141-1 Abs. 1 Code de commerce zu machenden Angaben auf die Rechtsfolge der Sachmängelhaftung verweist (2.1.5.2).

2.1.5.1) Haftung für versteckte Mängel (vices cachés)

Das Recht der Haftung des Verkäufers für Mängel der Kaufsache ist im Code civil ebenso wie im BGB ein Gewährleistungsrecht, dessen Grundlagen auf die ädilizischen Rechtsbehelfe des römischen Rechts zurückgehen. In der Ausgestaltung im einzelnen gibt es jedoch erhebliche Unterschiede zwischen dem französischen und dem deutschen Recht.[471]

Grundlage der Haftung ist Art. 1641 C.civ.:

> *„Le vendeur est tenu de la garantie à raison des défauts cachés de la chose vendue qui la rendent impropre à l'usage auquel on la destine, ou qui diminuent tellement cet usage, que l'acheteur ne l'aurait pas acquise, ou n'en aurait donné qu'un moindre prix, s'il les avait connus."*

Danach muss die Eignung der Kaufsache zum vertragsgemäßen Gebrauch entfallen oder beschränkt sein. Eine Haftung für zugesicherte Eigenschaften gibt es im Code civil nicht.

Die Haftung greift nach Art. 1642 C.civ. nur dann ein, wenn der Mangel versteckt ist (*vice caché*). Das heißt, dass er für einen Käufer von dem Kenntnisstand des Spruchstellers abstrakt nicht erkennbar war.[472] Wenn die Situation dies gebietet, muss der Käufer gegebenenfalls auch fachkundige Hilfe in

---

[470] *Le Cannu,* Anm. zu Cour d'Appel de Bordeaux, 11.7.1986, Rev. soc. 1986, 593 (597); *Larroumet,* Anm. zu Cass. civ. 3ème, 1.3.1977, D.S. 1978, Jur., 91, Nr. 10.

[471] *Sonnenberger,* Das französische Zivilrecht, 2 G 591 f.

[472] *Mazeaud/de Juglart,* Droit civil III/2, Nr. 982.

Anspruch nehmen.[473] Auch ein nach diesem Maßstab versteckter Mangel berechtigt jedoch nicht zur Geltendmachung der Haftung, wenn der Käufer ihn im Einzelfall dennoch erkannt hat.[474]

Liegt ein *vice caché* vor, dann hat der Käufer nach Art. 1644 C.civ. die Wahl zwischen der *action rédhibitoire* und der *action estimatoire*.[475] Diese Rechtsbehelfe entsprechen der Wandelung und der Minderung. Kannte der Verkäufer den Mangel, dann ist er zusätzlich verpflichtet, Schadensersatz zu leisten, Art. 1645 C.civ. Obwohl die Formulierung des Art. 1645 nur auf die Wandlung passen zu scheint, besteht der Anspruch auf Schadensersatz auch neben der Minderung.[476]

Die Gewährleistung für *vices cachés* gilt nicht nur für Sachen im Sinne des BGB, sondern auch für unkörperliche Gegenstände.[477] Sie gilt auch für den Verkauf eines *fonds de commerce*.[478]

In der Rechtsprechung und der Literatur umstritten ist jedoch, wann bei dem Verkauf eines *fonds de commerce* ein Mangel vorliegt. Nach der engeren, von *Vogel* vertretenen Ansicht[479] kann dies nur der Fall sein, wenn der *fonds* selbst von dem Mangel betroffen ist. Da die wesentliche Eigenart des *fonds de commerce* darin besteht, eine *clientèle* zu gewinnen und zu binden, soll ein Mangel des *fonds* nur vorliegen können, wenn die Abweichung des *fonds* vom vertragsgemäßen Zustand geeignet ist, die Kundschaft zu reduzieren. Nicht genügend ist nach dieser Ansicht, wenn ein einzelner, zum *fonds* gehöriger Gegenstand mangelhaft ist, ohne dass die Anziehungskraft des *fonds* für die *clientèle* dadurch betroffen ist. Mehrere Urteile, jedoch nicht der Cour de Cassation, haben sich dieser Meinung angeschlossen.[480] Ein vice caché des *fonds de commerce* wurde vom Handelsgericht des Departements Seine 1935 beispielsweise in einem Fall angenommen, in dem der gekaufte *fonds* eine Badeanstalt war. Die Käuferin wusste nicht, dass das Bad von einer *„clientèle de mœurs*

---

473 Cass. com., 7.4.1998, Bull. Joly 1998, 956 m. Anm. *Scholer*. Damit ist der Anspruch an die Bemühungen des Käufers höher als nach § 442 I BGB, nach dem bloß groß fahrlässige Unkenntnis schädlich ist und die Hinzuziehung sachverständiger Hilfe nicht verlangt wird (so zu § 460 S. 2 BGB a.F. OLG Köln, NJW 1973, 903).

474 *Mazeaud/de Juglart*, Droit civil III/2, Nr. 983.

475 Die Wandlung ist nicht mehr möglich, wenn der Erwerber den *fonds* unabhängig von dem Mangel weiterverkauft hat, Cass. com., 15.10.1974, Gaz. Pal. 1974, Pan. 285.

476 *Sonnenberger*, Das französische Zivilrecht, 2 G 623.

477 *Sonnenberger*, Das französische Zivilrecht, 2 G 600.

478 Cass. com., 7.6.1974, zit. (oben Fn. 358); *Ripert/Roblot/Vogel*, Droit commercial I/1, Nr. 539; *Lévi*, Lamy droit commercial 2002, Nr. 571; *Derruppé*, Rép. com. v° fonds de commerce, Nr. 438; *Mestre/Pancrazi*, Droit commercial, Nr. 613.

479 *Ripert/Roblot/Vogel*, Droit commercial I/1, Nr. 539.

480 Trib. com. Seine, 22.10.1935, Gaz. Pal. 1935, 2, Jur., 902; Cour d'Appel d'Amiens, 27.3.1968, JCP 1968, II, 15545; Cour d'Appel de Lyon, 10.10.1968, Rev. trim. Droit com. 1969, 443 Anm. *Jauffret*.

spéciales", die dort nach Auffassung der damaligen Richter ihren „Lastern" nachging, frequentiert wurde.[481] Mehrfach von der Rechtsprechung als Mangel de *fonds de commerce* bezeichnet wurden Fälle, in denen schon beim Verkauf des *fonds* Gründe dafür bestanden, dass die dazugehörige Schanklizenz entzogen werden würde.[482]

Überwiegend wird jedoch die Gegenmeinung vertreten. Sie nimmt auch dann schon ein *vice caché* des *fonds de commerce* an, wenn nur ein einzelnes dazu gehöriges Vermögensstück betroffen ist.[483] Der Fehler kann Teile des zum *fonds* gehörigen Materials oder der Betriebsgegenstände betreffen, oder auch das Geschäftslokal, wenn ein *bail commercial* zum *fonds* gehört.[484] Als Fehler wurde etwa aufgefasst, dass das zum *fonds* gehörende gemietete Hotel in einem dem Käufer unbekannten Maße verwanzt war.[485] Ebenfalls zur Anwendung des Sachmängelrechts auf den *fonds de commerce* führte, dass das Gebäude, in dem das Gewerbe betrieben wurde, mit einer Dienstbarkeit belastet war, an die Baulinie angeglichen zu werden, die dem Käufer des *fonds* verschwiegen worden war.[486]

Die Sachmangelhaftung muss nach Art. 1648 Abs. 1 C.civ. innerhalb kurzer Frist (*„bref délai"*) geltend gemacht werden. Wie lange diese Frist ist, hängt von den Umständen des Einzelfalls ab, insbesondere von der Art des Mangels und den Üblichkeiten.[487] Nach einer Entscheidung der Cour d'Appel von Paris vom 6.4.1993[488] ist beim Kauf eines Unternehmens das *bref délai* jedenfalls nach einem Jahr nicht mehr eingehalten. Die Frist beginnt grundsätzlich mit der Entdeckung des Fehlers.[489] Der Käufer kann das *bref délai* nur durch Klageerhebung einhalten, nicht etwa durch Anzeige des Fehlers. Verhandlungen des Käufers mit dem Verkäufer über die Gewährleistung können daher für den Käufer ein Risiko darstellen, da er wegen der verzögerten Klageerhebung

---

481 Trib. com. Seine, 22.10.1935, zit. (oben Fn.480).

482 Cour d'Appel de Paris, 12.11.1931, Journ. Trib. com. 1932, 436 (zit. n. *Derruppé*, Rép. com. v° fonds de commerce, Nr. 439); Trib. com. Saint-Etienne, 2.4.1931, Gaz. Pal. 1931, 2, 20.

483 *Derruppé*, Rép. com. v° fonds de commerce, Nr. 440 f.; *Jeantin/Barreau*, J.-cl. entreprise v° cession amiable du fonds de commerce, Nr. 69, 75 – 87; *Lévi*, Lamy droit commercial 2002, Nr. 571.

484 Keinen Fehler des *fonds de commerce* begründen kann ein Fehler einer mitverkauften Immobilie, da diese nicht Teil des *fonds* sein kann.

485 Cass. req., 17.10.1928, Gaz. Pal. 1928, 2, 656 = S. 1929, 1, 53.

486 Cass. civ. 3ème, 3.12.1974, JCP 1975, II, 18176 m. Anm. *Randoux*.

487 *Lévi*, Lamy droit commercial 2002, Nr. 572.

488 Cour d'Appel de Paris, 6.4.1993, RJDA 1993, Nr. 805 (zit. n. Dict. perm. Dt. aff., v° cession et transmission de droits sociaux (2001), Nr. 138).

489 Cass. req., 21.10.1924, Gaz. Pal. 1924, 2, 570; *Lévi*, Lamy droit commercial 2002, Nr. 572. Kann oder will der Käufer nicht angeben, wann er den Fehler entdeckt hat, so beginnt das *bref délai* schon mit dem Tag des Kaufs oder der Übergabe, *Lévi*, Lamy droit commercial 2002, aaO. unter Verweis auf Cass. com., 2.2.1988, Nr. 88-14.697.

möglicherweise das *bref délai* versäumt.[490] Ernste Verhandlungen können jedoch, wenn sie dann nicht zu einer Einigung führen, unter Umständen eine großzügigere Auslegung des *bref délai* durch das Gericht rechtfertigen.[491]

Insgesamt ist, unabhängig dem Meinungsstreit, unter welchen Voraussetzungen ein Mangel des *fonds* angenommen werden darf, die Zahl der Fälle relativ gering, in denen aufgrund der allgemeinen Sachmangelregeln des Code civil der Kauf eines *fonds de commerce* angegriffen wird.[492] Dies galt schon vor dem Inkrafttreten des Gesetzes vom 29.6.1935, noch mehr aber seitdem. Denn Art. 13 dieses Gesetzes (nunmehr Art. L141-3 Code de commerce) erlaubt die direkte Anwendung der Rechtsfolge eines Sachmangels dann, wenn nach Art. L141-1 Abs. 1 Code de commerce gemachte Pflichtangaben unrichtig sind.

2.1.5.2) Verweis auf die Rechtsfolgen des Sachmängelgewährleistungsrechts bei falschen Angaben gemäß Art. L141-3 Code de commerce

Nach Art. L141-1 Abs. 1 Code de commerce ist der Verkäufer eines *fonds de commerce* verpflichtet, im Kaufvertrag eine Reihe von Angaben über den zu verkaufenden *fonds* zu machen. Diese Angaben beziehen sich auf wertbildende Faktoren wie vergangene Umsätze und Erträge oder nähere Angaben zu einem etwaigen Geschäftsraummietvertrag, oder sie geben doch zumindest indirekt Hinweise auf den Wert des *fonds de commerce* wie die Angabe des Preises, zu dem der Verkäufer selbst den *fonds* erworben hat.[493]

Unterlässt es der Verkäufer, eine oder mehrere dieser Angaben zu machen, so kann der Käufer sich auf die fakultative Nichtigkeit nach Art. L141-1 Abs. 2 Code de commerce berufen, sofern er nachweisen kann, dass er wegen des Fehlens einem Irrtum erlag und auch einen Schaden erlitt.[494]

Für den nicht völlig naiven Erwerber eines *fonds de commerce* noch riskanter als das Unterlassen einer Angabe ist jedoch, wenn diese unrichtig ist. Denn schon daraus, dass sich der Verkäufer gar nicht äußert, wird der aufmerksame Käufer regelmäßig Misstrauen schöpfen und eigenen Ermittlungen anstellen. Eine falsche Zahl oder sonstige Angabe ist viel mehr geeignet, den Käufer in Sicherheit zu wiegen.

Die Unrichtigkeit der nach Art. L141-1 Abs. 1 geforderten Angaben ist jedoch nicht deren Fehlen gleichgestellt. Vielmehr ordnet Art L141-3 Abs. 1 Code de commerce an, dass der Käufer in diesem Fall die Haftung für Sach-

---

490 *Sonnenberger*, Das französische Zivilrecht, 2 G 610.

491 Cass. com., 8.11.1982, zit. n. *Lévi*, Lamy droit commercial 2002, Nr. 572.

492 *Mestre/Pancrazi*, Droit commercial, Nr. 613 a.E.

493 Die im einzelnen vorgeschrieben Angaben wurden bereits oben in Teil C, 2.1.4.2 ausführlich besprochen.

494 Siehe hierzu ebenfalls oben Teil C, 2.1.4.2.

mängel nach dem allgemeinen Kaufrecht in Anspruch nehmen kann. Art. L141-3 Abs. 1 Code de commerce verweist auf Art. 1644 und 1645 C.civ.:

> *„Le vendeur est, nonobstant toute stipulation contraire, tenu de la garantie en raison de l'inexactitude de ses énonciations dans les conditions édictées par les articles 1644 et 1645 du Code civil."*

Demnach kann der Käufer in diesem Fall nach Art. 1644 C.civ. Wandlung (*action rédhibitoire*) oder Minderung (*action estimatoire*) begehren oder, wenn der Verkäufer den Sachmangel, hier also die Fehlerhaftigkeit seiner Angabe, kannte, daneben auch Schadensersatz (Art. 1645 C.civ.). Nach der Ansicht von *Mestre* und *Pancrazi* handelt es sich bei der Minderung um die *„sanction naturelle"*, wenn der Verkäufer unrichtige Angaben nach Art. L141-1 Abs. 1 Code de commerce macht.[495]

Damit stellt der Code de commerce die Fiktion auf, die Unrichtigkeit einer vorgeschriebenen Angabe sei ein versteckter Sachmangel (*vice caché*). Dies enthebt den Käufer der Notwendigkeit, darzulegen, dass auch nach den Kriterien des – ebenfalls anwendbaren[496] – gewöhnlichen Kaufrechts, also nach Art. 1641 C.civ., ein *vice caché* vorliegt. Für den Fall einer verkauften Apotheke, bei dem ein überhöhter Umsatz angegeben war, bringt allein dies den Beweis dafür, dass die Apotheke den behaupteten Umsatz auch nicht erbringen kann und den vertraglich vorausgesetzten Gebrauchswert nicht hat.[497] Ebenfalls die Fiktion eines Sachmangels nach Art. L141-3 Code de commerce bedeutet es, wenn unzulässigerweise statt der handelsrechtlichen Gewinne die anders berechneten steuerrechtlichen Zahlen angegeben werden.[498] Der Beweis für die Unrichtigkeit obliegt dem Käufer, der sich darauf beruft.[499] Es genügt jedoch nicht, dass der Übernehmer des *fonds de commerce* nicht die selben Umsätze oder Erträge erzielt, wie sie der Verkäufer angegeben hat. Die Garantie bezieht sich nur auf die Richtigkeit der Zahlen für die Vergangenheit.[500] Die Umsätze sind jedoch dann unrichtig angegeben, obwohl sie in der Vergangenheit vom Verkäufer tatsächlich erzielt wurden, wenn dies nur durch eine vorschrifts-

---

[495] *Mestre/Pancrazi*, Droit commercial, Nr. 602, unter Verweis auf Cass. com., 1.12.1992, Bull. civ. IV, Nr. 385.

[496] Dazu schon oben Teil C, 2.1.5.1.

[497] Cass. civ. 1ère, 3.7.1996, Bull. civ. I, Nr. 290 = JCP éd. E 1996, Pan., 1052 = JCP éd. E 1997, II, 1021 m. Anm. *Monéger*.

[498] Cass. com., 10.5.1982; 3.11.1983; 29.4.1997, alle zit. (oben Fn. 346).

[499] Cass. com., 9.6.1970, D. 1970, 762; *Derruppé*, Rép. com. v° fonds de commerce, Nr. 333; *Ripert/Roblot/Germain*, Droit commercial I, Nr. 636 (in der Neuauflage *Ripert/Roblot/Vogel*, dort Nr. 540, nicht mehr enthalten).

[500] T. com. Reims, 15.11.1935, Sem. jur. 1936, 16 (zit. n. *Derruppe*, Rep. com. v° fonds de commerce, Nr. 333); Cour d'Appel de Paris, 13.5.1969, D. 1969, 608; *Ripert/Roblot/Vogel*, Droit commercial I/1, Nr. 540; *Derruppé*, Rép. com. v° fonds de commerce, Nr. 333.

widrige Ausbeutung des *fonds de commerce* möglich war und daher der gesetzestreue Übernehmer die angegebenen Zahlen nicht erreichen kann.[501]

Die Rechtsbehelfe aus dem Sachmängelrecht stehen dem Käufer des *fonds de commerce* allerdings nur zu, wenn die Unrichtigkeit der Angabe des Verkäufers ihm nachteilig war.[502] Andernfalls könnte der Käufer dies als Vorwand benutzen, um dem aus anderen Gründen nicht mehr erwünschten Kauf des *fonds* wieder abzukommen. Nur wenn die Abweichung zu Ungunsten des Käufers geht, kann wegen ihr unterstellt werden, dass die Voraussetzungen für die Sachmängelhaftung erfüllt sind, nämlich dass die Abweichung den vertragsmäßigen Gebrauch des *fonds de commerce* so beeinträchtigen, dass der Käufer nicht oder doch nur für einen billigeren Preis gekauft hätte, wenn ihm die Situation bekannt gewesen wäre (Art. 1641 C.civ.). Auch für den Anspruch, der sich auf Art. L141-3 Abs. 1 Code de commerce gründet, muss der Käufer nachweisen, dass die falsche Angabe beim Kauf des *fonds* diesen Irrtum verursachte, dass er eben bei Kenntnis allenfalls zu einem niedrigeren Preis kontrahiert hätte.[503]

Nach dem ausdrücklichen Wortlaut des Art. L141-3 Abs. 1 Code de commerce ist der Verweis auf die Haftung für Sachmängel unabdingbar, anders als die normale Sachmängelhaftung (sofern der Verkäufer keine Kenntnis von den Mängeln hatte, Art. 1643 C.civ.). Dies gilt auch dann, wenn die Parteien vereinbart haben, dass der Käufer des *fonds de commerce* diesen so übernimmt, wie er steht und liegt.[504]

Weil die Liste der Angaben, die der Verkäufer nach Art. L141-1 Abs. 1 Code de commerce machen muss, abschließend ist, ist der Verweis auf die Sachmängelhaftung aus Art. L141-3 nicht anwendbar, wenn der Verkäufer eine weitere freiwillige Angabe gemacht hat und diese nicht zutrifft. Dann kann der Käufer nach einer Entscheidung der Cour de Cassation nur versuchen, unmittelbar einen versteckten Mangel des *fonds* nachzuweisen, indem er sich auf Art. 1641 C.civ. beruft und dessen Voraussetzungen nachweist.[505] Die Gegenmeinung, die die Cour d'Appel von Lyon vertreten hat, hat in der Literatur keine Gefolgschaft gefunden.[506]

Für die Geltendmachung der Haftung wegen ungenauer Angaben nach Art. L141-3 sieht der Code de commerce in Art. L141-4 eine Frist von einem Jahr

---

501 Cass. civ. 1ère, 3.7.1996, zit. (oben Fn. 497).

502 Cass. com., 21.3.1966, D. 1966, 435; *Derruppé*, Rép. com. v° fonds de commerce, Nr. 334.

503 Cass. com., 8.6.1970, Bull. civ. IV, Nr. 188 = D. 1970, Somm., 200; *Derruppé*, Rép. com. v° fonds de commerce, Nr. 334.

504 Cass. com., 26.6.1973, Bull. civ. IV, Nr. 223.

505 Cass. com., 7.6.1974, zit. (oben Fn. 358); *Derruppé*, Rép. com. v° fonds de commerce, Nr. 332; *Ripert/Roblot/Vogel*, Droit commercial I/1, Nr. 540. Daneben kann der Käufer auch die Nichtigkeitsklage wegen Irrtums oder Täuschung erheben.

506 Cour d'Appel de Lyon, 21.5.1975, Rev. trim. Droit com. 1975, 801 Nr. 30 krit. Anm. *Jauffret*.

vor. Die Frist läuft nach Art. L141-4 a.E. ab der Inbesitznahme des *fonds de commerce* durch den Käufer.[507] Hierin unterscheidet sie sich von der Frist für die Geltendmachung der Nichtigkeit wegen Fehlens der Angaben nach Art. L141-1 Abs. 2, die schon mit Vertragsschluss beginnt.[508] Dies leuchtet ein, da der Käufer das Fehlen schriftlicher Angaben im Vertrag sofort nach dessen Abschluss, die fehlende Übereinstimmung mit der Wirklichkeit des *fonds de commerce* jedoch erst feststellen kann, nachdem ihm dieser übergeben wurde.

Wie bei der Frist aus Art. L141-1 Abs. 2 handelt es sich auch bei der Frist aus Art. L141-4 Code de commerce um ein *„délai préfix"*, also um eine Ausschlussfrist. Dies war nicht immer klar. In dem Urteil vom 24.3.1972[509] hatte die Kammer für Handelssachen der Cour de Cassation noch angenommen, dass kein *délai préfix* vorliege und dass deshalb der Fristlauf durch Klage bei einem nicht zuständigen Gericht unterbrochen werden könne. Diese Rechtsprechung hat die Kammer für Handelssachen 1997 aufgegeben.[510] Damit ist anerkannt, dass die Frist des Art. L141-4 Code de commerce ihrer Natur nach der Frist aus Art. L141-1 Abs. 2 gleicht.

Eine Verlängerung der Frist durch vertragliche Abrede ist zulässig, nicht hingegen ihre Verkürzung.[511] Die Verkürzung widerspräche als Verringerung der Rechte des Käufers dem zwingenden Charakter der Haftung aus Art. L141-3 Code de commerce.

Ob die Klageerhebung binnen der Jahresfrist des Art. L141-4 Code de commerce auch noch innerhalb kurzer Frist (*„bref délai"*, Art. 1648 C.civ.) erfolgt ist, ist unerheblich. In den Fällen des Art. L141-3 Code de commerce wird die kurze Frist durch die Jahresfrist aus Art. L141-4 ersetzt.[512]

Art. L141-4 gilt jedoch nur für Klagen, die auf Art. L141-3 gestützt sind. Sie gilt nicht, wenn der Kläger sich unmittelbar auf das Sachmängelrecht beim Kauf (Art. 1641 ff. C.civ.) beruft,[513] sei es aufgrund eines nicht durch falsche Angaben verursachten Fehlers des *fonds de commerce* oder wenn der Kläger sich trotz einer falschen Pflichtangabe unmittelbar auf Art. 1641 C.civ. beruft, weil er die Jahresfrist des Art. L141-4 hat verstreichen lassen. Bei Berufung auf das Sachmängelrecht ohne Art. L141-3 Code de commerce gelten die normalen

---

507 *Derruppé*, Rép. com. v° fonds de commerce, Nr. 340; *Mestre/Pancrazi*, Droit commercial, Nr. 602.

508 Oben 2.1.4.2 (bei Fn. 369).

509 Cass. com., 14.3.1972, D. 1972, 547 = Rev. trim. Droit com. 1973, 69 krit. Anm. *Jauffret*.

510 Cass. com., 7.10.1997, Bull. civ. IV, Nr. 249 = D. 1997, IR, 230 = JCP éd. E 1997, II, 1034 m. Anm. *Croze* = Rev. trim. Droit com. 1998, 134 Anm. *Derruppé* = Dalloz affaires 1997, 1277 = Defrénois 1998, 245 Anm. *Le Cannu*.

511 *Derruppé*, Rép. com. v° fonds de commerce, Nr. 240; *Cohen*, Traité théorique et pratique des fonds de commerce, Nr. 522 (zit. n. *Derruppé*, Rép. com. v° fonds de commerce, aaO.).

512 *Lévi*, Lamy droit commercial 2002, Nr. 569.

513 Dazu näher unter 2.1.5.2.

Voraussetzungen des Kaufrechts und damit insbesondere auch die Notwendigkeit, innerhalb kurzer Frist („*bref délai*") die Klage zu erheben.

Ebenso wenig gilt die Frist für andere Rechtsbehelfe, auch wenn diese sachlich im Zusammenhang stehen mit einer unrichtigen Angabe aus dem Katalog des Art. L141-1 Abs. 1 Code de commerce. So kann eine auf *dol* gestützte Klage auf Nichtigerklärung in der Fünfjahresfrist des Art. 1304 C.civ. geltend gemacht werden.[514]

Gleich dem Verkäufer und mit ihm gesamtschuldnerisch haften nach Art. L141-3 Abs. 2 Code de commerce auch die Vermittler beim Kauf des *fonds de commerce* und diejenigen, die beim Verfassen der Verträge geholfen haben – also in der Regel Rechtsanwälte und Notare – sowie deren Gehilfen, sofern diesen bekannt war, dass die gemachten Angaben falsch sind. Auch für deren Haftung gilt die Jahresfrist des Art. L141-4.[515]

2.1.5.3) Haftung für Rechtsmängel

Der Code civil hat die Rechtsmängelhaftung nicht als Folge der kaufvertraglichen Eigentumsverschaffungspflicht ausgestaltet. Vielmehr muss der Verkäufer einer Sache dem Käufer dafür Gewähr leisten, dass dieser ungestörten Besitz – *possession paisible* – der Kaufsache genießen kann, frei von Störungen durch den Verkäufer selbst oder durch Dritte.[516]

Beim Kauf eines *fonds de commerce* kann der Käufer sich einerseits auf die *garantie du fait personnel* berufen, um sich gegen eine Wiederansiedlung der Verkäufers des *fonds* zu wehren, die die Nutzung des Unternehmens durch den Käufer beeinträchtigt. Die Wiederansiedlung, deren Ausschluss meist schon vertraglich geregelt ist, wird als eine Störung der *possession paisible* durch den Verkäufer selbst betrachtet. Hierbei handelt es sich aber nicht um ein Enttäuschung des Unternehmenskäufers, die in einer Eigenschaft oder einem Mangel des Unternehmens begründet ist, weshalb die *garantie du fait personnel* hier nicht näher untersucht werden soll.[517]

Andererseits kann der Käufer eines *fonds de commerce* die *garantie d'éviction* geltend machen, wenn er durch tatsächliche oder rechtliche Störungen Dritter in seinem Besitz des *fonds* beeinträchtigt ist. Die Eviktion kann den *fonds* als

---

[514] Cass. com., 5.7.1977, D. 1977, IR, 494; Cour d'Appel de Paris, 19.2.1971, Rev. trim. Droit com. 1973, 69 Nr. 25 Anm. *Jauffret*; *Derruppé*, Rép. com. v° fonds de commerce, Nr. 342.

[515] *Derruppé*, Rép. com. v° fonds de commerce, Nr. 344.

[516] *Sonnenberger*, Das französische Zivilrecht, 2 G 560 f.

[517] Vgl. zu der Problematik etwa *Derruppé*, Rép. com. v° fonds de commerce, Nr. 379 – 420; *Lévi*, Lamy droit commercial 2002, Nr. 576 - 580.

Ganzes oder einen Teil davon betreffen.[518] Sie darf nicht zufällig, sondern muss dem Verkäufer zurechenbar sein.[519]

Unumstritten ist, dass die Eviktion, die den gesamten *fonds de commerce* betrifft, zur Gewährleistung führt.[520] Es handelt sich jedoch um sehr seltene Fälle.[521] Ein solcher Fall kann vorliegen, wenn ein Vorverkäufer des *fonds* den Kaufvertrag, den er mit dem jetzigen Verkäufer des *fonds* abgeschlossen hatte, anficht oder aus diesem Vertrag Wandlung begehrt, er könnte dann gegen den jetzigen Besitzer vorgehen.[522] Ebenso liegt es, wenn ein Gläubiger, der ein im Register eingetragenes Pfandrecht auf den *fonds de commerce* hat, aus diesem vorgeht. Unzweifelhaft ist das, wenn das Bestehen des Pfandrechtes – anders als in Art. L141-1 Abs. 1 Nr. 2 Code de commerce vorgeschrieben – dem Käufer nicht offengelegt wurde. In diesem Fall kann der Käufer auch aus Art. L141-1 Abs. 2 Code de commerce vorgehen und die Nichtigerklärung seines Kaufvertrages verlangen.[523]

Ein weiterer Fall, in dem die Eviktion des gesamten *fonds de commerce* angenommen wurde, begründete sich darauf, dass das Hotel des *fonds* wegen des (für den Käufer überraschenden) Charakters als Absteige behördlich geschlossen wurde.[524] Dieser Fall wird unten[525] näher besprochen, weil Gegenstand des Kaufs nicht der *fonds de commerce* selbst, sondern die Anteile der Gesellschaft waren, die den *fonds* betrieb. Dennoch hat in diesem Fall die Kammer für Handelssachen der Cour de Cassation dem Käufer der Anteile Ansprüche aus Gewährleistung zugesprochen.

---

518 *Derruppé,* Rép. com. v° fonds de commerce, Nr. 421.

519 *Derruppé,* Rép. com. v° fonds de commerce, Nr. 435. Auch für die Partien zufällige Belastungen etwa durch hoheitliche Planung sind dem Verkäufer zurechenbar, wenn sie vor dem Verkauf gegeben waren: *Sonnenberger,* Das französische Zivilrecht, 2 G 573.

520 *Derruppé,* Rép. com. v° fonds de commerce, Nr. 422; *Ripert/Roblot/Vogel,* Droit commercial I/1, Nr. 538; *Lévi,* Lamy droit commercial, Nr. 575.

521 *Derruppé,* Rép. com. v° fonds de commerce, Nr. 422; *Ripert/Roblot/Vogel,* Droit commercial I/1, Nr. 538; *Lévi,* Lamy droit commercial, Nr. 575.

522 *Derruppé,* Rép. com. v° fonds de commerce, Nr. 422; *Ripert/Roblot/Vogel,* Droit commercial I/1, Nr. 538; *Lévi,* Lamy droit commercial, Nr. 575.

523 *Derruppé,* Rép. com. v° fonds de commerce, Nr. 423; die Fälle, in denen Gerichte bei solcher Lage der allgemeinen Eviktionshaftung Ansprüche gewährt haben, stammen soweit ersichtlich aus der Zeit vor Inkrafttreten des Gesetzes vom 29.6.1935: Cass. civ., 31.3.1931, DH 1931, 299; Trib. civ. Le Havre, 8.1.1932, Rec. Le Havre; Trib. civ. Saint-Quentin, 17.7.1935, Rev. fonds de commerce 1936, 224 (alle zit. n. *Derruppé,* Rép. com. v° fonds de commerce, Nr. 423). Dies zeigt, dass die Praxis den klar formulierten Anspruch aus Art. 12 Abs. 2 des Gesetzes vom 29.6.1935 bevorzugt. (Siehe dazu oben 2.1.4.2.)

524 Cass. com., 12.12.1972, Bull. civ. IV, Nr. 332 = Rev. soc. 1973, 306 m. krit. Anm. *Oppetit.* Dazu auch *Derruppé,* Rép. com. v° fonds de commerce, Nr. 428.

525 Unten Teil C, 3.4.2.

Schwieriger verhält es sich, wenn die Eviktion nur einzelne Gegenstände des *fonds de commerce* betrifft, etwa nur das *bail commercial*[526] oder nur einzelne Gegenstände der Betriebsausstattung. Beispielsweise kann ein Betriebsfahrzeug mit einem (in Frankreich möglichen) Registerpfandrecht belastet sein. Parallel zu der Diskussion um die Annahme eines Sachmangels des ganzen *fonds* werden auch hier zwei Meinungen vertreten. Die erste Meinung geht davon aus, dass auch die Eviktion einzelner Teile eines *fonds de commerce* zur Anwendung der Eviktionshaftung führt.[527] Die Gegenmeinung nimmt nur dann eine Haftung an, wenn ein solches Element dem Käufer entzogen wird, das für das Bestehen des *fonds de commerce* wesentlich ist. Je nach Lage des Einzelfalls kann dies der Geschäftsraummietvertrag, ein zentrales Patent oder der Handelsname des *fonds* sein. Gefordert wird, dass der *fonds* als solcher infolge der Eviktion untergeht.[528] Dies ist dann anzunehmen, wenn die Fähigkeit verloren geht, die *clientèle* zu halten.

2.1.6) Haftung für Verschulden – faute précontractuelle

Anders als in Deutschland konnte die Lehre *Jherings* von der culpa in contrahendo als vertragliche Haftung im vorvertraglichen Bereich im französischen Recht nicht Fuß fassen, obwohl sie auch in Frankreich durchaus zur Kenntnis genommen wurde.[529] Im französischen Recht besteht für die Annahme einer vertraglichen Haftung für Verschulden bei Vertragsverhandlungen kein rechtspolitisches Bedürfnis, weil die deliktische Haftung nach dem Code civil nicht solche Lücken hat wie die Haftung für unerlaubte Handlungen nach den §§ 823 bis 854 des BGB. Vor allem in drei Punkten, in denen im deutschen Deliktsrecht als unbillig empfundene Haftungslücken bei Verschulden im vorvertraglichen Bereich entstehen, gibt es dasselbe Problem in Frankreich nicht.

Erstens beruht das französische Deliktsrecht auf einer Generalklausel (Art. 1382 C.civ.), die anders als das deutsche Deliktsrecht auch bei fahrlässiger Verursachung primärer Vermögensschäden Ersatz gewährt. Zweitens gibt es im französischen Deliktsrecht keine § 831 Abs. 1 Satz 2 BGB vergleichbare Exkulpationsmöglichkeit für den Geschäftsherrn, wenn der Schaden durch das Verschulden seiner Verrichtungsgehilfen verursacht wurde. Nach Art. 1384

---

526 *Derruppé*, Rép. com. v° fonds de commerce. Nr. 431.

527 *Derruppé*, Rép. com. v° fonds de commerce, Nr. 431 – 434; *Cohen*, Traité théorique et pratique des fonds de commerce, Nr. 537 (zit. n. *Derruppé*, Rép. com. v° fonds de commerce, Nr. 434).

528 *Ripert/Roblot/Vogel*, Droit commercial I/1, Nr. 538.

529 *Salleilles*, De la responsabilité précontractuelle, Rev. trim. Droit civ. 1907, 697, 699; *Mazeaud/Tunc*, Responsabilité civile, Nr. 116 - 121; *Schmidt*, L'évolution de la faute précontractuelle, S. 143; *dies.*, Rev. trim. Droit civ. 1974, S. 46, Nr. 32; *Sonnenberger*, Das französische Zivilrecht, 1 F 267; *Chaussade-Klein*, Vorvertragliche „obligation de renseignements", S. 1.

Abs. 5 C.civ. muss der Geschäftsherr für das Verschulden seiner Leute unabhängig von sorgfältiger Auswahl und Überwachung aufkommen.[530] Schließlich beträgt die Verjährung für die Haftung bei unerlaubten Handlungen nach Art. 2270-1 Abs. 1 C.civ. zehn Jahre[531] und nicht bloß drei Jahre ab Kenntnis wie gemäß § 853 BGB.[532]

Ein Fehlverhalten einer Partei, das im Bereich der Vertragsanbahnung auftritt, wird im französischen Recht als rein deliktisch betrachtet.[533] Dies gilt gleichermaßen, wenn es sich um die Verursachung von Sach- oder Körperschäden im Rahmen der Vertragsanbahnung handelt wie in den Fällen, die in Deutschland zur Anerkennung der c.i.c. in der Rechtsprechung geführt haben,[534] wie bei treuwidrigem Abbruch von Vertragsverhandlungen, der in Frankreich als *„rupture fautive des pourparlers"* bezeichnet wird.[535] Auch in den hier beim Verkauf eines Unternehmens und darauf folgender Enttäuschung des Käufers relevanten Fällen, in denen ein Vertrag zustande kam, ein Vertragspartner den anderen jedoch im Vorfeld schuldhaft falsch informierte, ist die deliktische Haftung einschlägig.[536] Es gibt jedoch nur relativ wenige Fälle, in denen sich die Rechsprechung überhaupt mit dem Phänomen der vorvertraglichen Haftung, der *responsabilité précontractuelle*, beschäftigt hat.[537]

Die Frage, ob vertragliche und deliktische Haftung frei konkurrieren, ist im französischen Recht problematisch. Sie wird als *„problème du non-cumul"* diskutiert. Nach Auffassung der herrschenden Meinung[538] ist die Geltendmachung des deliktischen Anspruchs ausgeschlossen, wenn die Voraussetzungen für die vertragliche Haftung gegeben sind. Das Problem stellt sich aber im Be-

---

530 *Sonnenberger*, Das französische Zivilrecht, 2 O 23.

531 Bis zu einer Gesetzesänderung (Gesetz Nr. 85-677 vom 5.7.1985) betrug die Verjährungsfrist 30 Jahre. Näher zum Streit um die Verjährung unten Teil C, 2.1.6 a.E.

532 Die dreijährige Verjährung war in dem Fall BGHZ 66, 51 verstrichen. Ob sie allerdings wirklich eine unbillige Härte darstellt, ist jedoch mit Recht bezweifelt worden (*Medicus*, Schuldrecht AT, Rn. 104).

533 Cour d'Appel de Paris, 13.2.1883, Gaz. Pal. 1882-1883, II, 414; Cass. com., 11.1.1984, Bull. civ. IV, Nr. 16; Cass. com., 20.3.1972, Bull. civ. IV, Nr. 93 = Rev. trim. Droit civ. 1972, 779 Nr. 1 Anm. *Durry* = JCP 1973, II, 17543 m. Anm. *Schmidt*; *Mousseron*, Conventions de garantie, Nr. 111; *Massart*, Cession de contrôle, Nr. 215; *Jourdain*, J.-cl. civ. v° responsabilité civile, Nr. 36; *Cozian/Viandier/Deboissy*, Droit des sociétés, Nr. 902; *Schmidt*, L'évolution de la faute pré-contractuelle, S. 144; *Sonnenberger*, Das französische Zivilrecht, 1 F 267.

534 RGZ 78, 239 („Linoleumrollenfall").

535 Hierzu *Schmidt*, L'évolution de la faute pré-contractuelle, S. 148-150; *Sonnenberger*, Das französische Zivilrecht, 1 F 276. Um eine *rupture fautive des pourparlers* ging es bei Cass. com., 20.3.1972, zit. (oben Fn. 533).

536 *Sonnenberger*, Das französische Zivilrecht, 1 F 280 – 283; *Chaussade-Klein*, Vorvertragliche „obligation de renseignements", S. 111 f.

537 *Durry*, Anm. zu Cass. com., 20.3.1972, Rev. trim. Droit civ. 1972, 779 Nr. 1.

538 *Sonnenberger*, Das französische Zivilrecht, 2 O 43 – 51.

reich des vorvertraglichen Verschuldens gar nicht. Denn hier kann eine parallele vertragliche Haftung nicht gegeben sein. Dies gilt selbst dann, wenn ein Vertrag zustande kommt und wirksam bleibt, weil eine Nichtigerklärung des Vertrages wegen eines Willensmangels nicht erfolgt.[539]

Voraussetzungen der Haftung

Eine Haftung aus Art. 1382 entsteht, wenn der Anspruchsgegner eine *faute* begangen hat, dem Anspruchsteller ein Schaden entstanden ist sowie der Schaden die kausale Folge der *faute* ist.

Eine *faute* liegt dann vor, wenn der Schädiger schuldhaft eine Pflichtverletzung begangen hat. Sie ist gegeben, wenn die für die Annahme eines *dol* erforderlichen *manœuvres positives* oder bei Schweigen eine *réticence dolosive* vorliegt.[540] Es genügt jedoch auch einfache Fahrlässigkeit.[541]

Eine *faute* kann etwa darin liegen, dass der Verkäufer eine Marktstudie vorlegt, aufgrund derer das Geschäft zustande kommt, diese jedoch schuldhaft falsch ist.[542]

Im Fall des Verschweigens einer Information wird eine *faute* dann angenommen, wenn der Schweigende gegen eine richterrechtlich etablierte vorvertragliche Informationspflicht („*obligation de renseignement*") verstößt. Diese besteht ganz allgemein dann, wenn jemand anders als der zukünftige Vertragspartner vor Vertragsschluss Kenntnis von einer Tatsache hat oder sie kennen müsste und die Kenntnis geeignet wäre, die Entscheidung zum Vertragsschluss zu beeinflussen.[543] Unterlässt der wissende Teil vorsätzlich oder fahrlässig, die andere Seite zu informieren, so liegt darin eine *faute*.[544] Eine *faute* wurde etwa in einem Fall angenommen, in dem der Verkäufer eines *fonds de commerce* dem Käufer verschwiegen hatte, dass bereits Gründe für den Entzug der Schanklizenz des *fonds* vorlagen.[545]

Dabei ist jedoch zu berücksichtigen, dass die anzunehmende Erfahrung des Vertragspartners bei der Frage eine Rolle spielt, ob eine Informationspflicht angenommen wird. Im Bereich von Verhandlungen zwischen erfahrenen Geschäftsleuten ist der Standard geringer. Es gibt keinen Grund, für den

---

539 *Jourdain*, J.-cl. civ. v° responsabilité civile, Nr. 37.

540 *Mousseron*, Conventions de garantie, Nr. 111; *Ghestin*, Droit civil, La formation du contrat, Nr. 575.

541 *Ghestin*, Droit civil, La formation du contrat, Nr. 575 a.E.

542 Cass. com., 4.12.1990, JCP 1991, II, 21725 m. Anm. *Virassamy*.

543 *Jourdain*, J.-cl. civ. v° responsabilité civile, Nr. 39; *Ghestin*, Droit civil, La formation du contrat, Nr. 575; *Sonnenberger*, Das französische Zivilrecht, 1 F 281.

544 Dies hat auch die Rechtsprechung bestätigt: Cass. civ. 3ème, 24.5.1972, Bull. civ. III, Nr. 324; Cass. com., 11.1.1984, Bull. civ. IV, Nr. 16; Cass. com., 25.2.1986, Bull. civ. IV, Nr. 33; Cass. civ. 2ème, 19.10.1994, D. 1995, 499 m. Anm. *Gavard-Gilles*.

545 Cour d'Appel de Douai, 2.3.1973, JCP 1973, IV, 291.

Verbraucherschutz entwickelte Regelungen – im Verhältnis von Geschäftsleuten und Verbrauchern haben die Gerichte bereitwilliger Aufklärungspflichten angenommen[546] – auf den Geschäftsverkehr auszudehnen, in dem schon traditionell der Sicherheit des Rechtsverkehrs ein besonders hoher Stellenwert eingeräumt wird.[547] *Mousseron* schlägt vor, das französische Recht möge sich an der *„duty to disclose"* aus dem Common Law orientieren, das das Verschweigen einer Information nur dann als haftungsauslösend ansehe, wenn die Information zufällig erlangt wurde, nicht aber, wenn sie das Ergebnis gezielter Untersuchungen des Schweigenden (das ist in der Regel der Verkäufer des Unternehmens) ist. Grund hierfür sei die rechtspolitische Erwägung, dass der Käufer zu eigenen Untersuchungen angehalten werden solle.[548] Auch zwischen erfahrenen Geschäftsleuten besteht jedoch eine Aufklärungspflicht mindestens dann, wenn ein Verstoß gegen Buchführungspflichten erkannt wurde.[549] So hat die Kammer für Handelssachen der Cour de Cassation eine *faute* angenommen, wenn der Verkäufer (es handelte sich um den Verkäufer von Gesellschaftsanteilen) wusste, dass die der Verhandlung zugrunde liegende Bilanz fehlerhaft war. Dem Käufer war hingegen in dem Fall kein Vorwurf daraus zu machen, dass er der vom *commissaire aux comptes* zertifizierten Bilanz Glauben schenkte, ohne eine weitere Prüfung vorzunehmen.[550]

Der Schaden des Opfers, der dargelegt werden muss,[551] kann beim Kauf eines *fonds de commerce* etwa darin liegen, dass gewisse Aktiva fehlen oder sonst der Wert des *fonds* niedriger ist als vereinbart.

Die Kausalität zwischen der *faute* und dem Schaden kann dann fraglich sein, wenn der Käufer das Unternehmen auch bei Kenntnis der verschwiegenen oder der falsch angegebenen Tatsache für den selben Preis gekauft hätte. Dies liegt etwa nahe, wenn es dem Käufer nur auf einen bestimmten Gegenstand ankam – zum Beispiel die Handelsmarke oder ein Patent – und ihm der Wert der übrigen Bestandteile ohne Bedeutung war.

Verhältnis zu anderen Ansprüchen

Der deliktische Anspruch auf Schadensersatz ist, sofern seine Voraussetzungen, also insbesondere eine *faute*, gegeben sind, in allen Fallkonstellationen neben oder statt anderen Ansprüchen des enttäuschten Käufers eines Unter-

---

546 *Schmidt*, Rev. trim. Droit civ. 1974, S. 46, Nr. 45.

547 *Champaud/Danet*, Anm. zu Cass. com., 13.1.1998, Rev. trim. Droit com. 1998, 347 (348).

548 *Mousseron*, Conventions de garantie, Nr. 115.

549 *Mousseron*, Conventions de garantie, Nr. 113.

550 Cass. com., 21.1.1997, Bull. Joly 1997, 417 m. Anm. *Hallouin* (zit. n. Dict. perm. Dt. aff., v° cession et transmission de droits sociaux (2001), Nr. 139).

551 Cour d'Appel de Paris, 16.4.1992, zit. (oben Fn. 456).

nehmens anwendbar.[552] Dies hat die höchstrichterliche französische Rechtsprechung in einer Reihe von Entscheidungen herausgestellt:

Ein deliktischer Schadensersatzanspruch besteht, wenn Willensmängel geltend gemacht werden, neben diesen. Für den *dol* ist unbestritten, dass neben der *annulation* auch Schadensersatz zugesprochen werden kann. Obwohl viele Entscheidungen als Rechtsgrundlage dafür Art. 1116 C.civ. zitieren, also die Grundlage für die Nichtigkeit, handelt es sich in Wirklichkeit um einen deliktischen Schadensersatzanspruch, der auf Art.1382 C.civ. beruht. Dies hat die Cour de Cassation in einem Urteil vom 4.2.1975 bestätigt.[553] Auch neben einer Nichtigerklärung wegen Irrtums kann Schadensersatz verlangt werden.[554] Beruht der Irrtum des Käufers eines Unternehmens mindestens auf Fahrlässigkeit des Verkäufers, so kann also neben der Rückabwicklung des Geschäfts infolge der Nichtigerklärung über die Haftung aus *faute* der Ersatz eines eventuellen weitergehenden Schadens verlangt werden.

Auch in Fällen, in denen es nicht zu einer Nichtigerklärung des Unternehmenskaufs kommt, kann Schadensersatz verlangt werden, wenn infolge der *faute* des Verkäufers ein Irrtum bestand. Dies gilt einerseits, wenn die Voraussetzungen der Nichtigerklärung vorliegen, der Kläger aber bewusst darauf verzichtet, weil er das Unternehmen behalten will.[555] Der Kläger hat also wie bei der Geltendmachung eines Sachmangels, der entweder Wandlung oder Minderung erlaubt, die Wahl, ob er das Unternehmen behalten und den Schaden ersetzt haben oder vom Kauf völlig Abstand nehmen will, indem er die Nichtigkeit und zusätzlich den Ersatz eines etwa verbleibenden Schadens verlangt.[556] Dieselbe Möglichkeit hat der Irrende aber auch, wenn sein Irrtum unbeachtlich ist und die Voraussetzungen der Nichtigkeit nicht gegeben sind,[557] oder wenn die fünfjährige Verjährung der Nichtigkeitsklage bereits abgelaufen ist.[558] Damit ist die deliktische Haftung aus Verschulden die gegebene Lösungsmöglichkeit, wenn mit der Mindermeinung angenommen wird, dass der *dol incident*,[559] also die Täuschung, deren Kenntnis den Käufer nicht vom Vertrag abgehalten hätte, sondern ihn nur dazu gebracht hätte, zu anderen Konditionen zu kaufen, nicht zur Nichtigerklärung nach Art. 1116 C.civ.

---

552 *Ghestin*, Droit civil, La formation du contrat, Nr. 575; er bezeichnet die Lösung als logisch und allgemein anerkannt.

553 Cass. civ. 1ère, 4.2.1975, Bull. civ. I, Nr. 43 = JCP 1975, II, 18100 m. Anm. *Larroumet* = D. 1975, 405 m. Anm. *Gaury* = Rev. trim. Droit civ. 1975, 537 Anm. *Durry*.

554 Cass. civ. 3ème, 29.11.1968, Gaz. Pal. 1969, 1, 63.

555 Cass. com., 14.3.1972, zit. (oben Fn. 468); Cass. civ. 1ère, 4.10.1988, Bull. civ. I, Nr. 265; *Jourdain*, J.-cl. civ. v° responsabilité civile, Nr. 37.

556 *Mousseron*, Conventions de garantie, Nr. 111; *Bertrel/Jeantin*, Acquisitions et fusions, Nr. 100; *Cozian/Viandier/Deboissy*, Droit des sociétés, Nr. 902.

557 Cass. com., 2.5.1984, zit. (oben Fn. 435).

558 Cass. civ. 1ère, 4.2.1975, zit. (oben Fn. 553).

559 Hierzu ausführlich oben Teil C, 2.1.4.4 (bei Fn. 426).

berechtigt.[560] Dasselbe gilt allgemein für Fälle, in denen der Irregeleitete nicht nachweisen kann, dass die Täuschung kausal für den Vertragsschluss war, und deshalb die Nichtigkeit nicht verlangt werden kann.[561]

Die Haftung für Verschulden im vorvertraglichen Bereich kann eine Lücke im Schutz des Käufers schließen: die fahrlässige Erregung eines Irrtums, der kein nach dem Recht der Willensmängel relevanter Irrtum, insbesondere keine *erreur sur les qualités substantielles* ist. Dann ist die Nichtigerklärungsklage ausgeschlossen. Wenn der Irrtum auch nicht darauf beruht, dass das gekaufte Unternehmen einen für die Gewährleistung genügenden Mangel hat, so ist die Haftung für Verschulden die einzige möglicherweise eröffnete Anspruchsgrundlage des enttäuschten Käufers.[562] Dies gilt auch in jenen Fällen, in denen eine vorsätzliche Täuschung durch den Verkäufer zwar nahezuliegen scheint, der Beweis des Vorsatzes jedoch nicht gelingt, sondern nur der der Fahrlässigkeit.

Anders als die Ansprüche wegen eines Willensmangels oder wegen Sachmängel kann der Schadensersatzanspruch auch gegen Dritte geltend gemacht werden, etwa gegen solche Dritte, deren Täuschung ursächlich war für den Vertragsschluss, aber nicht zur Anfechtung wegen *dol* berechtigt, weil sie, wie oben gezeigt,[563] nicht vom Vertragspartner ausging und ihm auch nicht wegen Mittäterschaft zurechenbar ist.[564]

Umfang des Schadensersatzes

Der Ausgangspunkt für den Umfang des Schadensersatzes ist, dass der gesamte Schaden zu ersetzen ist: geschuldet ist die *„réparation intégrale"*. Bei der Haftung für vorvertragliches Verschulden gibt es zwei bedeutende Unterschiede gegenüber dem deutschen Schadensersatzrecht.

Einerseits geht der Anspruch auf den vollen Erfüllungsschaden, also das positive Interesse. Eine Begrenzung auf das negative Interesse wie im deutschen Recht gibt es nicht. Dies wird bewusst als Unterschied zu der von *Jhering* begründeten Lehre von der culpa in contrahendo verstanden.[565]

Andererseits geht die Rechtsfolge erheblich weniger weit als das deutsche Recht. Anders als die ständige Rechtsprechung des BGH es praktiziert,[566] erlaubt die Berufung auf die *responsabilité précontractuelle* im französischen Recht

[560] *Le Cannu*, Anm. zu Cour d'Appel de Bordeaux, 11.7.1986, Rev. soc. 1986, 593 (597).

[561] *Mousseron*, Conventions de garantie, Nr. 111. Jedoch ist zu beachten, dass Voraussetzung der Haftung ein zum Verschulden kausaler Schaden ist.

[562] *Chaussade-Klein*, Vorvertragliche „obligation de renseignements", S. 49.

[563] Oben Teil C, 2.1.4.4 (bei Fn. 417).

[564] *Mousseron*, Conventions de garantie, Nr. 114.

[565] *Ghestin*, Droit civil, La formation du contrat, 2. Auflage, Nr. 943.

[566] Grundlegend BGH, 31.1.1962, NJW 1962, 1196.

keine vollständige Loslösung vom Vertrag in der Form des Schadensersatzes.[567] Der Schadensersatz ist also der *annulation* nicht funktionsgleich. Der Schadensersatz kann also nicht der Wandlung entsprechen. Er ist jedoch vielfach der Minderung im Ergebnis gleich.[568]

Mitverschulden des Irregeleiteten

Ein Mitverschulden des fahrlässig oder vorsätzlich Getäuschten wird bei den verschiedenen Ansprüchen unterschiedlich behandelt. Im Fall des unentschuldbaren Irrtums entfällt die Anfechtungsmöglichkeit. Bei der vorsätzlichen Täuschung ist, wie oben gezeigt wurde, der Irrende dennoch nach der überwiegend vertretenen Meinung zur Nichtigerklärungsklage berechtigt. Beim Sachmangel ist ein Mitverschulden insoweit beachtlich, als der Mangel dann nicht mehr versteckt ist, wenn der Käufer ihn hätte erkennen müssen; damit entfällt die Möglichkeit, sich auf den Mangel zu berufen.

Auch bei der Haftung für eine *faute* des Unternehmensverkäufers kommt es darauf an, dass der Käufer nicht selbst mit schuld war. Das Schadensersatzrecht ermöglicht jedoch, im Einzelfall je nach Schwere des Verschuldens gerechte Lösungen zu finden. Der *„obligation de renseignement"*, die den Verkäufer zur Mitteilsamkeit zwingt, steht eine Obliegenheit des Käufers gegenüber, sich selbst zu informieren. So kann es je nach Lage des Falles etwa zur hälftigen Teilung des Schadens kommen. So war es in einem Fall, den die Cour d'Appel von Paris am 2.3.1995 entschied.[569] Hier stand der Kenntnis der Verkäuferinnen einer Gesellschaft von den Fehlern des Unternehmens, das die Zielgesellschaft betrieb, die unvorsichtige Vorgehensweise der Käuferin gegenüber, obwohl diese Spezialisten beschäftigte. Nach einer Abwägung der Verursachungsbeiträge teilte das Berufungsgericht den Schaden zwischen Käuferin und Verkäuferinnen. Der Unterschied zur Rechtslage hinsichtlich der Willensmängel zeigte sich hier darin, dass das Gericht in demselben Fall die Nichtigerklärung wegen Unentschuldbarkeit ablehnte, da es der Käuferin oblegen hätte, sich genauer zu informieren.

Ähnlich gelagert war schon ein Fall, der dem Urteil der Cour d'Appel von Versailles vom 17.6.1987 zugrunde lag.[570] Eine unternehmenstragende Gesellschaft war verkauft worden. Viele Rechnungen waren in der Bilanz, die dem

---

567 *Ghestin*, Droit civil, La formation du contrat, Nr. 575 (dort bei Fn. 225); *Mousseron*, JCP éd. E 1994, I, 362, Nr. 12.

568 Cass. com., 27.5.1997, JCP éd. E 1997, 710 Nr. 5 Anm. *Viandier/Caussain.*

569 Cour d'Appel de Paris, 2.3.1995, JCP éd. E 1995, II, 475 Nr. 3 und 4 Anm. *Viandier/Caussain.*

570 Cour d'Appel de Versailles, 13. Kammer, 17.6.1987, JCP éd. E 1988, II, 15109 m. Anm. *Roca* = JCP éd. E 1988, II, 15168 Nr. 5 Anm. *Viandier/Caussain* = Rev. trim. Droit civ. 1988, 336 Anm. *Mestre.* (Das Urteil ist nicht identisch mit dem später zitierten Urteil der 12. Kammer der Cour von Versailles vom selben Tag.)

Geschäft zugrunde lag, nicht enthalten, und zwar nach Auffassung des Gerichtes „offensichtlich absichtlich". Das Verhalten des Käufers war jedoch äußerst leichtsinnig, er hatte eine noch nicht ein Jahr alte Gesellschaft gekauft ohne eine Betriebsrechnung oder einen Bericht des *commissaire aux comptes*. Dennoch wurde der Vertrag wegen Täuschung aufgehoben, da auch die erhebliche Fahrlässigkeit des Käufers die wegen des Vorsatzes des täuschenden Verkäufers gebotene Nichtigerklärung nicht verbat. Jedoch sprach das Gericht dem Getäuschten einen (deliktischen) Schadensersatzanspruch wegen der Täuschung nicht zu, da dieser den Schaden selbst verschuldet habe. Wie später die Cour d'Appel von Paris[571] hinderte der Vorsatz des Schädigers auch das Gericht von Versailles nicht daran, die Fahrlässigkeit des Opfers zu berücksichtigen.

Verjährung

Die Verjährung des deliktischen Schadensersatzanspruchs beträgt nach Art. 2270-1 Abs. 1 C.civ. zehn Jahre. Sie beginnt mit der Erkennbarkeit des Schadens zu laufen (das Gesetz spricht von *„manifestation du dommage"*). Bis zu einer Gesetzesänderung von 1985[572] lief die Verjährung 30 Jahre lang.

Die Rechtsprechung hat entschieden, dass die zehnjährige Verjährung auch dann gilt, wenn die *faute* gleichzeitig einen Willensmangel hervorgerufen hat.[573] Die Möglichkeit, den Vertrag wegen des Willensmangels durch Klage anzufechten, läuft nur fünf Jahre ab Kenntnis des Irrtums (Art. 1304 Abs. 1 C.civ.). Nach Ablauf dieser Frist kann der Irrende also, wenn die andere Seite ein Verschulden trifft, noch weiter wegen Schadensersatzes aus vorvertraglichem Verschulden vorgehen. Die Mehrheit der Autoren hat sich der Ansicht des höchsten Gerichts angeschlossen.[574]

Huet hat jedoch die Gegenmeinung vertreten. Er begründet dies damit, dass die Anfechtungsmöglichkeit der allgemeinen Schadensersatzpflicht gegenüber nach dem Willen des Gesetzgebers, der als rechtspolitisches Ziel die zeitliche Begrenzung der Möglichkeit verfolgte, sich auf eine Fehlvorstellung beim Vertragsschluss zu berufen, das speziellere Gesetz sei.[575] Diese Ansicht ist jedoch vereinzelt geblieben.

---

571 Cour d'Appel de Paris, 2.3.1995, zit. (oben Fn. 569).

572 Gesetz Nr. 85-677 vom 5.7.1985.

573 Cass. civ. 1ère, 4.2.1975, zit. (oben Fn. 553).

574 *Bertrel/Jeantin*, Acquisitions et fusions, Fn. 142 bei Nr. 100; *Mousseron*, Conventions de garantie, Nr. 114; *Mestre-Velardocchio*, Nr. 868; *Larroumet*, Anm. zu Cass. civ. 1ère, 4.2.1975, JCP 1975, II, 18100.

575 *Huet*, Responsabilité délictuelle et responsabilité contractuelle, Diss. Paris 1978, wiedergegeben nach *Chaussade-Klein, Vorvertragliche „obligation de renseignements"*, S. 90.

2.2) *Erwerb der übrigen Aktiva eines Unternehmens*

Der *fonds de commerce* umfasst, wie oben (2.1.1.2) dargelegt, die wesentlichen Gegenstände, die den Unternehmenskauf zu einer Besonderheit machen. Da diejenigen Gegenstände aus dem Unternehmensvermögen Teil des *fonds de commerce* sind, die für die Bindung der Kundschaft besondere Bedeutung haben, wird mit dem *fonds* der good will übertragen, dessen Bewertung zentral dafür verantwortlich ist, dass der Preis des Unternehmens als Ganzes den Preis deutlich übersteigt, der bei einzelner Verwertung aller Gegenstände erzielt werden könnte. Dementsprechend rechtlich weniger problematisch stellt sich der Kauf der übrigen, nicht vom *fonds de commerce* erfassten Gegenstände dar.

Gegenstände, die nicht als Teil des *fonds de commerce* auf den Käufer des Unternehmens übergehen, können vom Käufer miterworben werden. Dies hängt ganz von der Vereinbarung der Parteien im Einzelfall ab. Ist der Käufer nach dem Kauf enttäuscht und möchte davon wieder Abstand nehmen oder den zu zahlenden Preis reduzieren, so kann er auf die rechtlichen Möglichkeiten des allgemeinen Rechts zurückgreifen. Insbesondere kommen – wie auch beim Kauf des *fonds de commerce*, die Berufung auf Willensmängel, auf Sach- oder Rechtsmängel der Kaufsache oder auf vorvertragliches Verschulden in Betracht.

Fehler einzelner, neben dem *fonds* gekaufter Gegenstände führen nicht ohne weiteres dazu, dass der gesamte Unternehmenskauf beeinträchtigt wird. Anders verhält es sich, wenn die Theorie der *„indivisibilité"* zur Anwendung kommt.[576] Dies ist im Prozess eine Tatfrage. Wenn das Gericht feststellt, dass die gemeinsame Intention der Parteien dahin ging, dass der Kauf eines Teils mit dem des anderen stehen und fallen sollte, so führt die Nichtigerklärung des Kaufvertrags hinsichtlich einer Einzelsache auch zur Nichtigkeit hinsichtlich der anderen Teilkaufverträge, zum Beispiel über den *fonds de commerce.* Dabei wird eher anzunehmen sein, dass der Verkauf übriger Gegenstände vom Schicksal des Kaufs des *fonds de commerce* abhängt als umgekehrt. Bei besonders wichtigen und wertvollen Gegenständen wie bei Immobilien kann aber durchaus nahe liegen, dass ohne sie auch der *fonds de commerce* nicht verkauft werden sollte.

Auf die wichtigsten Vermögensbestandteile eines Unternehmens, die nicht Teil des *fonds de commerce* sind, nämlich Betriebsimmobilien und Forderungen, wird noch einzeln eingegangen.

2.2.1) *Besonderheiten bei der Haftung bei Grundstücken*

Der Kauf von Grundstücken, die zwar nie Teil des *fonds de commerce* sein können, aber dem Unternehmen wirtschaftlich zugeordnet sind, ist häufig.

---

[576] *Paillusseau/Caussain/Lazarski/Peyramaure,* La cession d'entreprise, Nr. 858.

Der Kaufvertrag über ein Grundstück ist rechtlich getrennt zu sehen vom Kauf des *fonds*. Dies gilt selbst dann, wenn ein Globalpreis für beide Teile vereinbart ist und *fonds* und Grundstücke in derselben Urkunde verkauft werden.[577] Fehler, die nur dem Kauf des *fonds* oder nur dem des Grundstückes anhaften, schlagen deshalb auch hier nicht automatisch auf den anderen Teil des Geschäftes durch.

Der Kauf eines Grundstückes unterliegt im Gegensatz zu dem des *fonds* dem Recht der Läsion.[578] Nach Art. 1674 C.civ. kann der Verkäufer des Grundstücks sich auf die Läsion berufen, wenn der Verkaufspreis um mindestens sieben Zwölftel unter dem (im Prozess durch drei Gutachter gemeinsam festzustellenden, Art. 1678 C.civ.) Verkehrswert lag. Der Käufer hat dann die Wahl, entweder das Grundstück gegen Erstattung des bezahlten Preises zurückzugeben oder die Differenz zwischen dem vereinbarten Preis und 90% des gerichtlich festgestellten Verkehrswerts nachzuzahlen, Art. 1681 C.civ. Eine Berufung des Käufers auf die Läsion mit der Behauptung, das Grundstück zu teuer gekauft zu haben, ist nicht möglich (Art. 1683 C.civ.).

Gibt der Käufer eines *fonds de commerce* und des dazu gehörigen Grundstücks dieses wegen einer erfolgreichen Berufung auf eine Läsion heraus, so hat dies zunächst nichts für die Wirksamkeit des Kaufvertrages über den *fonds de commerce* zu bedeuten. Meist wird jedoch bei gleichzeitigem Verkauf von Grundstück und *fonds*, insbesondere, wenn dies in derselben Urkunde und sogar unter Vereinbarung eines Globalpreises erfolgt, Art. 1636 C.civ. zur Anwendung kommen. Die Läsion stellt eine Eviktion des Käufers dar. Wenn der Käufer den *fonds* ohne das Grundstück nicht gekauft hätte, dann besteht nach Art. 1636 C.civ. ein Rücktrittsrecht für den Käufer.[579]

Außerdem kann die schon oben erwähnte Theorie der *indivisibilité* angewendet werden. Entscheidendes Kriterium ist die *„commune intention des parties"*.[580]

Es ist also zumindest nicht ausgeschlossen, dass ein Verkauf aufrecht erhalten wird.[581] In diesem Fall steht der Käufer des Unternehmens, der das dazu gehörige Grundstück im Ergebnis nicht wirksam erworben hat, vor einem besonderen Problem. Denn wenn auch das *bail commercial* für den *fonds de commerce* eine so bedeutende Rolle spielt, dass es in Ausnahme zum Ausschluss von Verträgen Bestandteil des *fonds* ist, der Käufer des *fonds* vom Eigentümer des Grundstücks, auf dem das Unternehmen bislang betrieben wurde, hat keinen Anspruch auf den Abschluss eines Geschäftsraummietver-

---

577 *Paillusseau/Caussain/Lazarski/Peyramaure,* La cession d'entreprise, Nr. 853.

578 Dazu oben Teil C, 2.1.4.1.

579 *Paillusseau/Caussain/Lazarski/Peyramaure,* La cession d'entreprise, Nr. 855f.

580 *Paillusseau/Caussain/Lazarski/Peyramaure,* La cession d'entreprise, Nr. 858.

581 *Paillusseau/Caussain/Lazarski/Peyramaure,* La cession d'entreprise, Nr. 858.

trages, der auch nicht durch die Trennung von Grundeigentum und Eigentum am *fonds de commerce* entsteht.[582]

2.2.2) Besonderheiten bei der Haftung bei Forderungen

Beim Verkauf einer Forderung besteht hinsichtlich der Haftung des Verkäufers die Besonderheit, dass der Verkäufer nicht für die Solvenz des Schuldners einzustehen hat, Art. 1693 C.civ.

3) Indirekter Unternehmenserwerb durch Kauf einer Beteiligung an der unternehmenstragenden Gesellschaft

Unternehmen werden sehr häufig nicht unmittelbar durch natürliche Personen als Unternehmer, sondern durch Kapitalgesellschaften betrieben, die in Frankreich normalerweise als *„société à responsabilité limitée"* (S.A.R.L.) oder als *„société par actions"* (S.A.)/*„société par actions simplifiée"*(S.A.S.) konstituiert sind. Die S.A.R.L. ähnelt der deutschen GmbH, nach deren Vorbild sie (erst 1925) in Frankreich eingeführt wurde; sie ist die mit Abstand am häufigsten in Frankreich anzutreffende Gesellschaftsform.[583] Seit 1985 kann sie als *„entreprise unipersonnelle à responsabilité limitée"* (E.U.R.L.) auch von Anfang an[584] als Einpersonengesellschaft gegründet werden.[585] Bei den S.A./S.A.S. handelt es sich um die französischen Aktiengesellschaften.

Ebenso wie in Deutschland kann das wirtschaftliche Ziel des Gesellschafters oder der Gesellschafter, das Unternehmen zu verkaufen, auf zwei Wegen erreicht werden. Der Übernehmer kann entweder von der Gesellschaft deren *fonds de commerce* und eventuell weitere Aktiva – dabei handelt es sich, wie

---

[582] Um den Käufer vor diesem Risiko zu schützen, schlagen *Paillusseau, Caussain, Lazarski* und *Peyramaure* (Nr. 861) folgende Vorgehensweise vor: Weil der Eigentümer des Grundstücks wegen Personengleichheit kein *bail commercial* an dem Grundstück begründen kann, also bei normaler Vorgehensweise und gleichzeitigem gewollten Verkauf von Grund und *fonds* auch kein *bail* vereinbart werden kann, soll durch eine vertragliche Trennung ein kurzes Auseinanderfallen des Eigentums am Grundstück und am *fonds* erzielt werden, währenddessen ein *bail* begründet wird. Wenn das Eigentum an dem Grundstück dem Käufer des *fonds* wieder entzogen wird, lebt dieses *bail* wieder auf, das keine Wirkung hatte, während der Käufer auch Eigentümer des Grundstücks war.

[583] Eine Statistik des INSEE ist wiedergegeben bei *Cozian/Viandier/Deboissy*, Nr. 9. Über 80% aller französischen registrierten Gesellschaften waren danach 1999 Kapitalgesellschaften: ca. 67% waren S.A.R.L. und ca. 14% Aktiengesellschaften (S.A./S.A.S.).

[584] Schon Art. 9 des Gesetzes vom 24.07.1966 tolerierte, dass alle Gesellschaftsanteile infolge des Ausscheidens aller anderen Gesellschafter auch nur noch von einem einzigen Gesellschafter gehalten werden können, ohne dass die Gesellschaft deswegen automatisch aufgelöst wäre. Diese Regelung ist 1981 von Art. 1844-5 Abs. 1 C.civ. übernommen und ersetzt worden. Jedoch ist hier eine Regularisierung der Lage grundsätzlich binnen Jahresfrist Voraussetzung.

[585] Art. 34 Abs. 1 des Gesetzes vom 24.07.1966 i.d.F. durch das Gesetz Nr. 85-697 vom 11.07.1985.

oben gezeigt, insbesondere um Grundstücke und Forderungen – und die Passiva erwerben. Inhaberin des *fonds* und der übrigen Gegenstände ist die Gesellschaft, nicht jedoch deren Gesellschafter. Verkäuferin ist daher die Gesellschaft selbst. Alternativ kann der Käufer statt der der Gesellschaft gehörenden Sachen und Rechte alle oder zumindest eine die Kontrolle erlaubende Mehrheit der Gesellschaftsanteile oder Aktien von den Altgesellschaftern kaufen. Die Gesellschaft ist dann nicht Partei bei diesem Vertrag, sondern dessen Objekt. Der Verkauf einer Kontrollmehrheit wird in der französischen Terminologie oft als *cession de contrôle* bezeichnet.

Obwohl beide Wege sich juristisch fundamental unterscheiden, da schon der Verkäufer ein anderer ist, nämlich entweder die Gesellschaft oder aber deren Gesellschafter, werden beide Möglichkeiten in der geschäftlichen Praxis als im wesentlichen wirtschaftlich gleichwertig behandelt. Denn der Käufer einer Mehrheitsbeteiligung kann fast ebenso ungestört das unternehmerische Handeln bestimmen, über die Aktiva des Unternehmens disponieren und als Gesellschafter die erwirtschafteten Gewinne genießen, als hätte er das Unternehmen selbst gekauft. Dies zeigen plastisch auch Anzeigen in spezialisierten Zeitschriften, in denen „Unternehmen in Form einer Gesellschaft" angeboten werden; hierbei ist ersichtlich Nebensache, dass eigentlich Anteile an einer S.A.R.L. oder S.A. abgetreten werden sollen.[586] *Paillusseau, Caussain, Lazarski* und *Peyramaure* bringen sehr treffend auf den Punkt, dass mehr als ein bloßer Anteilskauf vorliegt, indem sie formulieren: *„[l'acquéreur] achète en vérité une entreprise en société"*.[587]

Trotz dieser annähernden wirtschaftlichen Gleichwertigkeit unterscheidet sich das gesetzliche Haftungsregime beim Kauf einer Anteilsmehrheit wesentlich von der oben dargestellten Regelung, wie sie beim Kauf des Unternehmens selbst, besonders des *fonds de commerce*, zur Anwendung kommt.[588] Die Regelungsdichte der beiden Vorgänge ist sehr unterschiedlich. Während gezeigt wurde, dass der Veräußerer eines *fonds de commerce* eine recht weitgehende gesetzliche Pflicht hat, detaillierte Auskünfte über das Unternehmen zu erteilen und auch für deren Richtigkeit gerade stehen muss, fehlt es für den Kauf der unternehmenstragenden Gesellschaft an solchen Vorschriften völlig.

Deshalb wurde in der französischen Rechtswissenschaft gefordert, für den Erwerb einer Kontrollmehrheit besondere rechtliche Regeln richterrechtlich oder notfalls durch Gesetz[589] einzuführen und den Schutz des Erwerbers ähnlich zu gestalten wie beim Kauf eines *fonds de commerce*.[590] Der Gesetzgeber ist jedoch bislang nicht aktiv geworden, und die Rechtsprechung ist einer An-

---

586 *Paillusseau*, RJC, Sonderheft November 1998, S. 43, Nr. 34.

587 *Paillusseau/Caussain/Lazarski/Peyramaure*, La cession d'entreprise, Nr. 1712.

588 *Danet*, Rev. trim. Droit com. 1992, S. 334.

589 Dafür *Roca*, Anm. zu Cass. com. 4.12.1990, Bull. Joly 1991, Nr. 62, S. 194 (197).

590 *Danet*, Rev. trim. Droit com. 1992, S. 334.

näherung der Haftung in den beiden Fällen gegenüber kaum aufgeschlossen. Sie lehnt heute in den für diese Untersuchung relevanten Bereichen die Gleichstellung von Unternehmenskauf und Erwerb einer Gesellschaftsmehrheit ab.

3.1) Einleitung: Keine Einordnung des Anteilskaufs als Unternehmenskauf im französischen Kaufrecht

Die Behandlung des Kaufs eines Unternehmens durch Erwerb einer Mehrheit der Anteile der unternehmenstragenden Gesellschaft ist in Frankreich ebenso wie in Deutschland schwierig. Ausgangspunkt der juristischen Problematik ist in beiden Rechtsordnungen die Spannungslage zwischen der dogmatischen Einordnung des Geschäfts als Kauf der Anteile an einer Gesellschaft (die in der Regel eine juristische Person ist) und der praktischen Bedeutung, die in der Transaktion eine gleichberechtigte Möglichkeit zum Erwerb eines Unternehmens sieht.

Diese beiden Aspekte sind praktisch, aber auch juristisch untrennbar, es liegt eine *„vente d'une entreprise en société"* vor, die gleichzeitig *vente d'entreprise* und *vente d'une (entreprise en) société* ist, wie es Jean Paillusseau prägnant formuliert hat.[591]

Für das deutsche Recht hat die Rechtsprechung des Reichsgerichts und – mit der oben erläuterten Einschränkung, dass vor der Schuldrechtsmodernisierung durch die enge Definition des Eigenschaftsbegriffs die meisten Probleme indirekt aus der kaufrechtlichen Gewährleistung für Mängel wieder herausgenommen wurden – auch des Bundesgerichtshofs seit langem der wirtschaftlichen Betrachtungsweise den Vorzug vor der dogmatischen Einordnung gegeben und betrachtet den Kauf aller oder wenigstens fast aller Anteile der unternehmenstragenden Gesellschaft für die Frage der Gewährleistung als Kauf des Unternehmens selbst.

In Frankreich wird zwar in einigen Feldern, namentlich im Bereich des Arbeitsrechts, die *cession de contrôle* wie ein Unternehmenskauf behandelt (3.1.1). In dem hier im Zentrum stehenden Verhältnis zwischen Verkäufer und Käufer des Unternehmens jedoch wird eine Gleichstellung sehr weitgehend abgelehnt. Nach der vorherrschenden Auffassung würde dies der Anerkennung der juristischen Persönlichkeit der verkauften Gesellschaft widersprechen (3.1.2). Wegen der interessanten Entwicklung der Rechtsprechung, die auch Einfluss hatte auf die Frage, wie für die Stellung des Beteiligungskäufers gegenüber dem Verkäufer zu entscheiden ist, ist es angebracht, hier etwas weiter auszuholen und die Situation in angrenzenden Rechtsgebieten wie dem Steuerrecht knapp zu beleuchten.

---

591 *Paillusseau*, Anm. zu Cass. com., 17.10.1995, D. 1996, 167 Nr. 3 – 15.

3.1.1) *In einigen Feldern wird der Verkauf einer unternehmenstragenden Gesellschaft dem Unternehmenskauf gleichgestellt*

In einigen besonderen Bereichen wird der Kauf einer Mehrheit an der unternehmenstragenden Gesellschaft nach der Rechtsprechung der Cour de Cassation gleich behandelt mit dem Kauf des Unternehmens. Dies gilt in verschiedenen Bereichen des Arbeitsrechts. Für einen weiteren Fall, nämlich für die Anwendung der *loi Hoguet* auf die Vermittlung von Mehrheitsbeteiligungen an die im Wortlaut nicht erwähnten *sociétés anonymes*, hat sich die Rechtsprechung inzwischen korrigiert.

Im Jahre 1978 hat die Strafkammer der Cour de Cassation in der bekannt gewordenen „*affaire Haulotte*"[592] entschieden, dass die Pflicht, einen Verkauf des Unternehmens gemäß Art. L432-1 Code du travail dem *Comité d'entreprise* im Vorhinein anzuzeigen und ihm Gelegenheit zur Stellungnahme zu geben, auch gilt, wenn das Unternehmen als solches nicht verkauft wird, jedoch die Mehrheit an der Gesellschaft, der das Unternehmen gehört, den Besitzer wechselt. Ökonomisch könne ein solcher Anteilsverkauf einem Unternehmensverkauf gleichgestellt werden. Diese Entscheidung war von *Salvage* kritisiert worden[593], sie ist jedoch 1982 durch eine Gesetzesänderung ausdrücklich bestätigt worden, das Gesetz erwähnt jetzt ausdrücklich den Fall des Anteilskaufs.[594]

Ähnlich hat die Kammer für Sozialrecht der Cour de Cassation in mehreren Entscheidungen Journalisten, die nach dem Verkauf der Zeitungsverlagsgesellschaft gekündigt hatten, die in Art. L761-7 Abs. 1 i.V.m. Art. L761-5 Code du travail vorgesehene Entschädigung zugesprochen. Art. L761-7 Code du travail spricht in seinem Wortlaut nur von „*cession du journal ou périodique*" (Art. L761-7 Abs. 1 Nr. 1). In einem ersten Fall entschied diese Kammer am 21.6.1984, dass der Verkauf der Verlagsgesellschaft der Zeitung *Le Progrès* der „*cession du journal*" äquivalent sei.[595] Im einer weiteren Entscheidung stellte sie 1994 klar, dass dies – hier für den Fall der Zeitschrift *L'Express* – auch dann gilt, wenn in einer mehrstufigen Holdingstruktur die drei Stufen über der Zeitung befindliche Holdinggesellschaft verkauft wird.[596]

---

[592] Cass. crim., 2.5.1978, JCP éd. G 1979, II, 19052 m. Anm. *Salvage.*

[593] AaO., zit. nach *Bertrel/Jeantin,* Acquisitions et fusions, Nr. 70.

[594] In Art. L432-1 Abs. 4 Code du travail i.d.F. durch Gesetz Nr. 82-915 vom 28.10.1982 heißt es: „*Le comité est informé et consulté sur les modifications de l'organisation économique ou juridique de l'entreprise, notamment en cas de fusion, de* cession *[...]*" (Hervorhebung durch den Autor).

[595] *Bertrel/Jeantin,* Acquisitions et fusions, Nr. 73 mit Verweis auf Cass. soc., 21.6.1984, Rev. sociétés 1985, 127 m. Anm. *Jeantin.*

[596] Cass. soc., 12.1.1994 (zwei Urteile in den Sachen Sté Groupe L'Express c/ Fallot und Benech c/ SA La Montagne), Dr. sociétés April 1994 S. 10 Anm. *Le Nabasque* = JCP éd. E 1994, II, 580 m. Anm. *Jeantin;* dazu *Paillusseau* in seiner Anm. zu Cass. com., 17.10.1995, D.S. 1996 Jur. 167.

Mittlerweile überholt ist die Rechtsprechung, die für die Anwendung der *loi Hoguet* vom 2.1.1970[597] den Verkauf von einer Mehrheitsbeteiligung an einer S.A. dem Verkauf des *fonds de commerce* gleichstellte. Die *loi Hoguet* unterwirft diejenigen, die den Verkauf und ähnliche Operationen bezüglich der dort in Art. 1 aufgezählten Gegenstände vermitteln, besonderen Pflichten wie etwa dem Erfordernis eines schriftlichen Auftrages.[598] Zu den genannten Geschäften gehören neben der Vermittlung von Grundstücksmiet- und -kaufverträgen (Art. 1 Nr. 1) unter anderem die Vermittlung von Kauf, Verkauf und Pacht von *fonds de commerce* (Art. 1 Nr. 2). Art. 1 Nr. 5 erwähnt auch die Vermittlung des Kaufes oder Verkaufes von nicht handelbaren Anteilen an Gesellschaften – ausdrücklich nicht jedoch von Aktien einer S.A.[599] –, sofern sich in deren Vermögen (wie häufig) Grundstücke oder ein *fonds de commerce* befinden. Die Vermittlung des Kaufs von Aktien einer S.A. ist auch sonst nicht in der Aufzählung enthalten.

Dennoch hat die erste Zivilkammer der Cour der Cassation im Jahr 1987 entschieden, dass der Verkauf fast des gesamten Aktienkapitals einer S.A. unter die *loi Hoguet* falle.[600] Sie wendete dabei Art. 1 Nr. 2 des Gesetzes mit der Begründung an, dass der Verkauf der überwiegenden Mehrheit der S.A. gleichzusetzen sei mit dem Verkauf des von der Gesellschaft betriebenen *fonds de commerce*. Dabei gebrauchte die erste Zivilkammer deutliche Worte, die sehr viel allgemeiner formuliert waren, als dass eine ausschließliche Beschränkung auf die Anwendung der *loi Hoguet* erkennbar gewesen wäre: Es handele sich um

> *„la cession par une personne de toutes les actions qu'elle détenait et qui représentaient la quasi-totalité des actions d'une société commerciale exploitant un fonds de commerce, cession qui portait donc nécessairement sur la transmission du fonds de commerce lui-même."*[601]

Wenngleich die Entscheidung, die *loi Hoguet* auch hier anzuwenden, teilweise Zustimmung fand[602], so ist doch zumindest die Formulierung der Ent-

---

597 Gesetz Nr. 70-9 vom 2.1.1970.

598 *Bertrel/Jeantin*, Acquisitions et fusions, Nr. 55.

599 Im Text heißt es *„parts sociales non négociables"*; eine Verwechslung mit oder Ausdehnung auf Aktien einer SA (*„actions"*) erscheint nach *Bertrel/Jeantin*, Acquisitions et fusions, Nr. 56, ausgeschlossen, zumal der Gesetzgeber an anderer Stelle ausdrücklich auch Aktien erwähnt habe.

600 Cass. civ. 1ere, 17.11.1987, Bull. civ. I Nr. 294 = Rev. soc. 1988, 65 m. Anm. *Le Cannu* = Bull. Joly 1987, 977 m. Anm. *Peltier* = Rev. trim. Droit com. 1988, 454 Anm. *Reinhard* = Rev. trim. Droit com. 1988, 425 Anm. *Derruppé*.

601 Cass. civ. 1ere, 17.11.1987, zit. (oben Fn. 600).

602 *Derruppé*, Anm. zu Cass. civ., 17.11.1987, Rev. trim. Droit com. 1988, 425; *Reinhard*, Anm. zu Cass. civ., 17.11.1987, Rev. trim. Droit com. 1988, 454 mit weiterem Verweis auf *Le Cannu*, Anm. zu Cass. civ., 17.11.1987, Rev. soc. 1988, 65 und *Peltier*, Anm. zu Cass. civ., 17.11.1987, Bull. Joly 1987, 977.

scheidungsgründe sofort erheblicher Kritik im Schrifttum ausgesetzt gewesen.[603] Sie sei mit dem Wesen der juristischen Persönlichkeit der *société anonyme* nicht zu vereinbaren.[604]

Nachdem schon 1991 die Kammer für Handelssachen der Cour de Cassation die Anwendbarkeit der loi Hoguet im Widerspruch zu der genannten Entscheidung der ersten Zivilkammer abgelehnt hatte,[605] hat die erste Zivilkammer schließlich selbst mit Urteil vom 6.12.1994 ihre Rechtsprechung aufgegeben und sich der Meinung der Kammer für Handelssachen angeschlossen.[606] Damit ist endgültig geklärt, dass im Rahmen der *loi Hoguet* der Verkauf einer Aktienmehrheit nicht mit dem Verkauf des in der Gesellschaft befindlichen *fonds de commerce* gleichgestellt ist.

Insgesamt handelt es sich bei den genannten Entscheidungen um eng abgegrenzte Spezialfragen, bei denen die Rechtsprechung bemüht ist, aus Gerechtigkeitsgründen die wahre Intention des Gesetzgebers zum Tragen kommen zu lassen und diejenigen zu schützen, die jedenfalls wie die Zeitungsredakteure oder weitgehend auch das *Comité d'entreprise* keinen Einfluss darauf nehmen können, in welcher Form die Übertragung des Unternehmens erfolgt. Es handelt sich um vereinzelte Sonderfälle.[607] Schlüsse auf die allgemeine rechtliche Einordnung der *cession de contrôle* dürfen aus dieser Rechtsprechung nicht gezogen werden. Dies hat die Rechtsprechung in klarer Form entschieden.

3.1.2) Grundsätzlich keine Gleichstellung im Steuerrecht und im allgemeinen Zivil- und Handelsrecht

Die Gleichstellung der *cession de contrôle* mit dem Kauf eines *fonds de commerce* in den geschilderten Fällen vor allem aus dem Arbeitsrecht darf nicht darüber hinweg täuschen, dass für die normalerweise zentralen Rechtsfragen eine solche Gleichstellung von der französischen Rechtsprechung und auch der Literatur eindeutig abgelehnt wird.

In der Entwicklung der höchstrichterlichen Entscheidungen hat sich dies seit Mitte der 1980er Jahre und vor allem seit 1990 manifestiert. Die früher

---

603 *Derruppé*, aaO.; *Reinhard*, aaO.

604 *Bertrel/Jeantin*, Acquisitions et fusions, Nr. 56; *Cozian/Viandier/Deboissy*, Droit des sociétés, Nr. 1788.

605 Cass. com., 22.1.1991, Bull. Joly 1991, 398 = Rev. trim. Droit com. 1991, 405 zustimmende Anm. *Reinhard*.

606 Cass. civ. 1ere, 6.12.1994, Bull. civ. I Nr. 365 = Rev. trim. Droit com. 1995, 620 Anm. *Reinhard* = JCP éd. E 1995, I, 475 Nr. 6 Anm. *Viandier/Caussain*. Nach *Reinhard* liegt hier, obwohl nicht ausdrücklich die Frage der Anwendbarkeit von Art. 1 der *loi Hoguet* entschieden wurde, ein *„inconstestable revirement"* vor (aaO.).

607 So für die Fälle aus dem Arbeitsrecht der Redakteure *Bertrel/Jeantin*, Acquisitions et fusions, Nr. 73.

teilweise bestehende Unsicherheit, wie der Verkauf einer Kontrollmehrheit zu behandeln sei, ist durch die klaren Vorgaben der Kammer für Handelssachen beseitigt worden. Entscheidungen, die die *cession de contrôle* undifferenziert mit der *cession du fonds de commerce* gleichsetzen, wie dies noch 1987 die erste Zivilkammer in der zitierten Entscheidung[608] zur *loi Hoguet* tat, sind heute nur noch in seltenen Fällen und in niedrigeren Instanzen vorzufinden und werden von den Kommentatoren einmütig als mit dem geltenden Recht unvereinbar verworfen.[609]

Die höchstrichterliche Rechtsprechung hat die Zweifel der Praktiker zunächst im Gebiet des Steuerrechtes und dann allgemein beseitigt.

3.1.2.1) Steuerrecht

Im Steuerrecht war die Sorge der Praxis besonders dringend, dass die Veräußerung einer zur Kontrolle der unternehmenstragenden Gesellschaft befähigenden Mehrheit durch die Finanzverwaltung und letztlich die Gerichte in den Verkauf des von der Gesellschaft betriebenen *fonds de commerce* umqualifiziert werden könnte. Denn die steuerliche Behandlung des Verkaufes eines *fonds de commerce* war lange erheblich ungünstiger als die des Verkaufs von Gesellschaftsanteilen.[610] Die Registersteuer[611] (*droit d'enregistrement*) betrug 1991 beim Kauf von S.A.R.L.-Anteilen, sofern dieser schriftlich erfolgte – was zwar nicht zwingend, aber wegen der Bedeutung des Geschäfts dennoch üblich ist[612] – 4,8 % des Kaufpreises[613], für nicht börsennotierte Aktien nur 1 %[614], im Fall des Kaufes eines *fonds de commerce* lag sie jedoch bei mehr als dem Dreifachen, nämlich (ebenfalls 1991) 14,2 %.[615] Heute ist diese ungleiche steuerliche Behandlung allerdings weitgehend beseitigt: Das *droit d'enregistrement* beträgt für *fonds de commerce* nach Art. 719 des Code Général des Impôts ebenso wie

608 Cass. civ. 1ere, 17.11.1987, Bull. civ. I Nr. 294 = Rev. soc. 1988, 65 m. Anm. *Le Cannu* = Bull. Joly 1987, 977 m. Anm. *Peltier* = Rev. trim. Droit com. 1988, 454 Anm. *Reinhard* = Rev. trim. Droit com. 1988, 425 Anm. *Derruppé*.

609 Z.B. Cour d'Appel de Montpellier, 24.10.1991, JCP éd. E 1992, I, 172 Nr. 12 krit. Anm. *Viandier/Caussain* = Rev. trim. Droit com. 1992, 354 krit. Anm. *Derruppé*. Die Cour d'Appel wendete hier Art. 12 des Gesetzes vom 29.6.1935 (jetzt Art. L141-1 Code de commerce) über den Verkauf von *fonds de commerce* auf den Verkauf von 100% der Gesellschaftsanteile an.

610 *Paillusseau/Caussain/Lazarski/Peyramaure*, La cession d'entreprise, Nr. 264.

611 Dem Namen nach handelt es sich bei dem *droit d'enregistrement* zwar um eine Gebühr, tatsächlich liegt zumindest nach deutschem Verständnis jedoch eine Verkehrsteuer vor.

612 *Cozian/Viandier/Deboissy*, Droit des sociétés, Nr. 1783.

613 *Bertrel/Jeantin*, Acquisitions et fusions, Nr. 59.

614 *Cozian/Viandier/Deboissy*, Droit des sociétés, Nr. 59.

615 *Bertrel/Jeantin*, Acquisitions et fusions, Nr. 59; zudem ist auch die Besteuerung des Wertzuwachses beim Verkauf des *fonds de commerce* ungünstiger, *Cozian/Viandier/Deboissy*, Droit des sociétés, Nr. 1788.

für S.A.R.L.-Anteile (Art. 726 Abs. 1 Nr. 2 Code Général des Impôts) 4,8 %[616], für nicht börsennotierte Aktien jedoch weiterhin nur 1 % bei einem Höchstbetrag von € 3049 (Art. 726 Abs. 1 Nr. 1 Code Général des Impôts).

Die französische Finanzverwaltung hat lange Zeit den Verkauf von großen Mehrheiten der Anteile an einer Gesellschaft unter Berufung auf eine Entscheidung der Kammer für Handelssachen der Cour de Cassation von 1975[617] in gewissen Fällen steuerlich umqualifiziert in den Verkauf des *fonds de commerce,* da ein Rechtsmissbrauch vorliege und das Geschäft mit den Gesellschaftsanteilen einen in Wahrheit gewollten Verkauf der Aktiva der Gesellschaft verdecke.[618] Eine Voraussetzung für die Umqualifikation war der Übergang von mehr als 75 % (für S.A.R.L.) oder mehr als 66,7% des Kapitals (bei *sociétés anonymes*), so dass die für außerordentliche Hauptversammlungen nötige Mehrheit erreicht wird.[619] Diese Gefahr – *Paillusseau* bezeichnete die Verwaltungspraxis als ein „Minenfeld"[620] – war ein bedeutender Hemmschuh für den Handel mit Gesellschaftsanteilen,[621] da die drohende Umqualifizierung eine drastisch erhöhte steuerliche Belastung mit sich bringen konnte.

Obwohl, wie oben gezeigt wurde,[622] die deutsche Rechtsprechung für die Anwendung des Gewährleistungsrechts den Kauf von allen oder nahezu allen Anteilen einer Gesellschaft wie den Verkauf des Unternehmens selbst beurteilt und dies mit der Rücksichtnahme auf die Gleichstellung von *asset deal* und *share deal* in der Verkehrsauffassung begründet, respektiert das deutsche Steuerrecht[623] trotz des dort in besonderem Maße geltenden Vorrangs der wirtschaftlichen Betrachtungsweise (§ 42 AO) für den Bereich der Ertragsteuern die Form des *share deals* als Kauf von Anteilen auch dann, wenn die Parteien

---

[616] Allerdings mit dem Unterschied, dass für die Steuer auf den Verkauf des *fonds de commerce* ein Freibetrag von 150.000 FF (ab 2002: € 23.000) gilt und nur der *fonds* selbst und nicht weitere gleichzeitig verkaufte Gegenstände dieser Steuer unterliegen. Die Steuerlast auf dem *fonds* ergibt sich aus der Steuer aus Art. 719 C.G.I. (teils 3,8 %, teils 2,4 %) sowie einer *taxe départementale* und einer *taxe communale,* wobei die drei Bestandteile für den 150.000 FF übersteigenden Kaufpreisanteil zusammen 4,8 % ausmachen.

[617] Cass. com., 16.6.75, zit. n. *Bertrel/Jeantin,* Acquisitions et fusions, Fn. 66 bei Nr. 61.

[618] *Cozian/Viandier/Deboissy,* Droit des sociétés, Nr. 1788; *Bertrel/Jeantin,* Acquisitions et fusions, Nr. 61.

[619] *Bertrel/Jeantin,* Acquisitions et fusions, Nr. 62.

[620] *Paillusseau,* D.S. 1984, Chron., 207.

[621] *Cozian/Viandier/Deboissy,* aaO.

[622] Oben Teil B, 1.2.3.2.

[623] Zur steuerlichen Behandlung in Deutschland: *Holzapfel/Pöllath,* Unternehmenskauf, Rn. 137 - 178.

offensichtlich auf den Übergang des Unternehmens abzielen, und qualifiziert den Anteilskauf nicht etwa in einen Unternehmenskauf um.[624]

Mit einer Entscheidung vom 7.3.1984 hat die Kammer für Handelssachen der Cour de Cassation diese Gefahr auch in Frankreich beseitigt.[625] Das zentrale Argument des Kassationshofes war, dass die Gesellschafter die Aktiva der Gesellschaft nicht veräußern konnten, weil diese als juristische Person unverändert fortbestand und daher die Gesellschafter keinen unmittelbaren Zugriff auf das Gesellschaftsvermögen haben konnten. Auch steuerlich scheide daher eine Qualifikation des Geschäftes als Veräußerung des von der Gesellschaft gehaltenen Vermögens aus.

Die Kammer beruft sich dabei auf Art. 5 des Gesetzes über die Handelsgesellschaften vom 24.7.1966, den jetzigen Art. L210-6 Code de commerce, in dessen erstem Absatz, erster Satz es heißt:

> *„Les sociétés commerciales jouissent de la personnalité morale à dater de leur immatriculation au registre de commerce et des sociétés."*

Auf diesen Gesetzestext und damit auf die Existenz der juristischen Person, die nicht negiert werden dürfe, berief sich die Kammer für Handelssachen in den meisten im folgenden zitierten Entscheidungen, und zwar immer dann, wenn sie entschied, dass Tatsachen, die im Zusammenhang mit dem Vermögen oder Geschäft der Gesellschaft stehen, ohne Relevanz für Rechtsgeschäfte über die Anteile an dieser Gesellschaft sind.

3.1.2.2) Gesellschafts- und Handelsrecht

3.1.2.2.1) Keine Gleichstellung der cession de contrôle *mit dem Verkauf eines* fonds de commerce

Nicht nur im Bereich des Steuerrechts, sondern auch handelsrechtlich hatten die Handelnden beim Verkauf einer Kontrollbeteiligung Grund zu Bedenken. Hier bestand die Sorge ebenfalls darin, dass das Geschäft von den Gerichten als verdeckter Verkauf des von der Gesellschaft betriebenen *fonds de commerce* betrachtete werden könnte, und dass infolgedessen die besonderen Vorschriften für den Verkauf eines *fonds de commerce* auf den Anteilsverkauf angewendet werden würden. Dies sind insbesondere die aus dem Gesetz vom 29.6.1935 stammenden Pflichten, wonach der Verkäufer eine Reihe von detaillierten Pflichtangaben über den *fonds de commerce* machen muss, bei deren Fehlen eine Annullierung des Geschäftes im Raume steht (Art. L141-1 Code de

---

624 Lediglich im Bereich der Grunderwerbsteuer wird in einigen Fällen das Vermögen der Gesellschaft direkt betrachtet, wenn eine Grundstücksgesellschaft verkauft wird (*Holzapfel/Pöllath*, Unternehmenskauf, Rn. 175).

625 Cass. com., 7.3.1984, zwei Urteile in Sachen *Société Beauvallet* und in Sachen *Société Le Joncour*, JCP éd. E 1984, II, 14354 m. Anm. *David* = Rev. soc. 1985, 406 m. Anm. *Sortais*.

commerce) und für deren Richtigkeit der Verkäufer wie für einen Sachmangel einstehen muss (Art. L141-3 Code de commerce).[626]

Zwar hat die Cour de Cassation seit Inkrafttreten des Gesetzes über die Handelsgesellschaften von 1966 nur in einem einzigen Fall[627] entschieden, dass das Gesetz vom 29.6.1935[628] auf einen Verkauf von Gesellschaftsanteilen anzuwenden sei. Bei dieser 1980 ergangenen Entscheidung[629] handelt es sich um einen sehr besonders gelegenen Fall. Hier hatte die Tatsacheninstanz festgestellt, dass der Verkäufer – der nicht einmal Gesellschafter der (angeblich) verkauften Gesellschaft war, dennoch aber das Unternehmen wie ein Eigentümer lenkte – in Wirklichkeit unmittelbar den zugrundeliegenden *fonds de commerce* als Einzelkaufmann betrieb. Den daraus gezogenen Schluss, dass die zu 100 % verkaufte Gesellschaft in Wahrheit nur fiktiv war und deshalb der *fonds de commerce* direkt veräußert worden war, mit der Konsequenz, dass natürlich auch die Vorschriften des Gesetzes vom 29.6.1935 anzuwenden waren, hat das Revisionsgericht gebilligt.

Aus dieser Entscheidung konnte nicht der Schluss gezogen werden, dass generell beim Verkauf der Mehrheit an einer Gesellschaft in Wirklichkeit der von dieser betriebene *fonds de commerce* verkauft wird, mit allen genannten rechtlichen Folgen. Dies gilt umso mehr, als die Cour de Cassation in allen anderen Entscheidungen eine solche Umdeutung abgelehnt hat.[630]

Verschiedene Cours d'Appel haben jedoch in einigen Urteilen eine andere Richtung eingeschlagen.

Am 4. November 1987, nur wenige Tage vor dem viel kritisierten Urteil der ersten Zivilkammer der Cour de Cassation zur Anwendung der loi Hoguet beim Aktienverkauf,[631] hatte die Cour d'Appel von Versailles einen Fall zu entscheiden, bei dem 95 % der Anteile einer S.A.R.L. übertragen wurden.[632] Aus einer Vielzahl weiterer Abreden und Versprechen ergab sich, dass das wirtschaftliche Ziel der Vertragspartner der Übergang des *fonds de commerce* war, den die S.A.R.L. betrieb. Der Käufer hatte auf *annulation* des Geschäftes geklagt, und die Cour d'Appel gab ihm auf der Basis von Art. 12 des Gesetzes vom 29.6.1935 (jetzt Art. L141-1 Code de commerce) Recht, weil die beim Ver-

---

626 Dazu ausführlich oben Teil C, 2.1.5.1.

627 So im Jahre 1988 *Derruppé*, Anm. zu Cour d'Appel de Versailles, 4.11.1987, Rev. trim. Droit com. 1988, 423 (424). Auch seitdem hat es nach Kenntnis des Autors keine Entscheidung der Cour de Cassation mehr in diese Richtung gegeben.

628 Beide Gesetze sind nun Teil des Code de commerce.

629 Cass. com., 3.11.1980, Bull. civ. IV Nr. 358.

630 Nachweise bei *Derruppé*, Anm. zu Cour d'Appel de Versailles, 4.11.1987, Rev. trim. Droit com. 1988, 423 (424 f.).

631 Cass. civ. 1ere, 17.11.1987, zit. (oben Fn. 600).

632 Cour d'Appel de Versailles, 4.11.1987, Bull. Joly 1987, 975 m. Anm. *D.L.* = Rev. trim. Droit com. 1988, 423 Anm. *Derruppé*.

kauf eines *fonds de commerce* erforderlichen Angaben nicht gemacht worden waren. Zur Begründung schrieb das Gericht:

> *„considérant que, même si la cession de parts sociales ne s'analyse pas fiscalement en une cession de fonds de commerce, il n'en est pas de même dans les relations entre cédant et cessionnaire"*.[633]

Noch bevor die Kammer für Handelssachen über die Revision in dieser Sache entschieden hatte, entschied die Cour d'Appel von Bordeaux ähnlich, dass Art. L141-1 Code de commerce anzuwenden sei, wenn versteckt in der Form des Verkaufs von Aktien einer S.A. ein *fonds de commerce* verkauft werde.[634] Zudem wurde die Ansicht der Cour d'Appel von Versailles auch durch ein weiteres Urteil aus Versailles bestätigt, das den Verkauf einer Aktienbeteiligung in der Absicht, sich den Informationsverpflichtungen aus Art. L141-1 Code de commerce zu entziehen, wie den Verkauf des *fonds de commerce* behandelte.[635] Indirekt bestätigte diese Tendenz in der Rechtsprechung der Berufungsgerichte auch ein Urteil der Cour d'Appel von Paris, die das Gesetz vom 29.6.1935 nur deshalb nicht anwenden wollte, weil auf den Vertrag über den Kauf einer Anteilsmehrheit belgisches Recht angewendet werden müsse.[636]

Die genannten Entscheidungen sind in der Literatur als verfehlt bezeichnet worden. *Bertrel* und *Jeantin* sprechen von einer *„confusion injustifiable"* der Gesellschaftsanteile und des Vermögens der Gesellschaft,[637] auch *Derruppé* fand die Entscheidung aus Versailles „bedauerlich".[638]

Am 13.2.1990 hat die Kammer für Handelssachen der Cour de Cassation der Ansicht der Cour d'Appel von Versailles deutlich widersprochen.[639] Dieses Urteil hob die zitierte Entscheidung vom 4.11.1987 auf. In dem ihr eigenen knappen Stil schrieb die Kammer für Handelssachen zu dem Argument der Versailler Richter (oben bei Fn.600) bloß:

---

633 Cour d'Appel de Versailles, 4.11.1987, zit. n. *Derruppé*, Rev. trim. Droit com. 1988, 423 (424).

634 Cour d'Appel de Bordeaux, 8.11.1989, Bull. Joly 1990, 180 m. Anm. *Le Cannu*.

635 Cour d'Appel de Versailles, 25.2.1988, Juris-Data Nr. 40250, abgedruckt bei *Poustis/Monnot*, JCP éd. E 1989, II, 15479, Nr. 27.

636 Cour d'Appel de Paris, 16.6.1988, Rev. dr. banc. et bourse, Nr. 11 (Jan./Feb. 1989), S. 31 Nr. 2 krit. Anm. *Jeantin/Viandier*. Nach Ansicht von *Jeantin* und *Viandier* ist der Ansatz des Gerichts *„totalement injustifiable"*.

637 *Bertrel/Jeantin*, Acquisitions et fusions, Nr. 54.

638 *Derruppé*, Anm. zu Cour d'Appel de Versailles, 4.11.1987, Rev. trim. Droit com. 1988, 423 (424).

639 Cass. com., 13.2.1990, Rev. soc. 1990, 251, Anm. *Le Cannu* = JCP 1990, II, 21587 (= JCP éd. E, 1990, II, 15855) m. Anm. *Lazarski* = D. 1990, 470, m. Anm. *d'Hoir-Laupretre* = Rev. trim. Droit com. 1990, 582 Anm. *Champaud* = Rev. trim. Droit com. 1990, 590 Anm. *Reinhard* = Bull. Joly 1990, 659 m. Anm. *Jeantin*.

„en statuant ainsi, la cour d'appel a violé [l'art. 5 de la loi du 24 juillet 1966]".[640]

Wieder also berief sich die Kammer für Handelssachen darauf, dass die Anwendung der Regeln über den Verkauf eines *fonds de commerce* in Fällen, in denen die darüber liegende Gesellschaft verkauft wird, einen Verstoß gegen die Annahme der Existenz einer juristischen Person darstelle.

Die *„analyse parfaitement classique"*[641] in dieser Entscheidung der obersten Instanz ist im Schrifttum weitgehend begrüßt worden.[642] *Champaud* allerdings begründet die von ihm befürwortete Lösung der Cour de Cassation nicht bloß mit Art. 5 des Gesetzes vom 24.7.1966[643], sondern verstärkt das Argument durch den Hinweise auf Art. 1844-5 C.civ., der für alle Gesellschaften, die juristische Personen sind, anordnet, dass die juristische Person auch dann bestehen bleibt, wenn alle Gesellschaftsanteile von einem einzigen Gesellschafter gehalten werden. Daraus folge, dass auch die Übertragung dieser Anteile nicht dem Übergang des *fonds de commerce* der Gesellschaft in das unmittelbare Vermögen des Anteilskäufers gleichgestellt werden könne. Zudem zeige Art. 1844-5 Abs. 2 C.civ., dass ausschließlich die Liquidation einer Ein-Personen-Gesellschaft zum Übergang von deren Vermögen direkt auf den Gesellschafter führe.[644] *D'Hoir-Laupretre* hingegen hat Bedenken. Obgleich auch sie die dogmatische Sauberkeit der Lösung begrüßt, befürwortet sie nicht die Ablehnung jeglicher Sonderbehandlung der *cession de contrôle* als ein Vertrag, der gegenüber dem einfachen Anteilskauf eine Besonderheit darstellt. Daher sei eine gesetzliche Lösung vonnöten, um die Interessen der Vertragspartner zu schützen, also im wesentlichen dem Käufer rechtlichen Schutz zu gewähren.[645]

Die in der Entscheidung vom 13.2.1990 vertretene Ansicht der Cour de Cassation ist in mehreren höchstinstanzlichen Urteilen bestätigt worden.[646] Dennoch hat es vereinzelt Entscheidungen verschiedener Cours d'Appel gegeben, die weiterhin die Übertragung von Gesellschaftsanteilen mit der Übertragung des *fonds de commerce* gleichsetzen.[647] Sie wurden von den Kommentatoren

---

640 Cass. com, 13.2.1990, aaO. Art. 5 des Gesetzes vom 24.7.1966 ist nun Art. L210-6 Code de commerce.

641 *Reinhard*, Rev. trim. Droit com. 1990, 590 (591).

642 *Reinhard*, Rev. trim. Droit com. 1990, 590 (591); *Jeantin*, Bull. Joly 1990, 659; *Bertrel/ Jeantin*, Acquisitions et fusions, Nr. 54; *Champaud*, Rev. trim. Droit com. 1990, 582.

643 Jetzt Art. L210-6 Code de commerce.

644 *Champaud*, Rev. trim. Droit com. 1990, 582.

645 *D'Hoir-Laupretre*, Anm. zu Cass. com., 13.2.1990, D.S. 1990, 470 (473).

646 Cass. com., 6.6.1990, Rev. trim. Droit com. 1992, 191 Anm. *Champaud/Danet*; Cass. com., 12.7.1993, Rev. trim. Droit com. 1994, 41 Anm. *Derruppé*; im Zusammenhang mit der Aufgabe der alten Rechtsprechung zur *loi Hoguet*: Cass. com., 22.1.1991, zit. (oben Fn. 605); Cass. civ. 1ere, zit. (oben Fn. 606).

647 Cour d'Appel de Montpellier, 24.10.1991, JCP éd. E 1992, I, 172 Nr. 12 krit. Anm. *Viandier/Caussain* = Rev. trim. Droit com. 1992, 354 krit. Anm. *Derruppé*; Cour d'Appel de

ausnahmslos kritisiert. Es dürfte sich um Einzelfall- und Billigkeitsentscheidungen handeln, die eine Änderung der von der Kammer für Handelssachen der Cour de Cassation vorgegebenen Linie nicht erwarten lassen.

3.1.2.2.2) Keine besondere Behandlung der cession de contrôle *im allgemeinen Gesellschaftsrecht*

Schon 1970 hat die Cour de Cassation in einem bekannt gewordenen Rechtsstreit, in dem sich die Aktiengesellschaften *Cassegrain* und *Saupiquet* gegenüberstanden, die grundlegende Entscheidung dafür getroffen, dass die *cession de contrôle* im französischen Gesellschaftsrecht keine Sonderbehandlung gegenüber einer einfachen Übertragung einer Minderheitsbeteiligung erfährt.[648] Der *Conseil d'Administration* der *Cassegrain S.A.* hatte gegen die Minderheit zugestimmt, dass die Aktionäre insgesamt 67% des Aktienkapitals an *Saupiquet* verkaufen durften. Die Zustimmung war wegen einer Satzungsklausel nötig. Die Vorinstanz[649] hatte diese Beschlüsse für nichtig erklärt, da der vorgesehene Mechanismus nur für normale Aktienverkäufe gelte, die *cession de contrôle* aber wegen der einer Fusion ähnlichen Auswirklungen etwas fundamental anderes sei. Die Kammer für Handelssachen der Cour de Cassation hingegen entschied, dass auch der Kauf einer großen Mehrheit einen normalen Aktienkauf darstelle und nicht einer Fusion angenähert werden dürfe. Denn durch den Kauf wurde weder die Satzung der Zielgesellschaft verändert noch ihr Bestehen und ihre juristische Persönlichkeit beeinträchtigt.

Houin kritisierte diese Entscheidung: ihr hafte „der Staub alter Konstruktionen" an, die Cour de Cassation wende auf die zur Konzernbildung führenden modernen Geschäfte traditionelle Regeln an, die nicht passten. Die Entscheidung sei der Vergangenheit zugewandt.[650]

Trotzdem *Houin* der Hoffnung Ausdruck gibt, dass die Entscheidung *Cassegrain-Saupiquet* nicht das letzte Wort in dieser Rechtsfrage darstellen möge,[651] stellt dies weiterhin die grundlegende Entscheidung dar. Die Cour de Cassation hat bislang ihre Auffassung nicht geändert.

Paris, 31.1.1997, JCP éd. E 1997, II, 947 m. krit. Anm. *Viandier;* Cour d'Appel d'Aix-en-Provence, 5.10.1991, JCP 1994, IV, 629; indirekt auch Cour d'Appel de Paris, 3.2.1998, Rev. trim. Droit com. 1998, 344, krit. Anm. *Champaud/Danet* (das Gericht nahm arglistige Täuschung durch Verschweigen an, da der Verkäufer einer Anteilsmehrheit von sich aus auf die Bedingungen des *bail* hinweisen hätten müssen, da dies auch der Verkäufer eines *fonds de commerce* tun müsse).

[648] Cass. com., 21.1.1970, Bull. civ. IV Nr. 28 = Rev. trim. Droit com. 1970, 738 krit. Anm. *Houin* = Rev. soc. 1970, 291 m. Anm. *J.G.*

[649] Cour d'Appel de Rennes, 23.2.1968, JCP 1969, II, 16112.

[650] *Houin*, Rev. trim. Droit com. 1970, 738 (741).

[651] *Houin*, Rev. trim. Droit com. 1970, 738 (743).

Etliche Stimmen in der französischen Literatur haben daraufhin das Tätigwerden des Gesetzgebers gefordert, um eine dem besonderen Charakter des Kaufs einer überwiegenden Mehrheitsbeteiligung entsprechende rechtliche Behandlung sicherzustellen.[652] Auch der Gesetzgeber ist jedoch nicht tätig geworden.

3.1.2.2.3) *Ausnahme: Annerkennung des Charakters der* cession de contrôle *als Handelsgeschäft*

In einem handelsrechtlichen Bereich hat die Rechtsprechung anerkannt, dass die *cession de contrôle* mehr ist als ein bloßer Verkauf einzelner Anteile. Der Verkauf von Anteilen, an sich kein handelsrechtliches, sondern ein zivilrechtliches Geschäft,[653] stellt nach einer gefestigten Rechtsprechung der Kammer für Handelssachen der Cour de Cassation ein Handelsgeschäft dar, wenn er zum Ziel hat und wirklich dazu führt, dass die Kontrolle an der Gesellschaft, deren Anteile veräußert werden, erworben wird.[654] Die Kammer für Handelssachen hat dies erstmals 1978 so entschieden.[655] Es handelt sich nunmehr um eine ständige Rechtsprechung.[656]

Es kommt für die Qualifikation als Handelsgeschäft nicht darauf an, wie viele Anteile tatsächlich übertragen werden. Notwendig ist nur, dass dadurch der Erwerber die Stimmrechtsmehrheit erwirbt.[657] Es genügt ebenfalls, dass der Mehrheitsgesellschafter durch das Geschäft den durch eine Kapitalerhöhung mit Eintritt weiterer Gesellschafter drohenden Verlust der Kontrollmehrheit abzuwenden sucht.[658] Unklar ist hingegen bislang, ob auch ein einzelner von mehreren Anteilskäufen handelsrechtlich zu beurteilen ist, der allein nur eine Minderheitsbeteiligung betrifft, jedoch Zusammenhang steht mit mehreren solchen Käufen, die insgesamt die Kontrollmehrheit verschaffen. Die Cour d'Appel von Paris hat die Frage bejaht,[659] von der Cour d'Appel von Versailles wurde sie hingegen verneint.[660] Die Willkür, dass ein Einzelteil als zivilrechtlich, die Gesamtheit zusammengehörender Geschäfte jedoch han-

---

652 *Houin*, Rev. trim. Droit com. 1970, 738 (742); *D'Hoir-Laupretre*, D.S. 1990, 470 (473).

653 *Bertrel/Jeantin*, Acquisitions et fusions, Nr. 52.

654 *Merle/Fauchon*, Sociétés commerciales, Nr. 654.

655 Cass com. 28.11.1978, D.S. 1980, 316 m. Anm. *Bousquet*.

656 *Bertrel/Jeantin*, Acquisitions et fusions, Nr. 52.

657 *Merle/Fauchon*, Sociétés commerciales, Nr. 654, unter Verweis auf Cass. com., 24.11.1992, Bull. Joly 1993, 224 m. Anm. *Le Cannu* = Dr. sociétés Nr. 11/1993, Anm. *Le Nabasque* = JCP éd. E 1993, I, 218 Nr. 14 Anm. *Viandier/Caussain*.

658 Cass. com., 26.3.1996, JCP éd. E 1996, I, 589 Nr. 6 Anm. *Viandier/Caussain*.

659 Cour d'Appel de Paris, 22.9.1999, JCP éd. E 2000, 29 Anm. *Viandier/Caussain*.

660 Cour d'Appel de Versailles, 17.9.1998, JCP éd. E 1999, 667 Nr. 5 krit. Anm. *Viandier/Caussain* = Rev. trim. Droit com. 1999, 141 krit. Anm. *Reinhard*.

delsrechtlich zu beurteilen sind, zeigt nach Ansicht von *Reinhard*, dass die Annahme des handelsrechtlichen Charakters überhaupt verfehlt ist.[661]

Die handelsrechtliche Beurteilung hat bedeutsame Folgen. Nicht nur werden Rechtsstreitigkeiten über eine *cession de contrôle* bei denselben Handelsgerichten und letztinstanzlich vor der Kammer für Handelssachen der Cour de Cassation verhandelt, die auch für den Verkauf von *fonds de commerce* zuständig sind. In handelsrechtlichen Streitigkeiten können Verträge mit allen Beweismitteln bewiesen werden, somit entfällt das indirekte beweisrechtliche Schriftformerfordernis des Zivilrechts, auch ist die Verjährung gesondert geregelt. Mehrere Verkäufer haften als Gesamtschuldner, etwa aus einer Garantieerklärung.[662] Praktisch sehr relevant ist auch, dass die Parteien etwaige Streitigkeiten einer Schiedsklausel unterstellen können.[663]

3.2) Mögliche Grundlagen für Ansprüche des Käufers

Der Käufer eines Unternehmens, der den Weg über den Erwerb einer Mehrheit in der unternehmenstragenden Gesellschaft gewählt hat, kann ebenso von dem Unternehmen enttäuscht sein wie derjenige, der einen *fonds de commerce* kauft. Grundsätzlich sind dem Anteilskäufer dieselben rechtlichen Wege eröffnet wie dem Käufer eines *fonds de commerce*, um entweder von dem Geschäft wieder loszukommen oder den Preis anzupassen.

Aus der unter 3.1.2.2 dargestellten Haltung des französischen Rechts, dass die Anwendung der für den Verkauf des *fonds de commerce* bestehenden besonderen Normen auf den Verkauf der Gesellschaft, der der *fonds* gehört, keine Anwendung finden, ergibt sich bereits, dass die Nichtigkeitsklage aus Art. L141-1 Abs. 2 Code de commerce dem Anteilskäufer nicht zur Verfügung steht. Auch wenn der Verkäufer Angaben macht, die den von Art. L141-1 Abs. 1 Code de commerce geforderten Angaben entsprechen, ist bei deren Unrichtigkeit die Verweisung des Art. L141-3 Abs. 1 Code de commerce nicht anwendbar.

Der Käufer kann sich jedoch auf die allgemeinen Rechtsbehelfe für jeden Kauf berufen. Er kann die Nichtigkeit wegen Irrtums oder Täuschung geltend machen oder einen Sach- oder Rechtsmangel anführen, um Minderung oder Wandlung zu erlangen. Zusätzlich oder daneben kann er Schadensersatz verlangen, wenn seine Enttäuschung durch ein Verschulden des Verkäufers im vorvertraglichen Bereich herbeigeführt wurde, insbesondere wegen fehlender oder falscher Information.

Bei der Anwendung dieser Institute auf den Anteilskauf ergeben sich aber aus der „juristischen Orthodoxie", mit der das französische Recht die Beach-

---

661 *Reinhard*, Rev. trim. Droit com. 1999, 141.

662 *Bertrel/Jeantin*, Acquisitions et fusions, Nr. 52.

663 Cour d'Appel de Paris, 17.11.1994, Rev. trim. Droit com. 95, 431 Anm. *Champaud/Danet*.

tung der juristischen Persönlichkeit der verkauften Gesellschaft verlangt, besondere Schwierigkeiten. Vor allem bei der *erreur sur les qualités substantielles* und bei den *vices cachés* wird in den meisten Fällen die Annahme abgelehnt, dass ein Fehler des Unternehmens als Fehler der verkauften Gesellschaftsanteile zu berücksichtigen ist.

Trotz der weitgehend gleichen rechtlichen Wege, die der Käufer beschreiten kann, ist sein gesetzlicher Schutz vor Enttäuschung daher nur sehr beschränkt. In der Praxis wird deshalb in den meisten Fällen eine besondere vertragliche Gewährleistung vereinbart, meist als *„garantie de passif"* bezeichnet.[664] Die gesetzlichen Möglichkeiten bleiben dennoch relevant für Fälle, in denen die Parteien keine *garantie de passif* abgeschlossen haben, oder wenn diese unwirksam oder zwischen den Parteien eines Rechtsstreits nicht anwendbar ist.

3.3) Geltendmachung von Willensmängeln

Ebenso wie der Erwerber eines *fonds de commerce* kann der Käufer eines Unternehmens in der Form einer Gesellschaft versuchen, von seiner Kaufentscheidung durch die klageweise Geltendmachung einer *nullité relative* wegen eines Willensmangels wieder abzukommen. Im Gegensatz zur Lage beim direkten Erwerb des Unternehmens ist die Frage, inwieweit die enttäuschte Erwartung des Käufers an das Unternehmen einen beachtlichen Willensmangel darstellt, jedoch schwieriger zu beantworten. Denn wenngleich sich die Parteien bewusst sind, dass das Geschäft wirtschaftlich ein Unternehmen *„en société"* zum Gegenstand hat, so bezieht sich doch der Kaufvertrag unmittelbar nur auf die Anteile an der unternehmenstragenden Gesellschaft. Während die Vorsätzlichkeit der Täuschung es beim *dol* unproblematisch macht, außerhalb des Kaufobjekts liegende Umstände für die Nichtigerklärung heranzuziehen,

---

[664] Die verschiedenen Ausprägungen der *garantie de passif* sind nicht Gegenstand dieser Untersuchung. Vgl. hierzu: *Paillusseau/Caussain/Lazarski/Peyramaure,* La cession d'entreprise, Nr. 1724 – 1766; *Mousseron,* Conventions de garantie, ab Nr. 186; *Bertrel/ Jeantin,* Acquisitions et fusions, Nr. 96 – 112; *Paillusseau*: Le bénéficiaire de la garantie de passif dans la cession de contrôle, JCP éd. E 2002, Nr. 367; *Lambert*: La société bénéficiaire de la garantie de passif, RJC 99, 45; *Calvo/Couret*: Garantie d'actif et de passif: aspects pratiques (l'actif circulant), Les petites affiches, 22.2.1995, 14; *Viandier*: Arbitrage et garanties de passif, Rev. arbitrage 1994, 439; *Hausmann; Torre*: De la compensation entre un crédit vendeur et une garantie de passif, JCP éd. E 1994, I, 372; *Freyria*: Réflexions sur les garanties conventionnelles dans les actes de cession de droits sociaux, JCP éd E 1992, I, 146; *Caussain/Viandier*: Garantie légale ou garantie contractuelle: garantie du passif ou garantie de valeur?, Dr. Prat. Com. Int. 1992, 43; *Basdevant/Le Bolzer*: Audit juridique et conventions de garantie dans les acquisitions d'entreprises, Dr. Prat. Com. Int. 1992, 6; *Bertrel*: La garantie de passif dans les acquisitions de contrôle, RJDA 1991, 243; *Richard*: Le choix du bénéficiaire de la garantie de passif, JCP éd. E 1991, I, 19; *Caussain/Germain*: Pratique des cessions de contrôle dans les SA, JCP éd. E 1987, II, 14915; *Notté*: Les clauses dites de «garantie du passif» dans les cessions de droits sociaux, JCP 1985, I, 3193; *Galia-Beauchesne*: Les clauses de garantie du passif dans les cessions d'actions et parts sociales, Rev. soc. 1980, 27.

liegt die Sache beim Irrtum über die wesentlichen Eigenschaften (*erreur sur les qualités substantielles*) anders.

3.3.1) Keine Läsion

Wie schon oben (2.1.4.1) erwähnt, ist der besondere Willensmangel der Läsion bei Geschäften unter Volljährigen nur dann anwendbar, wenn dies eigens gesetzlich angeordnet ist (Art. 1118, 1313 C.civ.). Häufigster Fall ist der Verkauf einer Immobilie (Art. 1674 C.civ.).

Beim Kauf einer unternehmenstragenden Gesellschaft sind die Anteile an dieser Gegenstand des Vertrages. Hierbei handelt es sich um als beweglich angesehene Gegenstände. Die Läsion findet deshalb keine Anwendung.[665]

Als Konsequenz aus der Anerkennung der juristischen Persönlichkeit der Handelsgesellschaften gilt dies auch dann, wenn eine Immobiliengesellschaft verkauft wird.[666]

Aus der Unzulässigkeit der Läsion wird geschlossen, dass damit ganz allgemein der Irrtum über den Wert als solchen unbeachtet bleiben muss. Andernfalls würde der Ausschluss der Läsion umgangen.[667]

In einigen, hier nicht näher betrachteten Sonderfällen ist die Läsion anwendbar, und zwar bei Übertragungen im Rahmen eines Insolvenzverfahrens[668] oder zum Zweck der Erbteilung.[669]

3.3.2) Anwendung der **erreur sur les qualités substantielles**

Wie jeder andere Vertrag kann auch der Vertrag über den Kauf von Gesellschaftsanteilen wegen eines Irrtums über *qualités substantielles* der Kaufsache nach Art. 1110 C.civ. mit der Klage auf *annulation* angefochten werden. Die Voraussetzungen für die Nichtigerklärung sind grundsätzlich die gleichen wie für die Anfechtung des Kaufs eines *fonds de commerce*. Diese wurden bereits oben (Teil C, 2.1.4.3) dargestellt.

In der Natur des Unternehmenserwerbs durch den Kauf einer Gesellschaftsbeteiligung liegt jedoch ein wesentlicher Unterschied begründet. Der Erwerber

---

665 *Mousseron*, Conventions de garantie, Nr. 59, mit Verweis auf Cass. com., 4.2.1958, Bull. Joly 1958, S. 73 und weiteren Nachweisen der Rspr.; *Cozian/Viandier/Deboissy*, Droit des sociétés, Nr. 900; *Bertrel/Jeantin*, Acquisitions et fusions, Nr. 99; *Mestre/ Velardocchio*, Lamy sociétés commerciales 2002, Nr. 877.

666 *Mestre/Velardocchio*, Lamy sociétés commerciales 2002, Nr. 877.

667 *Mazeaud/Chabas*, Droit civil II/1, Nr. 165; *Mousseron*, Conventions de garantie, Nr. 60; *Cozian/Viandier/Deboissy*, Droit des sociétés, Nr. 901.

668 Art. L621-107 Code de commerce; *Mestre/Velardocchio*, Lamy sociétés commerciales 2002, Nr. 877.

669 Art. 887 C.civ.; *Mousseron*, Conventions de garantie, Nr. 60; *Mestre/Velardocchio*, Lamy sociétés commerciales 2002, Nr. 877.

verfolgt zwar das wirtschaftliche Ziel, das Unternehmen zu erwerben, indem er so viele Gesellschaftsanteile kauft, dass er in Bezug auf das im Vermögen der Gesellschaft befindliche Unternehmen eine ähnliche Stellung erlangt, wie er sie als Käufer des Unternehmens selbst erreichen würde. Die gewählte Konstruktion über den Erwerb der Gesellschaft führt jedoch dazu, dass das Unternehmen als solches nicht Gegenstand des Kaufvertrages sein kann. Dies gilt schon deshalb, weil der Verkäufer auch nur Gesellschafter ist und nicht unmittelbar über die Vermögensgegenstände der Gesellschaft verfügen kann; er kann sie also auch nicht veräußern. Verkauft werden allein die Gesellschaftsanteile.

Diese Überlegung führt zu der Frage, wie die Grundsätze für die *erreur sur les qualités substantielles* auf den Kauf von Gesellschaftsanteilen anzuwenden sind, das heißt, in welchen Fällen es möglich ist, dass ein Irrtum die *qualités substantielles* der Anteile betrifft und deshalb die Anfechtung erlaubt.

Die Fälle, in denen ein Irrtum über die Eigenschaften der gekauften Anteile als solche besteht, sind relativ selten. Hier ist die Klage auf Nichtigerklärung ohne weiteres erfolgreich, wenn ihre übrigen Voraussetzungen vorliegen. Ein solcher Irrtum liegt vor, wenn die Anteile dem Gesellschafter nicht die gesellschaftsrechtliche Stellung vermitteln, von der er ausging. So ist es, wenn der Käufer fälschlich davon ausgeht, die Anteile wären mit einem anderen Stimmrecht oder einem anderen Dividendenanrecht ausgestattet als sie es in Wirklichkeit sind. Einen kleinen, noch unproblematischen Schritt weiter geht *Le Cannu*, wenn er annimmt, dass jedenfalls beim Kauf einer Mehrheit ohne weiteres die Kontrolle in der Gesellschaft Gegenstand des Vertrages ist, so dass ein beachtlicher Irrtum vorliegt, wenn die Anteile keine Kontrollmehrheit darstellen.[670] Hierbei konnte er sich auf ein obiter dictum der Cour d'Appel von Bordeaux in dem von ihm besprochenen Urteil stützen.[671]

Ebenfalls einen Irrtum hinsichtlich der Eigenschaften unmittelbar von verkauften Anteilen stellt es dar, wenn diese anders als angenommen nicht handelbar sind. Dies hat – wenn auch nicht für Gesellschaftsanteile, sondern für *titres de bourse*, es handelte sich um russische Staatsanleihen – bereits 1890 die Cour d'Appel von Paris entschieden.[672] Nach Ansicht von *Chazal* und *Reinhard* handelt es sich um eine weiterhin gültige, klassische Lösung.[673]

Ein Irrtum, der direkt die rechtliche Existenz der gekauften Gesellschaft betraf, führte auch in einem Urteil der ersten Zivilkammer der Cour de Cassa-

---

670 *Le Cannu*, Anm. zu Cour d'Appel de Bordeaux, 11.7.1986, Rev. soc. 1986, 593 (598).

671 Cour d'Appel de Bordeaux, 11.7.1986, Rev. soc. 1986, 593 = Rev. trim. Droit civ. 1987, 742 Anm. *Mestre* = JCP éd. E, 1987, I, 16122 Anm. *Viandier/Caussain*.

672 Cour d'Appel de Paris, 19.7.1890, DP 1892, 2, 257.

673 *Chazal/Reinhard*, Anm. zu Cour d'Appel de Paris, 14.11.2000, Rev. trim. Droit com. 2001, 151 (152).

tion vom 23.5.1977[674] zur Nichtigerklärung. Es stellte sich heraus, dass die gekaufte Gesellschaft so sehr mit einer zweiten Gesellschaft vermengt war, dass für beide Gesellschaften eine gemeinsame, nicht trennbare Konkursmasse entstand. Die Gesellschaft, die die Kläger zu erwerben glaubten, bestand als solche gar nicht wirklich. Die Cour de Cassation nahm einen Fall des Art. 1110 C.civ. an, weil die Käufer in dem irrigen Glauben waren, eine Gesellschaft mit einem eigenen und von anderen Rechtspersonen zu unterscheidenden Vermögen zu erwerben.

In den meisten Fällen werden jedoch die Anteile an der unternehmenstragenden Gesellschaft selbst nicht weniger gesellschaftsrechtliche Rechte vermitteln, als es zu erwarten war. Wenn der Käufer nicht zufrieden ist mit dem Kauf eines Unternehmens *„en société"*, so liegt das typischerweise daran, dass das Unternehmen seine Erwartungen nicht erfüllt. Verschiedene Fehler des Unternehmens können vorliegen: es können wichtige Aktiva fehlen, oder es besteht kein Eigentum an ihnen, das Unternehmen darf aufgrund öffentlichrechtlicher Anordnungen nicht mehr betrieben werden, die Kundschaft kann plötzlich wegbleiben – manchmal hatte sich das schon angekündigt, bevor die Gesellschaft verkauft wurde –, oder es tauchen unerwartete Verbindlichkeiten auf, ein sogenanntes *passif supplémentaire*. Gerade der letzte Fall ist häufig, und zwar besonders, wenn die Finanzbehörden überraschend eine Steuernachforderung für längst abgelaufene, unter der Führung des früheren Mehrheitsgesellschafters abgeschlossene Geschäftsjahre präsentieren. Typischerweise ist die Gesellschaft bereits zahlungsunfähig oder es ist ein Insolvenzverfahren eröffnet, wenn die Gerichte über den daraus sich ergebenden Streit zwischen altem und neuen beherrschenden Gesellschafter entscheiden müssen. Einige dieser Fälle können auch beim Verkauf des *fonds de commerce* auftreten, nicht jedoch die unerwarteten Passiva, da diese (wie oben 2.1.1.2 gezeigt) nicht mit dem *fonds de commerce* auf den Erwerber übergehen, wenn keine besondere Vereinbarung getroffen wird.

Der Irrtum über diese Eigenschaften des Unternehmens, nur mittelbar aber der gekauften Anteile ist häufig ein bloßer Irrtum über den Wert, der unbeachtlich ist.[675]

Die Rechtsprechung hat dennoch in etlichen Fällen einer Klage wegen einer *erreur sur les qualités substantielles* Recht gegeben. In allen diesen Fällen war eine sehr erhebliche Diskrepanz zwischen der erwarteten und der tatsächlichen Lage der Gesellschaft gegeben. Die Voraussetzung hierfür ist, dass der Irrtum so schwer wiegt, dass es der Gesellschaft wegen der Tatsachen, von

---

[674] Cass. civ. 1ère, 23.5.1977, Bull. civ. I, Nr. 244.

[675] Cass. com., 26.3.1974, Bull. civ. IV, Nr. 108 = Rev. trim. Droit com. 1974, 291 zust. Anm. *Houin*; Cass. com., 4.2.1997, Quot. Jur. v. 18.3.1997, Nr. 22, S. 6 m. Anm. *P.M.*; Cour d'Appel de Paris, 30.6.1992, Bull. Joly 1992, 1096 m. Anm. *A.C.*; *Ghestin*, La notion d'erreur dans le droit positif actuel, Nr. 69 (zit. n. *Mousseron*, Conventions de garantie, Nr. 61).

denen der Irrende keine Kenntnis hat, nicht mehr möglich ist, ihr *objet social* zu erreichen und mit dem Ziel der Gewinnerzielung zu arbeiten.

Schon 1897 erging eine Entscheidung des Tribunal civil de la Seine, die im wesentlichen auf der Linie der heutigen Rechtsprechung liegt.[676] Zwei Gründer einer Aktiengesellschaft hatten Geldgeber gefunden, die Aktien gezeichnet hatten im Vertrauen darauf, dass durch die Einführung eines nur angeblich erfundenen Prozesses mit einer „geheimen Formel" Gewinne erzielt würden. Ein Dritter hatte einen Teil dieser Aktien von den ahnungslosen und gutgläubigen Gesellschaftern erworben. Er verlangte die Annullierung dieses Kaufs, als der Betrug aufflog. Zunächst stellt das Gericht fest, dass der Irrtum über die geschäftlichen Aussichten des Unternehmens beim Anteilskauf grundsätzlich irrelevant ist:

> *„au point de vue de l'art 1110 C. civ., il importe peu qu'une entreprise mise en actions soit bonne ou mauvaise, qu'elle présente ou non des chances raisonnables de succès ; (...) ce sont là, en effet, des qualités contingentes et accidentelles au sujet desquelles les parties ont pu être induites en erreur, sans que le contrat se trouve nécessairement vicié".*[677]

Dennoch wird der Vertrag in dem zu entscheidenden Fall wegen Irrtums für nichtig erklärt:

> *„il en est autrement lorsque l'objet principal, en vue duquel une Société s'est constituée, n'existe qu'en apparence (...) l'acheteur d'actions a bien été dans ce cas trompé sur la substance même de la chose".*[678]

Dass ein Irrtum bloß über die geschäftliche Lage des Unternehmens der gekauften Gesellschaft nicht zur Nichtigkeit führen kann, bestätigt eine Entscheidung der Handelskammer der Cour de Cassation vom 26.3.1974.[679] Hier hatten die Käufer eine Gesellschaft gekauft, deren Unternehmung sie irrtümlich für „gesund" hielten. Die wahre Geschäftslage stellte sich als schlechter heraus, als vermutet worden war. Die Käufer beriefen sich auf einen Irrtum über die Ertragskraft der gekauften Aktien. Dem hält die Kammer für Handelssachen entgegen, dass die Zielgesellschaft zwar möglicherweise eine *„entreprise « malade »"* betreibe, dennoch sei sie in der Lage, das *objet social* zu erfüllen.[680] Daher liege nur ein Irrtum über den Wert der gekauften Anteile, nicht jedoch über deren *qualités substantielles* vor.

Als Ausgangspunkt dafür, dass die Rechtsprechung beim Kauf eines Unternehmens durch Kauf einer Kapitalbeteiligung in geeigneten Fällen auch Irr-

---

[676] Trib. civ. Seine, 8.1.1897, Rev. soc. 1897, 298.

[677] Trib. civ. Seine, 8.1.1897, Rev. soc. 1897, 298 (301).

[678] Trib. civ. Seine, 8.1.1897, Rev. soc. 1897, 298 (301).

[679] Cass. com., 26.3.1974, zit. (oben Fn. 675).

[680] Bei Cass. com., 26.3.1974, zit. (oben Fn. 675) heißt es dazu: *„les cessionnaires avaient entendu prendre une participation dans une société concurrente de la leur et susceptible de remplir son objet social, ce dont la société Working, bien que déficitaire, n'était pas incapable".*

tümer als *erreur sur les qualités substantielles* für beachtlich hält, die über die reine Fehlvorstellung darüber, welche Rechte der Gesellschaftsanteil vermittelt, hinausgehen, wird auf das Urteil der dritten Zivilkammer der Cour de Cassation vom 25.5.1974[681] hingewiesen.[682] Dem Fall lag folgender Sachverhalt zu Grunde: Eine Geburtsklinik wurde in der Form einer Gesellschaft (S.A.R.L.) betrieben. Es kam zu einem Vorvertrag über den Kauf der Gesellschaft. Der Käufer hat die den Verkäuferinnen bekannte Absicht, das Unternehmen erheblich zu erweitern und in eine chirurgische Klinik umzuwandeln; in dem Vorvertrag wird als *objet* der Gesellschaft der Betrieb einer Klinik entsprechend diesen Plänen aufgenommen. Nach der Satzung der Eigentümergemeinschaft, zu der die Betriebsimmobilie der Gesellschaft gehört, ist jedoch diese Erweiterung nicht möglich, sogar der jetzige Betrieb als bloße Geburtsklinik ist schon unzulässig.

Die Cour de Cassation nahm hier einen Irrtum des Käufers an, der zur Nichtigerklärung des Vorvertrages über den Kauf der S.A.R.L.-Anteile berechtigte. Es liege eine *„erreur portant sur la cause déterminante de la convention"*[683] vor.

Ob diese Entscheidung der dritten Zivilkammer der Cour de Cassation im Einklang stand mit der damaligen Rechtsprechung der Kammer für Handelssachen, erscheint jedoch mit Blick auf ein Urteil dieser Kammer vom 16.12.1970[684] fraglich. Dort waren alle Aktien einer Aktiengesellschaft verkauft worden. Einziges Vermögensstück der Gesellschaft war eine monegassische Bankkonzession. Diese stand jedoch auf tönernen Füßen, wie sich zeigte, als sie der Gesellschaft kurz später unter Berufung auf Unregelmäßigkeiten vor der Übernahme entzogen wurde. Das Gericht lehnte die Nichtigerklärung auf der Basis von Art. 1110 C.civ. ab, weil die vertraglich geschuldete Leistung der Verkäufer nicht die Bankkonzession, sondern die Aktien gewesen seien und der Vertrag nicht erwähne, dass die Konzession etwa das ausschlaggebende Motiv für den Kauf gewesen sei. Offenbar war jedoch die Nutzung der Konzession zu Bankgeschäften der satzungsgemäße Gesellschaftszweck, und dessen Erreichung war infolge der Entziehung unmöglich. Der Fall ist nicht ohne Parallele zur der Entscheidung der dritten Zivilkammer von 1972[685] und hätte wohl auch in deren Sinne entschieden werden können.

In drei vielbeachteten Entscheidungen aus den Jahren 1991 und 1995 hatte die Kammer für Handelssachen Gelegenheit, ihre Auffassung von der Anwendung der *erreur sur les qualités substantielles* klarzustellen.

---

681 Cass. civ. 3ème, 25.5.1972, Bull. civ. III, Nr. 330 = JCP 1972, II, 17249 m. zust. Anm. *Ghestin*.

682 *Bureau*, Anm. zu Cass. com., 17.10.1995 und 12.12.1995, Rev. soc. 1996, 55 Nr. 11.

683 Cass. civ. 3ème, 25.5.1972, zit. (oben Fn. 681).

684 Cass. com., 16.12.1970, Bull. civ. IV, Nr. 346.

685 Cass. civ. 3ème, 25.5.1972, zit. (oben Fn. 681).

Der erste dieser Fälle wurde am 1.10.1991 entschieden und betraf die Sache „Quille".[686] Die SNC (*société en nom collectif*) Quille hatte an zwei Käufer 3994 der insgesamt 4000 Aktien der Aktiengesellschaft SCC verkauft. Der satzungsmäßige Zweck der Zielgesellschaft SCC war die Ausbeutung von Steinbrüchen. Keine zwei Monate vorher hatte die SCC jedoch ihren *fonds de commerce* – also die Steinbrüche – unter einer aufschiebenden Bedingung verkauft, die erst nach dem Verkauf der Anteile an SCC eintrat. Die Käufer verlangten die Nichtigerklärung des Vertrages wegen eines Irrtums hinsichtlich der *qualités substantielles* der Kaufsache.

Die Kammer für Handelssachen der Cour de Cassation ignoriert das Argument der Verkäuferin, dass nicht die Aktiva und der *fonds de commerce* der Zielgesellschaft, sondern bloß die Gesellschaft verkauft worden sei und deshalb der Irrtum über die Zusammensetzung des Vermögens der Zielgesellschaft nicht zur Anfechtung nach Art. 1110 berechtige. Sie hält die Nichtigerklärung aus der Vorinstanz aufrecht, weil der Irrtum der Käufer beachtlich sei, da deren Wille nicht auf den Kauf einer Gesellschaft gerichtet gewesen sei, der die wesentlichen Aktiva fehlten und die so keine Möglichkeit habe, ihren Gesellschaftszweck zu erreichen und durch eine entsprechenden Betrieb einen Ertrag zu erwirtschaften. Die Kammer für Handelssachen übernimmt dabei die Worte der Vorinstanz:

> *„[les cessionnaires] ne pouvaient raisonnablement acquérir en connaissance de cause une société privée non seulement de l'essentiel de son actif mais surtout de la possibilité de réaliser son objet social, d'avoir une activité économique et donc de toute rentabilité".*[687]

In einem so gelegenen Fall helfen klassische vertragliche Gestaltungsmöglichkeiten den Käufern nicht weiter. Sofern die Gegenleistung für den verkauften *fonds de commerce,* die in das Vermögen der Zielgesellschaft gezahlt wird, dessen Verkehrswert entspricht, ist der Gesamtwert der gekauften Gesellschaft nicht beeinträchtigt und dem Käufer kein Vermögensschaden entstanden. Es liegt dann bilanziell ein so genannter Aktivtausch vor, der, wenn man von der eventuellen Realisierung stiller Reserven einmal absieht, keine Auswirkung auf die Gewinn- oder Verlustsituation hat. Eine Bilanzgarantie (*garantie de passif*) wird aus diesem Grund keinen Anspruch gegen die Verkäufer ergeben. Der Fall Quille lag jedoch besonders, denn die Kläger hatten dreimal so viel bezahlt, wie die Zielgesellschaft für den Verkauf ihres *fonds de*

---

[686] Cass. com., 1.10.1991, Bull civ. IV, Nr. 277 = JCP 1992, II, 21860/JCP éd. E 1992, I, 277 m. Anm. *Viandier* = D. 1992, 190 m. Anm. *Virassamy* = Bull. Joly 1991, Nr. 352, S. 1004 m. Anm. *Roca* = Rev. soc. 1992, 497 m. Anm. *Didier* = Rev. trim. Droit com. 1992, 186 Anm. *Champaud/Danet* = Rev. trim. Droit com. 1992, 199 Anm. *Reinhard* = Rev. trim. Droit civ. 1992, 80 Anm. *Mestre* = JCP éd. E 1992, I, 120 Nr. 5 Anm. *Viandier/Caussain* = Quot. jur. 1991, 154 Nr. 5, Anm. *B.P.* = Dr. sociétés 1992, Nr. 13 Anm. *Le Nabasque* = Defrénois 1992, 578 Anm. *Le Cannu*.

[687] Cass. com., 1.10.1991, zit. (oben Fn. 686).

commerce mit den Steinbrüchen eingenommen hatte.[688] Warum dies so war, insbesondere ob dies gezielt so gestaltet war, um die Kläger zu schädigen, ergibt sich aus dem Urteil nicht. Jedoch konnte den Verkäufern ein *dol* nicht nachgewiesen werden, sie handelten also offenbar gutgläubig.

Die Entscheidung vom 1.10.1991 ist von den Kommentatoren ganz überwiegend positiv aufgenommen worden.[689] Sie weisen darauf hin, dass die Lösung sich auf der Linie der Rechtsprechung bewege, die durch das oben besprochene Urteil der dritten Zivilkammer vom 25.5.1972 vorgegeben worden sei.[690] Kritisch äußert sich allerdings *Reinhard*, der die Entscheidung zwar für materiell gerecht, rechtlich jedoch für problematisch hält, weil er eine Vermengung des *fonds de commerce* und der verkauften Gesellschaftsanteile erkennt:

> *„les actions n'étaient privés ni des droits patrimoniaux ni des prérogatives de gouvernement qui les caractérisent. La société ne pouvait plus exploiter les carrières, contrairement à l'objectif recherché par l'acquéreur. Mais n'est-ce pas une qualité substantielle du fonds de commerce plus que des actions. En vérité, il est extrêmement difficile, dans le domaine de l'entreprise, de distinguer strictement droits d'associés et activité économique ; en cas de cession de droits d'associés, l'entreprise demeure en effet hors du champ contractuel."* [691]

Die positiven Kommentare heben hingegen heraus, dass das Anwendungsgebiet der *erreur sur les qualités substantielles* sich nicht bloß auf die eng verstandenen Eigenschaften der verkauften Sache, sondern auch auf die Eigenschaften erstrecke, die die Parteien beim Vertragsschluss im Blick gehabt hätten, wozu hier die Aktivität der Zielgesellschaft als Steinbruchunternehmen gehört habe.[692] Das Urteil zeigt nach der Ansicht von *Mestre*, dass die Trennung zwischen der Gesellschaft und den Gesellschaftsanteilen, die ihre Gesellschafter halten und die durch die Anerkennung der eigenen Rechtspersönlichkeit der Gesellschaften bedingt sei, nicht absolut ist.[693]

Mit einem Urteil vom 7.2.1995 äußerte sich die Kammer für Handelssachen der Cour de Cassation erneut zu der Frage der Anwendung der *erreur sur les*

---

[688] So *Roca*, Anm. zu Cass. com., 1.10.1991, Bull. Joly 1992, 1004 (1005).

[689] Die Entscheidung begrüßen in ihren oben (Fn. 686) zitierten Anmerkungen ausdrücklich: *Champaud/Danet*, *Viandier/Caussain*, *Viandier*, *Virassamy* und *Didier*; ebenso *Paillusseau* in seiner Anm. zu Cass. com., 17.10.1995, D. 1996, Jur., 167.

[690] So von den oben (Fn. 686) zitierten Anmerkungen ausdrücklich *Reinhard*, *Virassamy* und *Mestre*.

[691] *Reinhard*, Anm. zu Cass. com., 1.10.1991, zit. (oben Fn. 686).

[692] *Viandier/Caussain*, Anm. zu Cass. com., 1.10.1991, zit. (oben Fn. 686).

[693] *Mestre*, Anm. zu Cass. com., 1.10.1991, zit. (oben Fn. 686).

qualités substantielles beim Kauf einer unternehmenstragenden Gesellschaft.[694] Die Kläger hatten von den Beklagten 76% der Anteile einer Restaurant-Gesellschaft gekauft. Der Kaufpreis betrug nur einen symbolischen Franc, daneben jedoch verpflichteten sich die Käufer, die Verkäufer im Innenverhältnis freizustellen von eventuellen Ansprüchen, die gegen sie geltend gemacht werden könnten, weil sie sich gegenüber einer Bank und einer Brauerei für Verpflichtungen der Gesellschaft verbürgt hatten. Erst nachdem sie nach dem Vertragsschluss die Bücher der Zielgesellschaft kontrollieren konnten, erkannten die Käufer, dass die wirtschaftliche Lage der Gesellschaft nicht nur schlecht, sondern sogar unumkehrbar negativ war. Etwa zehn Monate später war die Gesellschaft endgültig insolvent. Als nun die Verkäufer aus den Bürgschaften in Anspruch genommen wurden, klagten sie gegen die Käufer aus deren Versprechen, die Belastung zu übernehmen. Auf die Wiederklage der Käufer hin erklärten die Gerichte den Kaufvertrag gemäß Art. 1110 C.civ. für nichtig. Die Cour de Cassation bestätigte diese Ansicht. In ihrer Begründung gebraucht sie folgende Formulierung:

> *„l'arrêt ayant relevé que la cession des parts sociales n'avait eu pour objet que le transfert, à l'insu des cessionnaires, d'une société déjà privée de l'essentiel de son actif et devenue dans l'impossibilité manifeste de réaliser son objet social, de poursuivre une activité économique et donc d'avoir une rentabilité, la cour d'appel a pu en déduire que l'erreur des cessionnaires portait sur les qualités substantielles des parts sociales et non sur leur valeur".*[695]

Diese Entscheidung geht, obwohl sie ähnliche Worte findet wie das Urteil vom 1.10.1991, doch in der Sache einen Schritt weiter. Denn hier fehlte der Gesellschaft nicht ihr *fonds de commerce*, sondern die schlechte Lage war allein wirtschaftlich bedingt. *Mestre* stellt zutreffend fest, dass der Irrtum über den Wert hier relativ nahe liegt.[696] Im gleichen Sinn äußert sich auch *Couret*.[697]

---

[694] Cass. com., 7.2.1995, D. 1996, 50 m. Anm. *Blasselle* = Bull. Joly 1995, 407 m. Anm. *Couret* = RJDA 1995, 450 = Rev. trim. Droit civ. 1995, 878 Anm. *Mestre*.

[695] Cass. com., 7.2.1995, zit. (oben Fn. 694).

[696] *Mestre*, Anm. zu Cass. com., 7.2.1995, zit. (oben Fn. 694).

[697] *Couret*, Anm. zu Cass. com., 7.2.1995, zit. (oben Fn. 694). Zu kurz gegriffen ist es jedoch, hier auf den nur symbolischen Kaufpreis von einem Franc zu verweisen, wie es *Couret* tut. Denn das Versprechen, die Verkäufer von den Bürgschaften freizustellen, hatte einen erheblichen wirtschaftlichen Wert, der – da den Parteien zumindest eine schlechte und somit riskante Lage der Hauptschuldnerin, der Zielgesellschaft, bekannt war – näher an dem Nennwert der Bürgschaften als an Null lag. Der Wert der Gegenleistungen ergibt sich aus der Summe der Bewertung der Bürgschaftsfreistellung und des unmittelbaren Kaufpreises von einem Franc und ist gerade nicht nur symbolisch. Anderenfalls hätte für die Käufer auch kein wirtschaftliches Interesse bestanden, den Kauf anzufechten.

Nach *Blasselle*[698] begründet sich die gefundene Lösung durchaus nicht aus einer dogmatisch unzulässigen Vermischung der Betrachtung der Gesellschaftsanteile und des Gesellschaftsvermögens. Die Parteien könnten jederzeit die Möglichkeit, den Betrieb der Gesellschaft fortzuführen, als vertragliche Eigenschaft der verkauften Anteile festlegen. Ein Irrtum hinsichtlich einer vereinbarten Eigenschaft sei ein Irrtum über eine *qualité substantielle.* Es ergebe sich aus der vorliegenden Rechtsprechung, dass beim Kauf einer Kontrollmehrheit an einer unternehmenstragenden Gesellschaft eine Vermutung dafür besteht, dass die Partein mit der Vorstellung von dieser vereinbarten Eigenschaft, der Möglichkeit der Betriebsfortführung, kontrahiert hätten. Denn dieser Wille sei bei dem Erwerb der Mehrheit an einer Gesellschaft, die ein Unternehmen betreibt, selbstverständlich. Solange der Verkäufer dies nicht widerlegen könne, führe ein Fehlen dieser Eigenschaft zur Nichtigerklärung. Für den Fall, dass weniger Anteile als eine Kontrollmehrheit verkauft würden, gelte dasselbe, jedoch mit der Einschränkung, dass der Käufer die Einbeziehung der Eigenschaft in den Vertrag beweisen müsse, da sie nicht vermutet werden könne.

Die Auffassung von *Blasselle* bestätigt *Jeantin*[699] in seiner Anmerkung zu der dritten Entscheidung der Kammer für Handelssachen der Cour de Cassation zu der Frage der *erreur sur les qualités substantielles* beim Anteilskauf. Diese Entscheidung („Le Campion") stammt vom 17.10.1995.[700] 60% der Anteile einer S.A.R.L. waren verkauft worden. Ohne dass die Käufer dies ahnten, hatte der Verkäufer einer Maschine an die Zielgesellschaft seinen Eigentumsvorbehalt geltend gemacht, was dazu führte, dass diese Maschine nicht mehr zur Verfügung stand. Die Maschine stellte den wesentlichen Teil der (wohl wegen Verbindung mit dem Grundstück) unbeweglichen Anlagegüter der Gesellschaft dar.

Die Cour de Cassation bestätigt die Nichtigerklärung des Anteilskaufvertrages mit folgenden Worten:

> *„ayant retenu que la Sté Novopac [die Käuferin] n'aurait pas traité si elle avait connu l'indisponibilité du matériel constituant l'essentiel de l'actif immobilisé de la Sté APS [die Zielgesellschaft], sans laquelle*[701] *l'entreprise ne pouvait avoir aucune activité et à défaut duquel l'acquisition perdait toute substance, la cour d'appel a pu déduire que*

---

698 *Blasselle,* Anm. zu Cass. com., 7.2.1995, zit. (oben Fn. 694), S. 52.

699 *Jeantin,* Anm. zu Cass. com., 17.10.1995, Bull. Joly 1996, 35 (36).

700 Cass. com., 17.10.1995, Bull. civ. IV, Nr. 244 = Bull. Joly 1996, 35 m. Anm. *Jeantin* = D. 1996, Jur., 167 m. Anm. *Paillusseau* = Rev. soc. 1996, 55 m. Anm. *Bureau* = Rev. trim. Droit com. 1996, 286 Anm. *Champaud/Danet.*

701 Offenbar liegt hier ein Redaktionsversehen des Gerichts vor, es muss richtig „lequel" heißen.

cette erreur, portant sur les qualités substantielles des parts sociales objet de la cession litigieuse, entraînait la nullité de la convention".[702]

Auch diese Entscheidung wurde von den Kommentatoren gutgeheißen. Ein Widerspruch zur Theorie von der juristischen Persönlichkeit der Zielgesellschaft wird von *Jeantin* und von *Champaud* und *Danet* nicht gesehen, da die Entscheidung zurecht nur auf einer Auslegung des Irrtumsrechtes beruhe.[703]

Auch *Paillusseau* begrüßt dieses Urteil. Die Rechtsprechung schaffe es, die wirtschaftliche Realität und den Respekt vor der juristischen Konstruktion der juristischen Persönlichkeit miteinander zu vereinen.[704]

Nach der Ansicht von *Champaud* und *Danet*[705] stellen die Entscheidungen vom 1.10.1991 und vom 17.10.1995 einen Bruch dar mit der seit dem Fall „Cassegrain-Saupiquet"[706] angenommenen Verneinung der Sonderstellung, die der Erwerb einer Kontrollbeteiligung (*cession de contrôle*) gegenüber dem einfachen Anteilskauf einnehme. Die beiden Autoren begrüßen dies, weil durch diese alte Rechtsprechung die wirtschaftliche Realität völlig außer Acht gelassen werde.

Bureau sieht wie *Jeantin* und *Blasselle* eine von der Cour de Cassation aufgestellte Vermutung dafür, dass die Motive des Käufers als vertraglich vereinbart gelten, als juristisches Fundament der Entscheidung vom 17.10.1995. Er hat jedoch erhebliche Bedenken, da so für jeden Anteilserwerb de facto eine Bilanzgarantie fingiert werde, auch wenn die Parteien eine solche gerade nicht vereinbart hätten.[707] *Bureau* ist auch, im Gegensatz zu den zitierten Stimmen,[708] der Ansicht, dass durch die diskutierten Entscheidungen die Theorie der juristischen Person erheblich verbogen werde.[709] Auch den Ergebnissen der neuen Rechtsprechung der Cour de Cassation zur Anwendung des Irrtumsrechts beim Anteilskauf steht *Bureau* mit Skepsis gegenüber. Es bestehe die Gefahr, dass die Verkehrssicherheit darunter leide. Dazu führe das Risiko einer weiteren Ausdehnung der Tendenz, den unzufriedenen Käufer einer Kontrollbeteiligung auch ohne vertragliche Abreden zu schützen. Zudem sei

---

702 Cass. com., 17.10.1995, zit. (oben Fn. 700).

703 *Jeantin*, Anm. zu Cass. com., 17.10.1995, zit. (oben Fn. 699); *Champaud/Danet*, Anm. zu Cass. com., 17.10.1995, Rev. trim. Droit com. 1996, 286.

704 *Paillusseau*, Anm. zu Cass. com., 17.10.1995, D. 1996, Jur., 167 (172).

705 *Champaud/Danet*, Anm. zu Cass. com., 17.10.1995, zit. (oben Fn. 703).

706 Cass. com., 21.1.1970, zit. (oben Fn. 648).

707 *Bureau*, Anm. zu Cass. com., 17.10.1995 und Cass. com., 12.12.1995, Rev. soc. 1996, 56, Nr. 12.

708 Etwa *Jeantin*, Anm. zu Cass. com., 17.10.1995, zit. (oben Fn. 699; dort S. 37); *Champaud/Danet*, Anm. zu Cass. com., 17.10.1995, zit. (oben Fn. 703); *Paillusseau*, Anm. zu Cass. com., 17.10.1995, zit. (oben Fn. 704).

709 *Bureau*, Anm. zu Cass. com., 17.10.1995 und Cass. com., 12.12.1995, Rev. soc. 1996, 56, Nr. 14.

unklar, was genau das von der Cour de Cassation gebrauchte Kriterium des *objet social* bedeute. Es finde sich nicht in allen Entscheidungen – nämlich nicht in dem Urteil vom 17.10.1995 –, und die Kammer für Handelssachen habe sich nicht dazu geäußert, welches *objet social* gemeint sei, das gesetzliche oder das satzungsmäßige. Insgesamt sieht *Bureau* die Tendenz, dass Regeln, die für den Verkauf des *fonds de commerce* eingeführt wurden, wegen der angenommenen Schutzwürdigkeit auch der Käufer einer Mehrheitsbeteiligung an einer Gesellschaft auf diesen Fall übertragen würden. Wer bewusst die Form des Verkaufs der unternehmenstragenden Gesellschaft und nicht den Verkauf des Unternehmens selbst wähle, der müsse das Fehlen besonderer Schutznormen in Kauf nehmen.[710]

In späteren Entscheidungen hat die Kammer für Handelssachen der Cour de Cassation sowohl die in den näher erörterten drei Urteilen definierte Linie fortgesetzt als auch erneut den bloßen Irrtum über den Wert davon abgegrenzt.

So lehnte die Cour de Cassation in einer Entscheidung vom 18.2.1997[711] die Nichtigerklärung des Kaufs einer Hausverwaltungsgesellschaft wegen Irrtums ab. Drei Jahre nach dem Kauf hatten die Verkäufer, die auch die größten Kunden waren, ihre Aufträge gekündigt. Ein beachtlicher Irrtum lag nicht vor, weil nur der Wert der Anteile betroffen sei und die Gesellschaft weiter in der Lage war, ihre satzungsgemäße Tätigkeit auszuüben. *„L'erreur alléguée n'affectait que la valeur des actions cédées et n'avait pas empêché la société de poursuivre l'activité économique constituant son objet social"*.[712]

Umgekehrt und konform mit der durch das Urteil vom 1.10.1991 vorgezeichneten Linie argumentierte die Kammer für Handelssachen auch in einer Entscheidung vom 13.2.1998.[713] Hier wurde der Anteilskauf für nichtig erklärt, weil der Betrieb einer Diskothek, die der Gesellschaft gehörte, aus Lärmschutzgründen gerichtlich untersagt wurde und so der Zweck der Gesellschaft von Anfang an nicht erreichbar war.

Die Rechtsprechung der Cour de Cassation bestätigt auch ein Urteil der Cour d'Appel von Paris vom 19.3.1999, das die Nichtigerklärung aus Art. 1110 C.civ. ablehnt, da der Gesellschaftszweck trotz schwerster finanzieller Probleme der gekauften Gesellschaft noch verfolgbar war.[714]

---

710 *Bureau*, aaO., Nr. 19 – 24.

711 Cass. com., 18.2.1997, RJDA 1997, Nr. 911 = Bull. Joly 1997, 533 = Rev. trim. Droit com. 1997, 274 Anm. *Champaud/Danet*.

712 Cass. com., 18.2.1997, zit. (oben Fn. 711).

713 Cass. com., 13.2.1998, Rev. trim. Droit com. 1998, 346 zust. Anm. *Champaud/Danet*.

714 Cour d'Appel de Paris, 19.3.1999, Rev. trim. Droit com. 1999, 677 Anm. *Champaud/Danet* = Bull. Joly 1999, 700 m. Anm. *Roca* = RJDA 1999, Nr. 679.

Zweifel lässt allerdings ein Urteil der Kammer für Handelssachen vom 21.10.1997 aufkommen.[715] Hier war zwischen dem Stichtag für die letzte Bilanz der verkauften Gesellschaft und dem Tag des Verkaufs eine erhebliche Verbindlichkeit durch die betrügerischen Machenschaften des Verkäufers entstanden, der gleichzeitig der Geschäftsführer der S.A.R.L. war. Die Cour de Cassation bestätigt die Nichtigerklärung wegen *erreur sur les qualités substantielles*, da die Fortführung des Gesellschaftszwecks wegen der neuen Verbindlichkeit nicht mehr möglich gewesen sei. Dabei verwendet sie die Formulierung, dass nicht bloß der Wert der Anteile betroffen sei, sondern auch der satzungsmäßige Zweck nicht mehr verfolgt werden könne. Dies widerspricht der regelmäßig vertretenen Auffassung, dass eine bloße zusätzliche Verbindlichkeit die Fortsetzung der Gesellschaft mit dem satzungsmäßigen Zweck nicht hindere. *Le Cannu* hält dieses Urteil in seiner Anmerkung für eine reine Billigkeitsentscheidung, die auf der besonderen Verwerflichkeit des Handelns des mittlerweile strafrechtlich verurteilten Verkäufers der Anteile beruhe.[716] Es erscheint jedoch auch möglich, das Urteil als Fortsetzung der am 7.2.1995 begonnenen Linie zu sehen, die eine Nichtigkeit wegen Irrtums schon dann gegeben sieht, wenn ohne Kenntnis der Irrenden nicht die wesentlichen Vermögensgegenstände fehlen, sondern die Gesellschaft rein wirtschaftlich in einer so schlechten Lage ist, dass eine Fortführung unmöglich wird.

In diesem Sinn hat auch die Cour d'Appel von Paris am 14.11.2000 entscheiden.[717] Ein Unternehmenskäufer erwarb für einen Franc eine Gesellschaft, von der er wusste, dass sie in Schwierigkeiten war. Tatsächlich war sie zahlungsunfähig. Die Cour d'Appel gab der Klage auf Nichtigerklärung wegen Irrtums statt, weil die Gesellschaft nicht mehr in der Lage sei, die ihrem Zweck entsprechende wirtschaftliche Aktivität durchzuführen:

> *„la société cédée (...) était déjè privée quasiment de tout actif et (...) était dans l'impossibilité de poursuivre son activité et de remplir son objet"*.[718]

Chazal und *Reinhard* kritisieren diese Entscheidung in ihrer Anmerkung. Eine Gesellschaft könne durchaus zahlungsunfähig sein, ohne dass dadurch die Fortführung ihrer wirtschaftlichen Betätigung unmöglich und ihr Gesellschaftszweck unerreichbar werde.[719]

---

715 Cass. com., 21.10.1997, Bull. Joly 1998, 25 m. Anm. *Le Cannu*.

716 *Le Cannu*, Anm. zu Cass. com., 21.10.1997, Bull. Joly 1998, 25 (26). Hierfür kann auch sprechen, dass eine Veröffentlichung der Entscheidung im Bulletin des arrêts de la cour de cassation unterblieb.

717 Cour d'Appel de Paris, 14.11.2000, Rev. trim. Droit com. 2001, 151 Anm. *Chazal/ Reinhard*.

718 Cour d'Appel de Paris, aaO.

719 *Chazal/Reinhard*, Anm. zu Cour d'Appel de Paris, 14.11.2000, zit. (oben Fn. 717), S. 153 f.

Zusammenfassung

Zusammenfassend lässt sich sagen, dass nach der in den Urteilen vom 1.10.1991, vom 7.2.1995 und vom 17.10.1995 dargestellten Ansicht der Rechtsprechung, die von der überwiegenden Meinung in der Lehre geteilt wird, beim Kauf eines Unternehmens durch Erwerb einer Mehrheitsbeteiligung in der unternehmenstragenden Gesellschaft ein Irrtum über die wesentlichen Eigenschaften der gekauften Gesellschaftsanteile dann vorliegt, wenn die Gesellschaft über die wesentlichen Bestandteile ihres Vermögens nicht mehr verfügen kann und infolgedessen die ihrem Gesellschaftszweck entsprechende Tätigkeit nicht mehr verfolgen und eine wirtschaftliche Aktivität nicht mehr entfalten kann. Beim Kauf einer Kontrollbeteiligung wird vermutet, dass diese Vorstellung des Käufers zum Bestandteil des Vertrages wurde und deshalb für den Irrtum relevant wird. Wird nur eine Minderheitsbeteiligung verkauft, so kann diese Vermutung nicht bestehen; es steht dem Käufer jedoch die Möglichkeit offen, die Einbeziehung der genannten Vorstellung in den Vertrag zu beweisen.

Unklar bleibt jedoch, inwieweit es genügt, dass die Tätigkeit der Zielgesellschaft allein aufgrund fehlender finanzieller Mittel nicht mehr fortgeführt werden kann.

3.3.3) Annulation wegen Täuschung (dol)

Die Anfechtung des Anteilskaufs wegen eines Irrtums über die Eigenschaften des Unternehmens ist nach der oben gezeigten Rechtslage nur in extremen Fällen erfolgversprechend. Es liegt daher häufig nahe, eher an die Geltendmachung einer Täuschung zu denken. Denn oft ist es praktisch schwer vorstellbar, dass der Verkäufer einer Mehrheitsbeteiligung, der das Unternehmen der Gesellschaft wie sein eigenes geführt hat, keine Kenntnis von erheblichen versteckten Verbindlichkeiten oder anderen Problemen hat. Wenn die Schwierigkeiten der Gesellschaft überhaupt jemandem bekannt sind, dann ihm.

Trotzdem bleibt in vielen Fällen der Beweis des Vorsatzes für den irregeleiteten Käufer der Kapitalbeteiligung schwierig.[720] Der getäuschte Käufer muss grundsätzlich in allen Fällen den Beweis der vorsätzlichen Täuschung erbringen: In Art. 1116 Abs. 2 C.civ. heißt es:

„[Le dol] ne se présume pas et doit être prouvé."

Zwar ist die Rechtsprechung in manchen Fällen etwas großzügiger, als es der Gesetzestext vorgibt, und erlaubt die Anwendung von Vermutungen auch beim *dol*.[721] Dennoch dürfte das Beweisproblem der Grund dafür sein, dass in

---

720 *Bureau*, Anm. zu Cass. com., 17.10.1995 und 12.12.1995, Rev. soc. 1996, 56, Nr. 22; *Mestre/Velardocchio*, Lamy sociétés commerciales 2002, Nr. 875.

721 *Mousseron*, JCP éd. E 1994, I, 362, Nr. 13.

manchen scheinbar offensichtlichen Fällen die Käufer einen anderen, rechtlich viel problematischeren Weg einzuschlagen suchen.[722]

Insgesamt jedoch stellen *Viandier* und *Caussain* wohl zu Recht fest, dass die Berufung auf eine vorsätzliche Täuschung das am häufigsten erfolgreiche rechtliche Mittel ist, um von einem enttäuschenden Unternehmenskauf durch Erwerb einer Kapitalbeteiligung wieder abzukommen.[723] Auch *Couret* stellt fest, dass die Gerichte verhältnismäßig leicht dazu kommen, einen *dol* anzunehmen.[724] Nach der Zahl der veröffentlichten Gerichtsentscheidungen,[725] die in erheblich mehr Fällen auf der Basis eines *dol* zur Nichtigkeit gelangen als wegen einer *erreur sur les qualités substantielles* und nur ganz selten einen Sachmangel der Anteile anerkennen,[726] liegt dieser Schluss nahe. Anderer Ansicht ist jedoch *Roca*, die die Nichtigerklärung wegen *dol* als selten bezeichnet.[727]

Der Grund dafür, dass es verhältnismäßig nahe liegt, beim Kauf von Gesellschaftsanteilen einen *dol* anzunehmen, liegt darin, dass die vorsätzliche Täuschung beim *dol* dazu führt, dass alle Arten von für den Vertragsschluss kausalen Irrtümern beachtlich werden. Dies gilt, wie schon oben[728] gezeigt, auch für den bloßen Wertirrtum, der sonst unbeachtlich ist. Es stellt daher im Bereich des *dol* kein besonderes Rechtsproblem dar, dass beim Kauf der unternehmenstragenden Gesellschaft nicht das Unternehmen selbst, sondern Anteile an einer Gesellschaft Gegenstand des Vertrages sind. Die Differenzierung, die mit der Anerkennung der juristischen Persönlichkeit der Gesellschaften begründet wird, stellt sowohl für die *erreur sur les qualités substantielles* als auch bei der Anerkennung einer Sachmangels beim Anteilskauf im französischen Recht das Hauptproblem dar. Ist eine Fehlvorstellung, die sich nicht auf die Funktion der gekauften Anteile bezieht, sondern auf das von der Gesellschaft betriebene Unternehmen selbst, auch nur ein bloßer Wertirrtum, so ist das beim Vorliegen einer vorsätzlichen Täuschung ohne Bedeutung: der Irrtum ist dennoch beachtlich.[729] Deshalb wird ein *dol* beim Anteilskauf auch angenommen, wenn sich der täuschungsbedingte Irrtum nicht auf Merkmale der Anteile, sondern des Unternehmens bezieht.[730]

---

722 Ein Beispiel ist der in Cass. com., 21.10.1997, zit. (oben Fn. 715) entschiedene Fall.

723 *Viandier/Caussain*, Anm. zu Cour d'Appel de Paris, 16.4.1992, zit. (oben Fn. 456).

724 *Couret*, Anm. zu Cass. com., 7.2.1995, zit. (oben Fn. 694), dort S. 411.

725 Eine (nicht erschöpfende) Liste von Entscheidungen, in denen die Nichtigkeit wegen *dol* ausgesprochen wurde, findet sich bei *Cozian/Viandier/Deboissy*, Droit des sociétés, Nr. 919.

726 Dazu unten Teil C, 3.4.1.

727 *Roca*, Anm. zu Cass. com., 4.12.1990, zit. (oben Fn. 589), dort S. 195.

728 Oben Teil C, 2.1.4.4 (bei Fn. 401).

729 *Mousseron*, Conventions de garantie, Nr. 66.

730 *Viandier*, Anm. zu Cour d'Appel de Paris, 31.1.1997, zit. (oben Fn. 647); *Massart*, Cession de contrôle, Nr. 208.

Ein Beispiel aus der Rechtsprechung hierfür ist die Entscheidung der Cour d'Appel von Paris vom 11.12.1992.[731] Ein Verkäufer einer Gesellschaft hatte arglistig verschwiegen, dass die Zufahrt zu deren Unternehmen mit Lastkraftwagen wegen einer Regelung der Grundstücksmiteigentümer nicht möglich war. Diese Zufahrtsmöglichkeit war jedoch für das Funktionieren des Betriebes wichtig. Der Anteilsverkauf wurde wegen *dol* für nichtig erklärt. *Viandier* und *Caussain* ebenso wie *Le Nabasque* halten in ihren Anmerkungen[732] die Entscheidung der Pariser Berufungsrichter unter dem Eindruck der damals neuen Rechtsprechung der Cour de Cassation zur Berücksichtigung der *erreur sur les qualités substantielles* in der Sache *„Quille"* (Urteil der Kammer für Handelssachen vom 1.10.1991)[733] für bemerkenswert, weil es die Tendenz der Rechtsprechung erkennen lasse, außerhalb der verkauften Anteile liegende Tatsachen in die Beurteilung von Willensmängeln einfließen zu lassen. An sich ist diese Rechtsprechung jedoch nicht ungewöhnlich, da der *dol* eben nicht voraussetzt, dass der Irrtum sich auf die *qualités substantielles* der Kaufsache bezieht.[734]

Auch sonst gibt es für die Beurteilung des *dol* beim Unternehmenskauf in der Form des Anteilskaufes keine Besonderheiten gegenüber der schon für den Kauf des *fonds de commerce* dargestellten Rechtslage.

Das Schweigen des wissenden Vertragspartners über eine für die Willensbildung bedeutsame Tatsache, die der andere Teil nicht kennt, die *réticence dolosive*, ist auch beim Kauf von Gesellschaftsanteilen als den *manœuvres positives* gleichwertig anerkannt. Seit zwei Entscheidungen von 20.2.1979[735] und vom 3.4.1979[736] ist dies auch Bestandteil der Rechtsprechung der Kammer für Handelssachen der Cour de Cassation.[737]

---

[731] Cour d'Appel de Paris, 11.12.1992, JCP éd. E 1993, I, 250 Nr. 3 Anm. *Viandier/Caussain* = Dr. soc. 1993, Nr. 143 Anm. *Le Nabasque*.

[732] *Viandier/Caussain* und *Le Nabasque*, Anm. zu Cour d'Appel de Paris, 11.12.1992, zit. (oben Fn. 731).

[733] Cass. com., 1.10.1991, zit. (oben Fn. 686).

[734] *Massart*, Cession de contrôle, Nr. 209.

[735] Cass. com., 20.2.1979, Dr. soc. 1979, 238 = Gaz. Pal. 1979, 1, Pan., 246: Der Käufer einer S.A.R.L. war in Unkenntnis über gewisse Verbindlichkeiten der Gesellschaft belassen worden, daher hatte er einen den Wert der Anteile deutlich übersteigenden Preis bezahlt. Die Nichtigerklärung hatte der Käufer nicht beantragt, doch ein Schadensersatzanspruch war begründet.

[736] Cass. com., 3.4.1979, Rev. soc. 1980, 723 m. Anm. *du Pontavice*: Beim Verkauf aller Anteile einer S.A.R.L. hatten die Verkäufer eine nicht bilanzierte, ihnen aber bekannte Steuerverbindlichkeit der Gesellschaft verschwiegen. Aufgrund der Bilanz war der Preis berechnet worden. Den Käufern, die nicht die Nichtigkeit des Kaufs, sondern Schadensersatz beantragt hatten, wurde dieser in der anteiligen Höhe der jeweils erworbenen Anteilsquote zugesprochen.

[737] *Du Pontavice*, Anm. zu Cass. com., 3.4.1979, Rev. soc. 1980, 723 (725).

In der Literatur werden für die Behandlung des Schweigens beim Verkauf von Mehrheitsbeteiligungen besondere Aufklärungspflichten erwogen, um die Schutzlosigkeit des Käufers von Gesellschaftsanteilen zu vermindern. Diese Pflichten seien aber positivrechtlich noch nicht festzustellen.[738] Das Bedürfnis stammt daher, dass die allgemeine, aus dem guten Glauben abgeleitete *obligation de renseignement*[739] nicht so weit geht wie ein Art. L141-1 Abs. 1 Code de commerce, also der Rechtslage beim Verkauf eines *fonds de commerce* entsprechender Schutz.

Wie beim Kauf des *fonds de commerce* ist die Fahrlässigkeit des Opfers gegenüber der vorsätzlichen Täuschung irrelevant. *Mousseron,* der für die übrigen Fälle des *dol* davon ausgeht, dass ein Verschulden des Getäuschten der Nichtigerklärung im Weg stehen könne,[740] geht jedenfalls für den Kauf eines Unternehmens in Gesellschaftsform wie die herrschende Meinung auch davon aus, dass die Fahrlässigkeit des Opfers keine Bedeutung hat.[741] Denn jedenfalls beim Anteilskauf sei der Käufer besonders von Informationen des Verkäufers abhängig.

Ebenso wie für den Kauf des *fonds de commerce* erläutert hat der getäuschte Käufer bei Vorliegen eines *dol* die Wahl, ob er die Rückabwicklung des Kaufvertrages im Wege der Nichtigerklärungsklage begehrt oder nur Schadensersatz, gestützt auf ein Verschulden im vorvertraglichen Bereich (*responsabilité précontractuelle*).[742]

3.4) Haftung aus kaufrechtlichen Rechtsbehelfen

3.4.1) Anwendung des Sachmängelgewährleistungsrechtes (Vices cachés)

Die Frage, ob die Abweichung des als Gesellschaft gekauften Unternehmens von der Vorstellung des Käufers im französischen Recht zur Anwendung des Sachmängelrechts führen kann, ist in zweifacher Hinsicht problematisch. Dies beruht jeweils darauf, dass Gegenstand des Kaufs zwar in wirtschaftlicher Hinsicht das Unternehmen ist, tatsächlich aber nur die Gesellschaftsanteile gekauft werden.

Zunächst ist schon umstritten, ob auf den Kauf auch einer Mehrheitsbeteiligung das zur Sachmängelhaftung führende Recht des Sachkaufs anzuwenden ist, oder ob das Geschäft als reiner Forderungskauf zu beurteilen ist.

---

[738] *Bureau,* Anm. zu Cass. com., 17.10.1995 und 12.12.1995, zit. (oben Fn. 720), Nr. 22; *Merle/Fauchon,* Sociétés commerciales, Nr. 654 a.E.

[739] Siehe oben Teil C, 2.1.4.4 (bei Fn. 410).

[740] Oben bei Fn. 453 (mit kritischer Stellungnahme).

[741] *Mousseron,* Conventions de garantie, Nr. 72.

[742] Siehe etwa die oben in Fn. 735 und 736 zitierten Entscheidungen.

Auch soweit die grundsätzliche Anwendbarkeit der Sachmängelhaftung bejaht wird, muss jedoch auch ein Mangel der Kaufsache gegeben sein. Es stellt sich die Frage, ob die Fehlerhaftigkeit des Unternehmens einen Fehler der Anteile darstellt, ob die Anteile in ihrer Eignung zu *„l'usage auquel on la destine"* (Art. 1641 C.civ.) beeinträchtigt sind.

3.4.1.1) Einordnung des Anteilserwerbs zwischen **vente** *und* **cession de créance**

In der französischen Rechtsprechung und der Lehre besteht keine Einigkeit darüber, ob der Kauf einer Mehrheitsbeteiligung an einer unternehmenstragenden Gesellschaft dem Recht des Forderungskaufs (*„cession de créance"*) oder dem des Sachkaufs, der *vente*, unterliegt.

Je nach der Antwort auf die Frage ist die Gewährleistung unterschiedlich geregelt. Der Forderungsverkäufer hat nur für die Existenz der Forderung, nicht jedoch für die Leistungsfähigkeit des Schuldners einzustehen. Dies ergibt sich aus Art. 1693 und 1694 C.civ. Sie lauten:

> *Art. 1693*
> *"Celui qui vend une créance ou autre droit incorporel, doit en garantir l'existence au temps de transport, quoiqu'il soit fait sans garantie."*
>
> *Art. 1694*
> *"Il ne répond de la solvabilité du débiteur que lorsqu'il s'y est engagé, et jusqu'à concurrence seulement du prix qu'il a retiré de la créance."*

Der Verkäufer bei der *vente* hingegen, für die entgegen dem Wortlaut angenommen wird, dass auch nichtkörperliche Gegenstände betroffen sein können,[743] hat nach Art. 1641 C.civ. für deren Nützlichkeit für den vereinbarten Gebrauch einzustehen.[744]

Lehre und Rechtsprechung geben keine klare Antwort auf die Frage.[745] In der Literatur vertreten einige Stimmen die „klassische Konzeption"[746], entsprechend der Gesellschaftsanteile eine Forderung gegenüber der Gesellschaft darstellen, weshalb das Recht der *cession de créance* anzuwenden sei.[747] Die Gegner dieser auf formale Dogmatik gegründeten Ansicht bezeichnen ihre Vertreter

---

743 *Mousseron*, Conventions de garantie, Nr. 146 m.w.N.

744 Siehe oben Teil C, 2.1.5.1.

745 *Bertrel/Jeantin*, Acquisitions et fusions, Nr. 101.

746 Der Ausdruck (*„conception classique"*) stammt von *Viandier/Caussain*, Anm. zu Cass. com., 23.1.1990, JCP éd. E 1990, II, 15838, Nr. 10.

747 *Hémard/Terré/Mabilat*, Sociétés commerciales I, Nr. 445; *Cozian/Viandier/Deboissy*, Droit des sociétés, Nr. 904; *Guyon*, Anm. zu Cass. com., 23.1.1990, Rev. soc. 1990, 248; *Galia-Beauchesne*, Rev. soc. 1980, 29.

als „Wächter der juristischen Orthodoxie“[748]. Sie lassen die Anwendung des Mobiliarkaufrechts zu.[749]

Eine vermittelnde Ansicht geht zwar davon aus, dass auf den Kauf von Anteilen als Rechten die Gewährleistung der *cession de créance* Anwendung findet. Da diese jedoch nur eine Abart der *vente* sei, seien auch die Gewährleistungsansprüche für den Sachkauf anwendbar.[750] Diese Ansicht erklärt besonders gut die Rechtsanwendung durch die Rechtsprechung.

Die Gerichte haben den Kauf von Beteiligungen in der Vergangenheit mal als *cession de créance*, mal als *vente* betrachtet.[751] In ihren neueren Urteilen ist jedoch insbesondere die Kammer für Handelssachen der Cour de Cassation von der Anwendbarkeit der Sachmängelhaftung der *vente* ausgegangen, auch wenn ein Mangel dann meist verneint wurde.[752] Dabei nimmt die Rechtspre-

---

748 *Champaud/Danet*, Anm. zu Cass. com., 4.6.1996, Rev. trim. Droit com. 1996, 680.

749 *Champaud/Danet*, aaO.; *Merle/Fauchon*, Sociétés commerciales, Nr. 655; *Caussain/ Germain*, J.-cl. sociétés v° groupes de sociétés, Nr. 38; *Paillusseau*, Garanties de l'acquéreur de contrôle, S. 43, Nr. 34 – 37; *Paillusseau/Caussain/Lazarski/Peyramaure*, La cession d'entreprise, Nr. 1721; *Mestre/Velardocchio*, Lamy sociétés commerciales 2002, Nr. 968; *Artz*, Rép. sociétés v° cession de droits sociaux, Nr. 194; Dict. perm. Dt. aff., v° cession et transmission de droits sociaux (2001), Nr. 136. *Germain* begründet die Anwendbarkeit des Rechts der *vente* damit, dass bei der *cession de contrôle* die Kontrolle als solche als unkörperlicher Gegenstand verkauft sei: *Germain*, R.J.C,. Sonderheft November 1988, S. 70.

750 *Poustis/Monnot*, JCP éd. E 1985, II, 14464, Nr. 9; *Mousseron*, Conventions de garantie, Nr. 143 – 146; *Bertrel/Jeantin*, Acquisitions et fusions, Nr. 101.

751 *Poustis/Monnot*, JCP éd. E 1985, II, 14464, Nr. 6; *Roca*, Anm. zu Cour d'Appel de Versailles, 17.6.1987, JCP éd. E 1988, II, 15109, hat die Rechtsprechung zu der Frage 1988 als „*incertaine*“ bezeichnet. Eine *cession de créance* hat noch die Cour d'Appel de Paris, 25.1.1994, Bull. Joly 1994, 387 m. Anm. *Couret* mit den folgenden Worten angenommen: „*conformément à l'article 1693 du Code civil et en l'absence de convention spéciale, le cédant d'actions garantit seulement l'existence des droits sociaux et non leur valeur ou la consistance du patrimoine social*“ (das Urteil wurde aufgehoben durch Cass. com., 4.6.1996, unten zit. in Fn. 793). Die Anwendung der *vices cachés* grundsätzlich für eröffnet hielten andererseits beispielsweise: Tribunal civil de la Seine, 8.1.1897, zit. (oben Fn. 676), S. 302; Cour d'Appel von Bordeaux, 11.7.1986, Rev. soc. 1986, 593, m. Anm. *Le Cannu* = Rev. trim. Droit civ. 1987, 742 Anm. *Mestre* = JCP éd. E 1987, I, 16122 Anm. *Viandier/Caussain*; Cour d'Appel von Versailles, 12. Kammer, 17.6.1987, Bull. Joly 1987, 619 m. Anm. *Le Cannu* = JCP éd. E 1987, I, 16959 Anm. *Viandier/Caussain*; Cour d'Appel de Paris, 11.7.1989, Bull. Joly 1989, 708 = Dr. sociétés 1989, Nr. 269.

752 Cass. com., 23.1.1990, Bull. civ. IV, Nr. 23 = D.S. 1991, Jur., 333 m. Anm. *Virassamy* = Rev. droit bancaire et bourse, Nr. 19 (Mai/Juni 1990), Nr. 3 Anm. *Jeantin/Viandier* = Rev. soc. 1990, 248 m. Anm. *Guyon* = Bull. Joly 1990, 370 m. Anm. *Jeantin* = Rev. trim. Droit com. 1990, 591 Anm. *Reinhard* = Rev. trim. Droit com. 1990, 457 Anm. *Bouloc* = JCP éd. E 1990, II, 15838 Nr. 10 Anm. *Viandier/Caussain* = Dr. sociétés 1990, Nr. 59; Cass. com., 12.12.1995, Bull. civ. IV, Nr. 302 = D. 1996, Jur., 277 m. Anm. *Paillusseau* = JCP éd. E 1996, II, 798 m. Anm. *Guyon* = JCP éd. E 1996, I, 541 Nr. 5 Anm. *Viandier/Caussain* = Bull. Joly 1996, 200 m.

chung zur Abgrenzung der Anwendung der Art. 1693 f. und 1641 ff. C.civ. nicht ausdrücklich Stellung. Klar ist aber, dass sie gegen die Anwendung der Sachmängelgewährleistung keine grundsätzlichen Bedenken hat, sondern sie grundsätzlich zulässt.

3.4.1.2 *Voraussetzungen für einen Sachmangel beim Anteilskauf*

Für die Anwendung des Sachmängelrechts sind selbstverständlich ebenso wie bei einem Sachmangel des verkauften *fonds de commerce* die allgemeinen Voraussetzungen zu beachten.[753] Das heißt, dass ein für einen Käufer mit dem Kenntnisstand der betroffenen Vertragspartei der Fehler nicht erkennbar gewesen sein darf, also tatsächlich ein *vice caché* vorgelegen haben muss, und der Käufer den Fehler auch nicht dennoch erkannt haben darf. Hier kann gegen den Käufer sprechen, dass er in der verkauften Gesellschaft eine Führungsposition innehatte, also in Fällen eines *„management buy-out"*. So lag ein Fall vor der Cour d'Appel von Versailles:[754] Der spätere Anteilskäufer war mehr als ein Jahr vor dem Kauf der Anteile *président du conseil d'administration* (Vorsitzender des Verwaltungsrates, die wichtigste Führungsposition in einer traditionell verfassten französischen Aktiengesellschaft) geworden. Daher hatte er jederzeit Zugriff auf alle Konten der Gesellschaft und konnte sich über ihr wirtschaftliches Wohlergehen leicht auf dem Laufenden halten. das Versailler Gericht lehnte das Vorliegen eines *vice caché* mit der Begründung ab, dass die schlechte Situation der Gesellschaft zum Zeitpunkt des Kaufes dem Käufer nicht entgangen sein könne. Einen noch strengeren Maßstab legte die Kammer für Handelssachen der Cour de Cassation in einem Fall an, in dem das Hotel der verkauften Gesellschaft einen Sicherheitsmangel aufwies, auf den sich der Käufer als *vice caché* berief. Nach Ansicht der Kammer hätte sich der Käufer notfalls von Sachverständigen beim Kauf unterstützen lassen müssen, zumindest dann wäre der Verstoß gegen die Sicherheitsvorschriften aufgefallen. Daher lag jedenfalls kein versteckter Fehler vor.[755]

Außerdem muss der Fehler innerhalb des *„bref délai"* ab Kenntnis gerichtlich geltend gemacht werden.[756]

Viel mehr Probleme bereitet der französischen Lehre und Rechtsprechung die Frage, in welchen Fällen überhaupt ein Fehler des verkauften Anteilspa-

---

Anm. *Couret* = Rev. soc. 1996, 55 m. Anm. *Bureau* = Rev. trim. Droit com. 1996, 294 Anm. *Petit/Reinhard*.

753 Dazu oben Teil C, 2.1.5.1.

754 Cour d'Appel de Versailles, 12. Kammer, 17.6.1987, zit. (oben Fn. 751).

755 Cass. com., 7.4.1998, Bull. Joly 1998, 956 m. Anm. *Scholer*. Zu der Frage, ob überhaupt ein relevanter Mangel gegeben war, hat sich das Gericht hier nicht geäußert.

756 Cour d'Appel de Versailles, 8.10.1998, Rev. trim. Droit com. 1999, 893 Anm. *Champaud/Danet* = Bull. Joly 1999, 372 m. Anm. *Le Cannu*; Cour d'Appel de Bordeaux, 11.7.1986, zit. (oben Fn. 751).

ketes angenommen werden kann. Ausgangspunkt ist der (oben[757] wiedergegebene) Wortlaut des Art. 1641 C.civ., der auf die Brauchbarkeit der Kaufsache zum vertragsgemäßen Gebrauch abstellt. Was jedoch ist der vertragsgemäße Gebrauch von Gesellschaftsanteilen? Mögliche Interpretationen schließen ein: Die bloße Ausübung der gesellschaftsrechtlichen Rechte des Gesellschafters;[758] das Bestehen der Verfügungsmacht über das Unternehmen als Wirtschafteinheit;[759] die Teilhabe an Gewinnen des Unternehmens.[760] Nach der wohl weitesten vertretenen Interpretation sind die Anteile einer Gesellschaft die *„représentation de l'entreprise, de ses actifs et passifs"*, und ihr vertragsmäßiger Gebrauch kann auch durch eine neu entdeckte, nicht unerhebliche Verbindlichkeit der Gesellschaft beeinträchtigt werden.[761]

In der Rechtsprechung der Instanzgerichte wurden stark unterschiedliche Ansichten vertreten, bis die Kammer für Handelssachen der Cour de Cassation im Laufe des letzten Jahrzehntes des eben vergangenen Jahrhunderts Gelegenheit zur Klärung hatte, zeitlich parallel zu ihren wichtigen Entscheidungen bezüglich der Anwendung der *erreur sur les qualités substantielles* beim Anteilskauf.[762]

So nahm das Tribunal civil de la Seine in dem schon oben[763] diskutierten Urteil vom 8.1.1897 an, dass die gekauften Anteile an einem *vice caché* litten. Denn das Fehlen der bloß imaginären geheimen Produktionsformel mache die Aktien *„inutiles et sans objet"*.[764] Der wesentliche Gebrauchsnutzen von Gesellschaftsanteilen liege in dem Recht, an den Gewinnen des Unternehmens zu partizipieren, und bei dieser Gesellschaft habe eine solche Aussicht schon anfänglich nie bestanden.

Anlässlich einer nach dem Unternehmenskauf aufgetauchten Steuerforderung gegen die verkaufte Gesellschaft hatte das Tribunal de Commerce von Nanterre 1982 Gelegenheit, sich differenziert zu der Frage zu äußern, wann beim Anteilskauf ein *vice caché* anzunehmen ist.[765] Die Lösung erwähnt ebenfalls das Recht, an den Gewinnen teilzuhaben und liegt in ihrem Akzent schon nahe bei der heute von der Cour de Cassation vertretenen Ansicht. Die Substanz der Anteile sei nur dann betroffen – womit ein *vice caché* anzunehmen

---

757 Oben Teil C, 4.1.5.1.

758 *Jeantin*, Anm. zu Cass. com., 23.1.1990, Bull. Joly 1990, 370 (371).

759 Cour d'Appel de Bordeaux, 11.7.1986, zit. (oben Fn. 751).

760 So schon Trib. civ. Seine, 8.1.1897, zit. (oben Fn. 676), S. 302.

761 *Paillusseau*, Anm. zu Cass. com., 17.10.1995, D. 1996, 167, Nr. 16, 25.

762 Zu diesen Urteilen vom 1.10.1991, vom 7.2.1995 und vom 17.10.1995 siehe oben Teil C, 3.3.2.

763 Oben Teil C, 3.3.2 (bei Fn. 676).

764 Trib. civ. Seine, 8.1.1897, zit. (oben Fn. 676), S. 302.

765 Trib. com. Nanterre, 28.9.1982, Rev. Banque 1983, 235 m. Anm. *Martin*, zit. n. *Mousseron*, Conventions de garantie, Nr. 180.

wäre –, wenn deshalb keine Gewinne erzielt würden, weil der Betrieb des Unternehmens unmöglich oder erschwert sei. Wenn bloß eine zusätzliche Schuld auf der Gesellschaft laste, sei dies nicht der Fall. Es heißt in der Entscheidung:

> *„s'agissant de parts sociales, la notion de vice caché ne pourrait servir de fondement à l'action des cessionnaires en diminution du prix, que si la substance même, l'objet fondamental, des parts sociales était affecté, c'est à dire s'il se révélait une impossibilité ou une gêne imprévue dans l'exploitation par la société de son fonds de commerce, privant les cessionnaires de leur droit de percevoir les bénéfices de l'activité sociale; [...] le passif fiscal n'affecte pas les qualités substantielles des parts, objets de la cession, mais seulement leur valeur; [...] ce passif ne constitue pas un vice caché, ne posant qu'un problème de valeur et non de garantie."*[766]

1986 hat die Cour d'Appel von Bordeaux zur Frage der *vices cachés* beim Gesellschaftskauf Stellung genommen.[767] Der Kläger hatte fast alle Anteile einer Gesellschaft übernommen, wobei kein Kaufpreis bezahlt wurde, er jedoch die Schulden der Gesellschaft übernahm und auf Rückgriff auf die Verkäufer verzichtete. Die Verschuldung war noch höher, als der Käufer angenommen hatte. Die Klage wurde abgewiesen, weil der Käufer nicht schnell genug gehandelt und das *bref délai* nicht eingehalten hatte, zudem wären für ihn die weiteren Schulden der Gesellschaft erkennbar gewesen. Die Cour d'Appel äußert sich nicht klar dazu, ob und warum ein *vice caché* gegeben sei. Nach Ansicht von *Le Cannu*[768] hat die Cour von Bordeaux jedoch indirekt anerkannt, dass Schulden der Gesellschaft ein *vice caché* der Anteile sein können. *Le Cannu* hat dagegen Bedenken, da dies in Konflikt stehe zur juristischen Persönlichkeit der Gesellschaft.

Deutlicher wurde die Cour d'Appel von Versailles in dem schon oben[769] erwähnten Urteil vom 17.6.1987.[770] Sie nahm an, dass ein *vice caché* vorliege, weil die Gesellschaft, deren Anteile gekauft wurden, drei Monate später ein Insolvenzverfahren beantragen musste. Kriterium dafür, dass der vertragsgemäße Gebrauch der Anteile im Sinne des Art. 1641 C.civ. beeinträchtigt sei, ist die Machtstellung des Erwerbers hinsichtlich der Gesellschaft als Wirtschaftseinheit und dem von ihr dargestellten Produktionsmittel:

> *„le vice caché invoqué réside, s'agissant de parts de société, dans la disparition du pouvoir de gestion attaché à l'entité économique et à*

[766] Trib. com. Nanterre, 28.9.1982, zit. (oben Fn. 765).

[767] Cour d'Appel de Bordeaux, 11.7.1986, zit. (oben Fn. 751).

[768] *Le Cannu*, Anm. zu Cour d'Appel de Bordeaux, 11.7.1986, Rev. soc. 1986, 593 (599).

[769] Oben bei Fn. 754.

[770] Cour d'Appel de Versailles, 12. Kammer, 17.6.1987, zit. (oben Fn. 751).

l'outil de production qu'elles représentent et qui n'a pu s'exercer par suite du dépôt du bilan de la société survenu trois mois après la vente."[771]

Diese Definition ist nur brauchbar, wenn wie in dem vorliegenden Fall eine beherrschende Mehrheitsbeteiligung erworben wird, denn nur dann kann der Käufer überhaupt die Macht über die Produktionsmittel anstreben.[772]

Den Entscheidungen aus Bordeaux und Versailles entgegengesetzt entschied die Cour d'Appel von Paris am 11.7.1989:[773] Zwar sei das Sachmangelrecht grundsätzlich auf den Anteilskauf anzuwenden, jedoch müsse der Mangel der *„substance objective"* der Kaufsache anhaften und nicht nur ihren Wert betreffen. Das sei bei einer Verbindlichkeit der Gesellschaft gerade nicht der Fall, und aufgrund einer neu aufgetauchten Verbindlichkeit könne daher die Minderung nicht begehrt werden.

Mit ihrem Urteil vom 23.1.1990[774] machte die Kammer für Handelssachen der Cour de Cassation die durch die Entscheidungen aus Bordeaux und Versailles genährten Hoffnungen derjenigen zunichte, die sich einen besseren Schutz der Käufer von Unternehmensbeteiligungen über die Sachmängelgewährleistung versprochen hatten. Der Kläger hatte eine Kontrollbeteiligung an einer S.A.R.L. gekauft, die ein Hotel und Restaurant betrieb. Nach dem Kauf kam es infolge einer Betriebsprüfung dazu, dass eine so hohe Steuernachforderung von den Finanzbehörden geltend gemacht wurde, dass die Gesellschaft zahlungsunfähig wurde und ein Insolvenzverfahren beantragen musste. Der Käufer berief sich darauf, dass die versteckte Steuerschuld einen Mangel der gekauften Anteile darstelle. Die Klage scheiterte auch in der Revision vor der Cour de Cassation, die in ihrem Urteil die Anwendbarkeit des Sachmangelrechts auf den Sachverhalt deutlich verneinte:

> *„Attendu que la garantie prescrite par l'article 1641 du Code civil ne s'applique qu'en raison des défauts de la chose vendue elle-même ; Attendu que l'arrêt relève que M. Fievet, qui avait acquis un certain nombre de parts sociales, fonde sa demande en droit sur l'article susvisé en fait sur la dette fiscale dont était redevable la société à la suite d'une vérification ; que cette dette n'affectait pas l'usage des parts sociales elles-mêmes mais seulement leur valeur ; d'où il suit qu'en l'absence d'une clause de garantie de passif ou de révision de prix, la révélation d'un passif fiscal ne constituait pas un vice caché des droits sociaux cédés".*[775]

Dass die Cour de Cassation hiermit die Anwendbarkeit der kaufrechtlichen Mängelgewährleistung akzeptierte, half dem Kläger wenig, denn obwohl die

---

[771] Cour d'Appel de Versailles, 12. Kammer, 17.6.1987, zit. (oben Fn. 751).

[772] *Le Cannu*, Anm. zu Cour d'Appel de Versailles, 12. Kammer, 17.6.1987, Bull. Joly 1987, 619 (621).

[773] Cour d'Appel de Paris, 11.7.1989, zit. (oben Fn. 751).

[774] Cass. com., 23.1.1990, zit. (oben Fn. 752).

[775] Cass. com., 23.1.1990, zit. (oben Fn. 752).

Gesellschaft unentdeckt schon im Zeitpunkt des Verkaufs nicht mehr überlebensfähig war, lag nach Ansicht des Gerichts in der unbekannten Verbindlichkeit kein Mangel der Anteile.

Das Echo auf dieses Urteil in der Literatur war geteilt. *Jeantin* und *Viandier* begrüßten die Argumentation, da sie dogmatisch korrekt sei und der Natur des Anteilserwerbs entspreche: *„La Cour de Cassation retient une solution, certes plus sévère, mais plus conforme à l'orthodoxie juridique."*[776] Auch *Viandier* und *Caussain* halten die gefundene Lösung für logisch, da sie der Trennung von Gesellschaftsvermögen und Anteilen entspreche.[777] Nach Ansicht *Reinhards* zeigt die Lösung nur, dass das Kaufrecht keine geeigneten Mittel für das Problem des enttäuschten Anteilskäufers bereitstellen könne.[778] *Guyon* stimmt dem zu. Die Lösung der Cour de Cassation sei jedoch, wenn schon das Sachmängelgewährleistungsrecht Anwendung finde, nicht zwingend, nach dem Wortlaut des Art. 1641 C.civ. sei es nicht nötig, die Haftung auf Fälle zu beschränken, in denen der Gebrauch der Kaufsache unmittelbar beeinträchtigt werde.[779]

Virassamy hingegen verurteilt den Weg der Cour de Cassation grundlegend, da er dem Fall des Erwerbs einer Kontrollbeteiligung nicht entspreche. Nach seiner Meinung sollte entweder eine besondere Betrachtung de *cession de contrôle* erfolgen, oder der vertragsmäßige Gebrauch der Anteile weiter verstanden werden, um der wirtschaftlichen Realität gerecht zu werden.[780] *Paillusseau* hält die Auffassung der Handelskammer ebenfalls für zweifelhaft.[781] Eine unerwartete Verbindlichkeit, jedenfalls wenn sie nicht von unbedeutender Höhe ist, kann aus seiner Sicht durchaus den Gebrauch der Anteile beeinträchtigen und betrifft nicht nur ihren Wert. Denn Geld sei wie andere Aktiva ein Betriebsmittel, eine Verbindlichkeit könne die finanzielle Struktur des Unternehmens zerstören und Investitionsmöglichkeiten reduzieren. Daher könne in der Entdeckung einer Verbindlichkeit ein *vice caché* liegen. Der wesentliche Unterschied der Sichtweise von *Paillusseau* gegenüber derjenigen der Rechtsprechung und ihrer Befürworter liegt darin, dass letztere davon ausgehen, dass Geld grundsätzlich in unbegrenzter Menge durch Finanzierung von außen, bei hohem Risiko typischerweise in der Form von Eigenkapital, der Gesellschaft zugeführt werden kann. *Paillusseau* hingegen betrachtet das Unternehmen als geschlossenes System, und aus dieser Sicht kann das Fehlen von

---

776 *Jeantin/Viandier*, Anm. zu Cass. com., 23.1.1990, Rev. droit bancaire et bourse, Nr. 19 (Mai/Juni 1990), S. 133 Nr. 3; ähnlich *Jeantin*, Anm. zu Cass. com., 23.1.1990, Bull. Joly 1990, 370.

777 *Viandier/Caussain*, Anm. zu Cass. com., 23.1.1990, JCP éd. E 1990, II, 15838 Nr. 10.

778 *Reinhard*, Anm. zu Cass. com., 23.1.1990, Rev. trim. Droit com. 1990, 590 (591 f.).

779 *Guyon*, Anm. zu Cass. com., 23.1.1990, Rev. soc. 1990, 248 (250).

780 *Virassamy*, Anm. zu Cass. com., 23.1.1990, D.S. 1991, Jur., 333, Nr. 12 f.

781 *Paillusseau*, Anm. zu Cass. com., 17.10.1995, zit. (oben Fn. 761), Nr. 25.

Finanzmitteln ebenso wie der Ausfall anderer Aktiva dazu führen, dass die Gesellschaft nicht mehr arbeiten kann und damit die Anteile kein Interesse mehr für die Gesellschafter haben.

Die Ansicht der obersten Instanz, dass das Auftauchen einer Steuerverbindlichkeit nach dem Anteilsverkauf kein *vice caché* der Anteile begründet, haben mehrere Cours d'Appel bestätigt.[782] In einer Anmerkung aus dem Jahr 1994 haben *Viandier* und *Caussain*[783] jedoch bereits den Eindruck, dass diese strenge Lösung auf der Basis der Entscheidung vom 23.1.1990 unbefriedigend ist und nicht mehr der neuen Tendenz der Rechtsprechung der Cour de Cassation entspricht, die sich in der Entscheidung zum Irrtum beim Anteilskauf vom 1.10.1991 manifestiert hatte und die einem Willen zugunsten des Schutzes des Anteilskäufers Ausdruck gab. Die Erwartung an die Kammer für Handelssachen der Cour de Cassation, auch im Bereich der *vices cachés* in diesem Sinn zu entscheiden, schien sich 1995 zu bestätigen.

Knapp sechs Jahre nach dem Urteil vom 23.1.1990, das die Möglichkeit auszuschließen schien, beim Anteilskauf ein *vice caché* geltend zu machen, hatte die Kammer für Handelssachen am 12.12.1995 erneut Gelegenheit, sich zu der Frage zu äußern.[784] 100% der Anteile an einer Gesellschaft, die ein Hotel betrieb, waren verkauft worden. Jahre zuvor war bei einer Vergrößerung des Hotels versäumt worden, die nach den Sicherheitsnormen erforderliche Fluchttreppe zu errichten. Erst zwei Jahre nach dem Verkauf wurde der Verstoß entdeckt, und die Gesellschaft war gezwungen, kostspielige Arbeiten durchzuführen, um die Sicherheitsvorschriften zu erfüllen und so die öffentlich-rechtliche Betriebserlaubnis zu erlangen. Die Käufer der Gesellschaft verlangten daraufhin von den Verkäufern die hierfür entstandenen Kosten ersetzt. Die Cour d'Appel von Colmar gab ihnen mit der Begründung Recht, es handele sich um einen Sachmangel der verkauften Anteile. Dieses Argument hatte vor der höchsten Instanz keinen Bestand. Die Cour de Cassation hob das Urteil auf. Ein Sachmangel der Anteile liege nicht vor, weil die Hotelgesellschaft die ihrem satzungsmäßigen Ziel entsprechende wirtschaftliche Aktivität weiterführen konnte, nach dem sie zusätzliche Ausgaben gemacht habe:

> *„la non-conformité des locaux aux normes de sécurité ne constituait pas un vice affectant les actions cédées dès lors que la Sté Hôtel de l'Esplanade a pu, en engageant des dépenses supplémentaires, continuer à exercer l'activité économique constituant son objet social"*.[785]

---

[782] Cour d'Appel de Paris, 12.7.1991, Rev. trim. Droit com. 1992, 201 Anm. *Reinhard* = Rev. trim. Droit com. 1992, 622 Anm. *Champaud/Danet* = JCP éd. E 1992, I, 120 Nr. 13 Anm. *Viandier/Caussain* = Bull. Joly 1991, 922 Anm. *Couret*; Cour d'Appel de Lyon, 1.10.1993, JCP 1994, I, 3795 Nr. 3 Anm. *Viandier/Caussain*.

[783] *Viandier/Caussain*, Anm. zu Cour d'Appel de Lyon, 1.10.1993, JCP 1994, I, 3795 Nr. 3.

[784] Cass. com., 12.12.1995, zit. (oben Fn. 752).

[785] Cass. com., 12.12.1995, zit. (oben Fn. 752).

Obwohl die Kläger in diesem Fall mit der Berufung auf ein *vice caché* nicht Recht bekamen, sahen die Kommentatoren in dieser Formulierung der Cour de Cassation eine deutliche Evolution gegenüber der am 23.1.1990 ausgedrückten Haltung. Offenbar bedeutete dies, dass ein *vice caché* auch beim Anteilskauf nicht völlig ausgeschlossen ist.[786] In geeigneten Fällen könnte der Käufer sich auf die Sachmängelhaftung berufen, etwa wenn der Gesellschaft im Rahmen eines Insolvenzverfahrens die Auflösung drohe oder wenn der Betrieb des *fonds de commerce* der Gesellschaft unbehebbar verboten werde, wie es etwa in dem Fall der Kammer für Handelssachen vom 12.12.1972 der Fall war.[787] Dort[788] war das Hotel der Gesellschaft behördlich geschlossen worden, weil es als Absteige diente.

Die Formulierung der Cour de Cassation vom 12.12.1995 erinnert an die Worte, die sie in Bezug auf die Beachtlichkeit eines Irrtums zuletzt am 17.10.1995 verwendet hatte.[789] Dies ließ den Schluss zu, die Kammer für Handelssachen wolle die Kriterien für die *erreur sur les qualités substantielles* und für *vice caché* beim Anteilskauf vereinheitlichen.[790]

Dies würde nach Ansicht von *Viandier* und *Caussain* eine Verbesserung des Schutzes der Anteilskäufer darstellen.[791] Die Annahme, dass die gesetzliche Regelung keinen Schutz für enttäuschte Anteilskäufer bereitstelle, müsse revidiert werden, so *Couret*.[792]

Eine vorerst letzte vielbeachtete Entscheidung der Kammer für Handelssachen scheint diese von den Kommentatoren unterstellte Tendenz jedoch nicht zu bestätigen. Am 4.6.1996 lag der Kammer folgender Sachverhalt vor:[793] Die Klägerin hatte die Mehrheit der Anteile der Gesellschaft CIDEN gekauft, wobei die Verkäufer, wie in der Praxis üblich, eine Bilanzgarantie übernahmen. Es tauchten zusätzliche, nicht bilanzierte Verbindlichkeiten auf. Unter Berufung auf die Bilanzgarantie einerseits und einen Sachmangel anderseits klagte die Käuferin gegen die Verkäufer auf Zahlung dieser Schulden. Nach Ansicht des Gerichts fehlte es an einem Rechtsschutzinteresse der Klägerin, um den

---

786 *Guyon*, Anm. zu Cass. com., 12.12.1995, JCP éd. E 1996, II, 798; *Merle/Fauchon*, Sociétés commerciales, Nr. 655.

787 *Guyon*, Anm. zu Cass. com., 12.12.1995, zit. (oben Fn. 786).

788 Siehe unten Teil C, 3.4.2. Die Cour de Cassation sah dies 1972 als Fall der Eviktion an.

789 Dazu oben Teil C, 3.3.2 (bei Fn. 700).

790 *Bureau*, Anm. zu Cass. com., 17.10.1995 und 12.12.1995, Rev. soc. 1996, 55, Nr. 3; *Paillusseau*, Anm. zu Cass. com., 12.12.1995, D.S. 1996, 277 Nr. 6; *Couret*, Anm. zu Cass. com., 12.12.1995, Bull. Joly 1996, 200 (202).

791 *Viandier/Caussain*, Anm. zu Cass. com., 12.12.1995, JCP éd. E 1996, I, 541 Nr. 5.

792 *Couret*, Anm. zu Cass. com., 12.12.1995, zit. (oben Fn. 790), S. 202.

793 Cass. com., 4.6.1996, Bull. civ. IV, Nr. 154 = Bull. Joly 1996, 926 m. Anm. *Couret* = JCP éd. E 1996, I, 589 Nr. 3 und 4 Anm. *Viandier/Caussain* = Rev. trim. Droit com. 1997, 111 Anm. *Petit/Reinhard* = Rev. trim. Droit com. 1996, 680 Anm. *Champaud/Danet* = Dr. soc. 1996, Nr. 154.

Anspruch aus der rechtsgeschäftlichen Garantie geltend zu machen, weil diese nach Klageerhebung die Anteile weiterverkauft hatte. Auch einen Sachmangel nahm die Cour de Cassation mit dem Berufungsgericht nicht an:

> *„la révélation d'un passif ne constituait pas un vice caché des droits sociaux cédés et dès lors que n'était invoqué aucun défaut de la chose vendue elle-même, la cour d'appel (...) a légalement justifié sa décision".*[794]

Dabei verzichtete die Handelkammer der Cour de Cassation darauf, die Formel aus den Urteilen vom 17.10.1995 und 12.12.1995 zu wiederholen, nach der die Klage daran scheitere, dass die satzungsmäßige Aktivität der Gesellschaft weitergeführt werden könne. Dies erscheint einigen Stimmen aus der Lehre als Rückkehr zu der Haltung vom 23.1.1990.[795] Im übrigen sind die Meinungen der Kommentatoren weiter gespalten. *Petit* und *Reinhard* halten die Entscheidung für richtig, weil sie dem Recht der juristischen Persönlichkeit der Gesellschaften ebenso entspreche wie dem Kaufrecht, das nur der Sache selbst anhaftende Mängel als Fehler anerkenne.[796] *Viandier* und *Caussain* hingegen urteilen, die klassische Argumentation reiche nicht aus, um die Lösung zu rechtfertigen.[797] Auch *Couret* meint, die Rechtsprechung entspreche nicht der wirtschaftlichen Logik, eine neue Verbindlichkeit könne durchaus die Gebrauchstauglichkeit der Anteile vermindern.[798]

Ob durch die Entscheidung vom 4.6.1996 wirklich eine Änderung der Rechtsprechung vom 12.12.1995 beabsichtigt war, ist jedoch fraglich. Unzweifelhaft hätte auch nach dem Kriterium der Erreichbarkeit des satzungsmäßigen Gesellschaftszwecks, das als obiter dictum am 12.12.1995 erwähnt wurde, ein *vice caché* nicht angenommen werden können. Es ist nicht einmal klar, ob die Belastung der Gesellschaft durch die neu aufgetauchten Schulden im Fall vom 4.6.1996 erheblich war, anders als in dem am 23.1.1990 entschiedenen Fall ist nicht die Rede davon, dass die Gesellschaft dadurch zahlungsunfähig wurde. *Merle* und *Fauchon* halten die Entscheidung von 1996 nicht für eine Kehrtwende der Rechtsprechung, sondern sicherlich zutreffend für ein Beispiel dafür, dass die Gerichte ein *vice caché* beim Gesellschaftskauf höchst selten annehmen.[799] Auch *Remond Bied* und *Vercheyre Grard* sehen in dem Urteil

---

[794] Cass. com., 4.6.1996, zit. (oben Fn. 793).

[795] *Couret*, Anm. zu Cass. com., 4.6.1996, Bull. Joly 1996, 926 (928); *Petit/Reinhard*, Anm. zu Cass. com., 4.6.1996, Rev. trim. Droit com. 1997, 111; *Cozian/Viandier*, Droit des sociétés, 13. Auflage, Nr. 903; *Viandier/Caussain*, Anm. zu Cass. com., 4.6.1996, JCP éd. E 1996, I, 589 Nr. 3.

[796] *Petit/Reinhard*, Anm. zu Cass. com., 4.6.1996, zit. (oben Fn. 795).

[797] *Viandier/Caussain*, Anm. zu Cass. com., 4.6.1996, zit. (oben Fn. 795).

[798] *Couret*, Anm. zu Cass. com., 4.6.1996, zit. (oben Fn. 795).

[799] *Merle/Fauchon*, Sociétés commerciales, Nr. 655.

vom 4.6.1996 eine Bestätigung der in den Entscheidungen der Handelskammer der Cour de Cassation von 1991 und 1995 vorgegebenen Linie.[800]

Diese Ansicht bestätigt eine Entscheidung der dritten Zivilkammer der Cour de Cassation, die am 12.1.2000 einen ähnlichen Fall zu entscheiden hatte wie die Kammer für Handelssachen am 12.12.1995.[801] In der einzigen Immobilie einer verkauften Immobilienverwaltungsgesellschaft musste das Treppenhaus repariert werden. Die Cour de Cassation lehnte es ab, einen Sachmangel der Anteile anzunehmen, wie es die Vorinstanz unter Berufung darauf getan hatte, dass das Haus der Hauptbestandteil des Vermögens der Gesellschaft war. Die oberste Instanz setzt in dem Urteil für die Annahme eines *vice caché* voraus, dass der Fehler des Vermögensstücks die Anteile *„impropres à leur destination"* macht.

Zusammenfassung der Rechtsprechung

Zusammenfassend läßt sich feststellen, dass die Annahme eines *vice caché* beim Kauf eines Unternehmens als Gesellschaft zwar grundsätzlich für möglich erachtet wird. Nur extrem gelegene Fälle sind jedoch geeignet, einen Sachmangel darzustellen. Nach der Rechtsprechung der Cour de Cassation vom 12.12.1995 ist dafür Voraussetzung, dass der Fehler so gewichtig ist, dass es auch durch Zuführung weiterer finanzieller Mittel zu der Gesellschaft nicht mehr möglich ist, die ihrem satzungsmäßigen Zweck entsprechende wirtschaftliche Tätigkeit aufrechtzuerhalten. In ihren Urteilen aus den 1990er Jahren hat die Cour de Cassation einen Sachmangel in keinem Fall festgestellt; nur ein obiter dictum und die offenbare Parallelität zu den Fällen, in denen eine *erreur sur les qualités substantielles* angenommen wurde,[802] erlauben diesen Schluss.

Alternative Lösungsansätze in der Wissenschaft

In der französischen Rechtswissenschaft wurde versucht, Wege zu finden, um den Käufer einer Mehrheitsbeteiligung an einer unternehmenstragenden Gesellschaft auch dann zu schützen, wenn das Unternehmen von den dem Kauf zugrundeliegenden Vorstellungen abweicht, der Käufer jedoch keine rechtsgeschäftliche Garantie vereinbart hat.

Germain hat vorgeschlagen, die Kontrolle (*contrôle*) in einer Gesellschaft als verkauften Gegenstand zu betrachten.[803] Er folgert daraus aber nicht, dass eine weitergehende Haftung damit verbunden sei. Zwar liege schon wegen des

---

[800] *Remond Bied/Vercheyre Grard,* RJDA 1996, S. 831, Nr. 3, 14.

[801] Cass. civ. 3ème, 12.1.2000, Bull. civ. III, Nr. 7.

[802] Cass. com., Urteile vom 1.10.1991, 7.2.1995 und 17.10.1995.

[803] *Germain,* R.J.C,. Sonderheft November 1988, S. 70; zustimmend: *Reinhard,* Anm. zu Cass. com., 23.1.1990, zit. (oben Fn. 778).

Verkaufs des *contrôle* als solchen nicht etwa eine *cession de créance*, sondern jedenfalls eine *vente* vor. Ein Mangel des *contrôle* liegt aber auch nach seiner Ansicht nicht darin, dass das Unternehmen nicht so gut ist wie erwartet. Nur die tatsächliche Ausübbarkeit der Kontrolle in der Gesellschaft ist besonders geschuldet.[804]

Paillusseau ist nicht nur der Ansicht, dass ein *vice caché* schon dann vorliegt, wenn eine nicht unbedeutende Verbindlichkeit neu entdeckt wird.[805] Er vertritt auch die Meinung, dass die Enttäuschung des Käufers einer Gesellschaft über die *„obligation de délivrance conforme"*, also die Verpflichtung des Verkäufers, eine der vertraglichen Beschreibung entsprechende Sache zu liefern (Art. 1603 ff. C.civ.), zu lösen sei.[806] Nach seiner Auffassung ist regelmäßig, insbesondere wenn die Verhandlung auf der Basis von Bilanzen erfolgt und auf der Basis von Bilanzkennzahlen auch der Kaufpreis für das Anteilspaket errechnet wird, zwischen dem Verkäufer und dem Käufer die Beschaffenheit des Kaufgegenstandes – also der Anteile – als Anteile einer Gesellschaft mit den besprochenen Eigenschaften vereinbart. Sind etwa Anteile einer Gesellschaft mit einem Eigenkapital in Höhe von 100 vereinbart, so hat der Verkäufer hierfür geradezustehen, und die Lieferung der Kaufsache ist erst korrekt erfolgt, wenn das Eigenkapital 100 beträgt; nötigenfalls hat der Verkäufer es aufzufüllen, jedoch nur anteilig entsprechend dem verkauften Anteil am Kapital der Gesellschaft. Ein Verschulden des Verkäufers ist unnötig, da es sich um die Erfüllung der versprochenen kaufvertraglichen Pflicht handelt. Nach *Paillusseau* liegt hierin kein Verstoß gegen die juristische Persönlichkeit der Gesellschaft, da nur ein nach Art. 1134 C.civ. (Vertragsfreiheit) zulässiger Vertrag zwischen zwei gegenüber der Gesellschaft außenstehenden Personen getroffen sei und nicht etwa der Gesellschafter das ihm nicht unmittelbar zustehende Gesellschaftsvermögen verkauft. Eventuell vereinbarte „Garantien" stellen sich nach *Paillusseaus* Auffassung regelmäßig nicht als konstitutiv, sondern als Einschränkung der *obligation de délivrance conforme* dar.

Soweit ersichtlich ist es *Paillusseau* allein, der die Meinung vertritt, dass der Käufer von Anteilen Ansprüche wegen fehlender *délivrance conforme* hat, wenn die Lage der Gesellschaft nicht den Bilanzen und anderen Dokumenten entspricht, auf die beim Bezug genommen wurde.[807] Nur *Dieux* ist ihm für das belgische Recht gefolgt.[808]

---

[804] *Germain*, R.J.C, Sonderheft November 1988, S. 72.

[805] Seine Argumentation ist oben (bei Fn. 781) dargestellt.

[806] *Paillusseau*, in: *Paillusseau/Caussain/Lazarski/Peyramaure*, La cession d'entreprise, Nr. 1727 – 1727-7; *ders.*, R.J.C., Sonderheft November 1998, S. 43, Nr. 39 – 47; *ders.*, Anm. zu Cass. com., 17.10.1995, D.S. 1996, 167, Nr. 26; *ders.*, in: Mélanges en l'honneur de Henry Blaise, 1995, S. 363, Nr. 60; *ders.*, JCP 1992, I, 3578, Nr. 51 – 70.

[807] Eine zumindest ähnliche, jedoch statt auf die *obligation de délivrance conforme* auf das allgemeine Vertragsrecht gestützte Argumentation gebrauchte die Cour d'Appel von Gre-

Im Grunde legt *Paillusseau*, anders als die übrige Lehre und die Rechtsprechung, das Verhandeln unter Bezugnahme auf Bilanzen und andere Dokumente beim Unternehmenskauf als implizit geschlossene Garantieabrede aus. Hier handelt es sich an sich um eine Tatfrage. Angesichts dessen, dass die Parteien beim Unternehmenskauf typischerweise nach langen Verhandlungsrunden ein kompliziertes Vertragswerk unterzeichnen, das eine lange Liste von Zusicherungen und Garantievereinbarungen enthält, erscheint es gewagt, in den Fällen eine konkludente Garantievereinbarung anzunehmen, in denen die Parteien gerade keine ausdrückliche Vereinbarung getroffen haben.

3.4.2) Haftung wegen Eviktion

Die Rechtsmängelhaftung über die Eviktion[809] ist auch auf den Kauf einer Gesellschaft grundsätzlich anwendbar.[810] Beim Kauf von (unternehmenstragenden) Gesellschaften ist die Eviktion hauptsächlich für die Fälle diskutiert worden, in denen der Verkäufer der Gesellschaft sich nach dem Verkauf – sie es unmittelbar selbst oder durch eine neue Gesellschaft – so wieder niederlässt, dass er der verkauften Gesellschaft Konkurrenz macht. Dem soll hier nicht vertieft nachgegangen werden, da es sich nicht um einen eigentlichen Mangel des Unternehmens handelt. Einige Fälle sind jedoch auch für die Anwendung der Rechtsbehelfe des Käufers einer Gesellschaft, der mit dem Unternehmen nicht zufrieden ist, interessant.

Der Fall Ducros[811]

Die Mitglieder der Familie Ducros hatten alle Anteile ihres in einer Gesellschaft geführten Unternehmens, das Gewürze herstellte und importierte, an die S.A. Eridiana Beghin-Say verkauft. Später gründeten sie eine neue Gesellschaft, die getrocknete Kräuter herstellte und vermarktete. Dies wollten die neue Eigentümerin der Ducros-Gruppe untersagen lassen, da eine Eviktion der gekauften Gesellschaft durch den Verkäufer vorliege. Die Kammer für

---

noble in einem Urteil vom 30.11.1995, Rev. trim. Droit com. 1996, 483 krit. Anm. *Petit/Reinhard*.

808 *Dieux*, Les garanties en matière de cession d'actions – pour un retour au droit commun, S. 500 – 502.

809 Siehe dazu allgemein schon oben Teil C, 2.1.5.3.

810 *Cozian/Viandier/Deboissy*, Droit des sociétés, Nr. 905; *Paillusseau/Caussain/Lazarski/Peyramaure*, La cession d'entreprise, Nr. 1722; *Artz*, Rép. sociétés v° cession de droits sociaux, Nr. 195 – 199; *Mestre/Velardocchio*, Lamy sociétés commerciales 2002, Nr. 969; *Merle/Fauchon*, Sociétés commerciales, Nr. 655.

811 Cass. com., 21.1.1997, Bull. civ. IV, Nr. 25 = JCP éd. E 1997, II, 936 m. Anm. *Guyon* = Rev. trim. Droit com. 1997, 469 Anm. *Petit/Reinhard*= Quot. jur. 25.2.1997, S. 5 m. Anm. *P.M.* = Droit et Patrimoine 1997, 64 Anm.. *Couret*; Cour d'Appel de Paris (Vorinstanz), 8.3.1995, Rev. trim. Droit com. 1995, 146 Anm. *Champaud/Danet* = D.S. 1994, Jur., 466 m. Anm. *Couret* und *de Sentenac*.

Handelssachen der Cour de Cassation verwarf die Revision gegen das Urteil der Cour d'Appel von Paris, das der Klage nicht stattgegeben hatte. Interessant ist, dass die Kammer für Handelssachen hier fast dieselben Worte wiederholt, die sie in den Urteilen zur *erreur sur les qualités substantielles* vom 7.2.1995 und zu den *vices cachés* vom 12.12.1995 verwendete:

> *„la garantie légale d'éviction du fait personnel du vendeur n'entraîne pour celui-ci, s'agissant de la cession des actions d'une société, l'interdiction de se rétablir, que si ce rétablissement est de nature à empêcher les acquéreurs de ces actions de poursuivre l'activité économique de la société et de réaliser l'objet social"*.[812]

Offenbar betreibt die Kammer für Handelssachen weiter die Annäherung der Kriterien für die dem enttäuschten Käufer einer Unternehmensbeteiligung offenstehenden Rechtsbehelfe. Dies kann ein weiteres Indiz dafür sein, dass eine Abkehr von dieser Linie durch das Urteil vom 4.6.1996[813] nicht beabsichtigt war.

Die Entscheidungen vom 12.12.1972 und vom 25.1.1983

In zwei Entscheidungen hat die Kammer für Handelssachen der Cour de Cassation den Käufern einer Kapitalbeteiligung an einem Unternehmen in Fällen Genugtuung verschafft, in denen an sich eher ein Fehler des Unternehmens als eine Eviktion vorlag.

Der erste Fall wurde am 12.12.1972 entscheiden.[814] Eine Gesellschaft war verkauft worden, die ein Hotel betrieb, das teilweise als Bordell benutzt wurde. Kurz nach dem Verkauf wurde nicht nur einer der Verkäufer strafrechtlich verurteilt, sondern auch das Hotel durch gerichtliche Anordnung dauerhaft geschlossen. Die Cour de Cassation argumentierte, es liege eine völlige Eviktion der Käufer vor, die der Möglichkeit beraubt waren *„d'exploiter le fonds de commerce que représentaient ces parts"*.[815] Die Unterscheidung zwischen den Anteilen an einer Gesellschaft, die die Kläger gekauft hatten, und dem von der Gesellschaft betriebenen *fonds de commerce* unterblieb.

Oppetit kritisiert dies in seiner Anmerkung zu dem Urteil. Verkauf der Anteile und Verkauf des *fonds de commerce* dürften nicht vermengt werden. Statt dessen hätte das Gericht nach seiner Meinung ein *vice caché* annehmen sollen. Der Mangel liege darin, dass die Gesellschaft durch die Schließung des Hotels wegen Unerreichbarkeit des Gesellschaftszwecks aufzulösen sei.[816]

---

812 Cass. com., 21.1.1997, zit. (oben Fn. 811).

813 Cass. com., 4.6.1996, zit. (oben Fn. 793).

814 Cass. com., 12.12.1972, Bull. civ. IV, Nr. 332 = Rev. soc. 1973, 306 m. Anm. *Oppetit*.

815 Cass. com., aaO.

816 *Oppetit*, Anm zu Cass. com., 12.12.1972, Rev. soc. 1973, 306 (309 f.).

Tatsächlich wäre dies wohl ein Fall, in dem nach den strengen Kriterien der neuesten Rechtsprechung der Kammer für Handelssachen ein *vice* der Gesellschaft angenommen hätte werden können, da die Gesellschaft selbst unter Einsatz weiterer Gelder von außen nicht mehr in der Lage war *„[d']exercer l'activité économique constituant son objet social"*, wie es die Entscheidung vom 12.12.1995 ausdrückte.[817] Auch *Guyon* hält in diesem Fall ein *vice* nach der neuen Definition der Rechtsprechung für gegeben.[818] In dem Fall vom 12.12.1972 wäre die Sachmängelhaftung jedoch wahrscheinlich an der Kenntnis oder wenigstens am Kennenmüssen der Käufer gescheitert; womöglich war dies der Grund, aus dem das Gericht auf die Eviktion auswich.

Reinhard[819] nennt das Urteil vom 12.12.1972 zu Recht eine reine Billigkeitsentscheidung, ebenso wie die folgende Entscheidung vom 25.1.1983.

In diesem zweiten Fall[820] waren einige Anteile an einer Taxikooperative verkauft worden. Danach musste die Kooperative eine Steuernachzahlung leisten, weil die Fahrer, darunter der Verkäufer, der ein Geschäftsführer der Kooperative war, sich über längere Zeit steuerlichen Aufzeichnungspflichten und damit auch teilweise der Steuerpflicht entzogen hatten. Die Cour de Cassation hielt die Entscheidung der Vorinstanz aufrecht, die dem Verkäufer aus der *garantie du fait personnel* eine Haftung für die Steuernachzahlung auferlegt hatte. *Viandier* hat diese Entscheidung positiv bewertet.[821]

Es ist zumindest zweifelhaft, ob diese Entscheidung heute noch so gefällt würde, da es sich nur um eine nach dem Anteilserwerb entdeckte Steuerverbindlichkeit handelte, die nicht einmal zur Insolvenz der Gesellschaft führte. Selbst das hatte der Cour de Cassation in dem Fall vom 23.1.1990 nicht genügt, um ein *vice caché* anzunehmen.[822] Denkbar wäre hingegen eine Nichtigerklärung des Kaufs wegen *dol* oder die Haftung des Käufers wegen vorvertraglichen Verschuldens.

3.5) Haftung für Verschulden – faute précontractuelle, Art. 1382 C.civ.

Der Käufer einer Unternehmensbeteiligung kann unter Berufung auf die deliktische Haftung im vorvertraglichen Bereich Schadensersatz verlangen, wenn seine Enttäuschung auf einem Verschulden des Verkäufers beruht. Diese Möglichkeit scheint in der Praxis oft vernachlässigt zu werden.[823]

---

817 Cass. com., 12.12.1995, zit. (oben Fn. 752).

818 *Guyon*, Anm. zu Cass. com., 12.12.1995, zit. (oben Fn. 786).

819 *Reinhard*, Anm. zu Cass. com., 23.1.1990, zit. (oben Fn. 778).

820 Cass. com., 25.1.1983, Bull. civ. IV, Nr. 34 = JCP 1984, II, 20180 m. Anm. *Viandier*.

821 *Viandier*, Anm. zu Cass. com., 25.1.1983, JCP 1984, II, 20180; *ders.*, Anm. zu Cass. com., 1.10.1991, JCP 1992, II, 21860.

822 Cass. com., 23.1.1990, zit. (oben Fn. 752).

823 *Mousseron*, JCP éd. E 1994, I, 362, Nr. 10.

Voraussetzung hierfür ist wie auch im Fall des Verkaufs eines *fonds de commerce*, dass dem Verkäufer ein Verschulden vorgeworfen werden kann. Vorsatz ist nicht nötig, es genügt bloße Fahrlässigkeit.[824] Das Verschulden kann entweder darin liegen, dass eine falsche Angabe über die verkaufte Gesellschaft gemacht wird, oder aber im Unterlassen der Information, wenn eine „obligation de renseignement" besteht. Mit den Worten von *Mousseron*: „*l'information doit être exacte et complète*".[825]

Die *responsabilité précontractuelle* bietet den Vorteil, dass sie eine ausgewogene Lösung des Konflikts zwischen Käufer und Verkäufer eines Unternehmens ermöglicht, die das Verschulden auf beiden Seiten angemessen berücksichtigt. Oft steht dem Verschweigen einer Unrichtigkeit durch den Verkäufer auf Seiten des Käufers eine geradezu leichtsinnige Gutgläubigkeit und der Verzicht auf eine eigene Überprüfung der Situation der Gesellschaft gegenüber. Anders als beim Irrtum wird die aus deliktischer Haftung begehrte Rechtsfolge dem Irrenden nicht gleich vollständig verweigert, wenn dieser selbst auch nur leicht fahrlässig war, obwohl möglicherweise bei der Gegenseite ein erhebliches Verschulden vorliegt. Andererseits ist auch in dem Fall, dass der Käufer vorsätzlich getäuscht wird, das eigene Verschulden des Getäuschten zwar für die Nichtigkeit wegen *dol* unbeachtlich, nicht aber für die Frage eines über die Nichtigkeit hinausgehenden Schadensersatzes.

Einen Beispielsfall, in dem es zu einer Teilung des Schadens kam, hat die Cour d'Appel von Paris am 2.3.1995 entschieden.[826] Die gekaufte Gesellschaft musste kurze Zeit nach dem Verkauf ein Insolvenzverfahren beginnen. Die Käuferin begehrte von den beiden Verkäuferinnen in erster Linie Schadensersatz wegen Verletzung vorvertraglicher Informationspflichten und hilfsweise die Nichtigerklärung wegen Irrtums. Den Verkäuferinnen waren schwere Mängel der Produktionsanlagen bekannt, die zu Qualitätsproblemen bei der Fertigung führten. Sie hatten die Käuferin nicht davon in Kenntnis gesetzt. Andererseits war der Unterhändler der Käuferin ein Experte, doch war ihm der freie Zugang zu den Produktionsanlagen verweigert worden. Obwohl ihm bekannt war, dass ein besonderer Plan zur Behebung von Produktionsproblemen bestand, hatte er nicht weiter nachgeforscht. In Abwägung der Aufklärungspflicht (*obligation de renseignement*), die die Verkäuferinnen hatten, gegen die Informationsobliegenheit der Käuferin (*obligation de s'informer*) entschied das Gericht, dass der entstandene Schaden hälftig zu teilen sei. Die Klage auf Nichtigerklärung wegen Irrtums hingegen scheiterte daran, dass der Mangel des Unternehmens für die Käuferin erkennbar war, also eine *erreur inexcusable* vorlag.

---

824 *Massart*, Cession de contrôle, Nr. 215.

825 *Mousseron*, JCP éd. E 1994, I, 362, Nr. 7.

826 Cour d'Appel de Paris, 2.3.1995, JCP éd. E 1995, I, 475 Nr. 3 und 4 Anm. *Viandier/Caussain*.

Den Schaden bemaß die Cour d'Appel von Paris in dem genannten Fall nach dem Verlust, den die Käuferin beim Weiterverkauf der Gesellschaftsanteile ein Jahr später gemacht hatte. Dieser Preis hatte weniger als die Hälfte des ursprünglichen Preises betragen, der zwischen den Parteien des Rechtsstreits zustande gekommen war, weil die Käufer in Unkenntnis der vorenthaltenen Information geblieben waren.

In einem Urteil vom 26.11.1999 bestätigt die Cour d'Appel von Paris, dass der Käufer von Gesellschaftsanteilen eine Informationsobliegenheit beachten muss.[827] Entsprechend der Bedeutung des Geschäfts muss der Käufer besonders aufmerksam sein und sich, wenn seine eigene Sachkunde nicht genügt, auch von Experten helfen lassen.[828] In dem Fall hätte der Käufer so die Mängel des Unternehmens leicht entdecken können; das Verschulden des Verkäufers war hingegen nur leicht. Im Ergebnis kommt das Gericht auch hier zu einer Aufteilung des Schadens.

Bei der Schadensbemessung kann entweder die Höhe der übersehenen Verbindlichkeit oder der fehlenden Aktiva, multipliziert mit dem Anteil am Gesellschaftskapital, den der Käufer erworben hat, zugrundegelegt werden,[829] oder aber der hypothetische niedrigere Kaufpreis, den der Käufer bezahlt hätte, wenn er alle Umstände gekannt hätte.[830] Die zweite Methode erscheint besonders einleuchtend, da sie den hypothetischen Verlauf ohne das schädigende Verhalten nachbildet, jedoch entsteht hier das Problem, dass sehr schwer nachzuvollziehen ist, wie die unbekannte Tatsache das Verhandlungsergebnis beeinflusst hätte: zumindest wäre bei einer wirtschaftlichen ex-ante-Betrachtung nicht nur die Höhe des möglichen Schadens, sondern auch die Wahrscheinlichkeit des Eintretens zu berücksichtigen gewesen. Im übrigen ist nicht ausgeschlossen, dass der Käufer trotz Kenntnis eines zusätzlichen Risikos als Konsequenz aus der Verhandlungssituation dennoch den gleichen Preis bezahlt hätte. Die Schadenshöhe hängt von der sehr komplexen Frage der Bewertung des Unternehmens ab.[831]

Jedenfalls erlaubt das französische Zivilrecht nicht, die Nichtigkeit oder die Rückgängigmachung des Vertrages als Schadensersatz zuzusprechen.[832] Ein völliges Loskommen vom Vertrag ist für den Käufer deshalb nicht möglich, wenn weder die Nichtigerklärungsklage wegen eines Willensmangel noch die Wandlung möglich sind.

---

827 Cour d'Appel de Paris, 26.11.1999, Rev. trim. Droit com. 2000, 377 Anm. *Champaud/ Danet*.

828 *Champaud/Danet*, Anm. zu Cour d'Appel de Paris, 26.11.1999, Rev. trim. Droit com. 2000, 377 (380).

829 *Mousseron*, Conventions de garantie, Nr. 112.

830 *Mousseron*, JCP éd. E 1994, I, 362, Nr. 14.

831 *Massart*, Cession de contrôle, Nr. 218.

832 *Mousseron*, JCP éd. E 1994, I, 362, Nr. 12.

Wie auch im Falle der Kaufs eines *fonds de commerce* hat der Anspruch aus deliktischem Verschulden für den Käufer den Vorteil, dass die Verjährung nach Art. 2270-1 C.civ. zehn Jahre beträgt gegenüber der fünfjährigen Verjährung der Nichtigkeitsklage (Art. 1304 Abs. 1 C.civ.) und der Anforderung, einen Sachmangel innerhalb des *bref délai* des Art. 1648 Abs. 1 C.civ. geltend zu machen.

Es verwundert nicht, dass *Guyon* in seiner Anmerkung zu dem Urteil der Cour de Cassation vom 23.1.1990, das die Anwendung des Sachmängelrechts abgelehnt hatte, schreibt:

> *„Compte tenu de ces difficultés, le meilleur recours du cessionnaire est sans doute l'exercice d'une action en responsabilité contre les cédants"*.[833]

Jedoch weist *Guyon* darauf hin, dass auch die Anwendung der *responsabilité précontractuelle* den Käufer nicht in allen Fällen schützen kann. Denn in manchen besonders typischen Situationen, etwa wenn nach dem Kauf der Anteile eine steuerliche Betriebsprüfung erfolgt und die Finanzbehörden eine Steuernachforderung geltend machen, liegt oftmals kein Verschulden des Verkäufers vor. Angesichts der Bewertungsspielräume, die bei vielen steuerlichen Fragen gegeben sind, mag der Verkäufer und frühere Mehrheitsgesellschafter völlig zu Recht in dem gutem Glauben gewesen sein, die Steuererklärungen seien absolut korrekt. *Guyon* fährt daher fort:

> *„Mais [l'action en responsabilité] suppose une faute, que l'on ne rencontre pas toujours. Notamment lorsque le passif se révèle à la suite d'un contrôle fiscal, il arrive souvent que les cédants non seulement aient ignoré le risque de redressement, mais même n'aient commis aucune négligence dans l'exécution de leurs obligations comptables et fiscales. Le recours fondé sur la reponsabilité personnelle est alors exclu."*[834]

---

[833] *Guyon*, Anm. zu Cass. com., 23.1.1990, Rev. soc. 1990, 248 (251).

[834] *Guyon*, Anm. zu Cass. com., 23.1.1990, zit. (oben Fn. 833), 251.

D) SYNTHESE UND VERGLEICH

In den vorangegangenen Kapiteln wurde gezeigt, dass es sowohl im deutschen als auch im französischen Recht verschiedene rechtliche Wege gibt, auf denen der enttäuschte Unternehmenskäufer gegen den Verkäufer vorgehen kann. Diese geben unter verschiedenen Tatbestandsvoraussetzungen Zugang zu unterschiedlichen Rechtsfolgen. Der Vergleich der französischen Lösungen mit dem deutschen Recht ist auf zwei Ebenen interessant: Die Betrachtung der dogmatischen Konstruktion ist für eine theoretische Betrachtung aufschlussreich, während den Praktiker mehr interessiert, welche Unterschiede im wirtschaftlichen Ergebnis bestehen. Beide Aspekte werden im Folgenden beleuchtet.

1) Dogmatische Unterschiede

Die dogmatische Herangehensweise des deutschen und französischen Rechts an die Schwierigkeiten, eine angemessene Regelung des Haftung des Verkäufers beim Unternehmenskauf auch ohne besondere vertragliche Vereinbarung zu finden, unterscheidet sich markant.

1.1) Allgemeine Unterschiede, die für den Unternehmenskauf relevant sind

Teilweise ergeben sich Unterschiede, weil sich allgemein geltende Grundsätze unterscheiden, die auch im Fall des Unternehmenskaufs zur Anwendung kommen. Hierzu gehört, dass die Gewährleistung des Kaufrechts im französischen Recht nicht ähnliche Rechtsbehelfe des allgemeinen Rechts verdrängt. So können neben den ädilizischen Ansprüchen, und zwar unabhängig davon, ob diese im Einzelfall zur erwünschten Rechtsfolge führen oder ob etwa kein Fehler vorliegt oder die Frist des *bref dělai* nicht eingehalten wurde, auch wegen Irrtümer über die Beschaffenheit der Kaufsache Willensmängel geltend gemacht werden. Im deutschen Recht hingegen ist dies, wie gezeigt wurde, wegen des Vorrangs des Gewährleistungsrechtes ausgeschlossen, sofern keine Arglist vorliegt.

Des weiteren hat der Käufer im französischen Recht auch dann Anspruch auf Haftung wegen Verschuldens bei Vertragsverhandlungen, wenn das Verschulden sich auf einen Mangel bezieht, wegen dessen parallel das Gewährleistungsrecht anwendbar ist. Dies liegt daran, dass Ansprüche aus unerlaubter Handlung wie in Deutschland auch neben vertraglichen Ansprüchen geltend gemacht werden können. Weil der Anspruch aus *faute précontractuelle* in Frankreich als deliktisch betrachtet wird, ist er ohne weiteres anwendbar. Da die deutsche culpa in contrahendo als vertraglicher Anspruch ausgelegt ist, spielt die grundsätzlich freie Konkurrenz vertraglicher und deliktischer Ansprüche in Deutschland hierfür keine Rolle, vielmehr wird die culpa in contrahendo durch die abgeschlossene Sonderregelung des Gewährleistungsrechtes verdrängt, soweit dieses zur Anwendung kommt.

Insgesamt führt dies dazu, dass in Frankreich häufig mehrere konkurrierende Rechtsbehelfe geltend gemacht werden können, wo das BGB ausschließlich die Anwendung des Gewährleistungsrechts zulässt. Der Unterschied ist im Ergebnis allerdings durch die Schuldrechtsmodernisierung reduziert worden, insbesondere durch die damit verbundene Einführung eines generellen gewährleistungsrechtlichen Schadensersatzanspruchs bei Verschulden (§ 437 Nr. 3 1. Alt BGB).

Neben diesen generell gültigen Differenzen haben sich weitere Unterschiede gezeigt, die speziell den Unternehmenskauf betreffen. Es ist zwischen dem eigentlichen Unternehmenskauf, dem *asset deal*, und dem Kauf von Anteilen an der unternehmenstragenden Gesellschaft, dem *share deal*, zu unterscheiden.

1.2) Asset deal

Im Bereich des *asset deal* besteht der augenfälligste Unterschied zwischen der deutschen und der französischen Rechtslage darin, dass zwar nicht der gesamte Unternehmenskauf, jedoch mit dem *fonds de commerce* dessen wesentlicher Teil schon seit Anfang des 20. Jahrhunderts und insbesondere, soweit das Verhältnis von Käufer und Verkäufer betroffen ist, seit 1935 Gegenstand einer ausführlichen gesetzlichen Regelung ist. Diese beinhaltet jedoch keine geschlossene Sonderregelung, sondern nur Vorschriften, die die daneben anwendbaren allgemeinen Regeln ergänzen. Vor allem sind hier die verpflichtenden Angaben über den verkauften *fonds de commerce* von Bedeutung. Die im deutschen Recht problematische Frage, ob Kennzahlen des Unternehmens Eigenschaften desselben sind, die Grundlage eines Mangels sein können – wie oben dargestellt, hat die deutsche Rechtsprechung dies zumindest bis zum Inkrafttreten des Schuldrechtsmodernisierungsgesetzes in ständiger Rechtsprechung verneint –, ist hierdurch in Frankreich gelöst: Der Gesetzgeber hält dieser Informationen für so bedeutsam und relevant, dass er genaue und unfassende Auskünfte durch den Verkäufer zur Rechtspflicht gemacht hat (Art. L141-1 Code de commerce).

Dieser detaillierten gesetzlichen Regelung steht in Deutschland nur, und dies erst seit neuestem, die ausdrückliche Anordnung der Anwendung des Gewährleistungsrechts auf „sonstige Gegenstände" in § 453 Abs. 1 2. Alt. BGB gegenüber, wobei der Gesetzgeber in der Gesetzesbegründung Unternehmen als solche sonstigen Gegenstände bezeichnet hat. Eine darüber hinaus gehende Sonderregelung für den Unternehmenskauf fehlt.

Trotz dieser unterschiedlichen Regelungsdichte gleichen sich die grundlegenden Herangehensweisen des deutschen und französischen Rechts beim *asset deal*. Weder das Unternehmen als solches in Deutschland noch der französische *fonds de commerce* sind rechtlich verselbständigte Einheiten. Es handelt sich in beiden Rechtsordnungen nicht um Sondervermögen oder gar juristische Personen, vielmehr werden eine Reihe von ansonsten voneinander unabhängigen Gegenständen gemeinsam und *en bloc* verkauft, weil sie zur Zeit des

Geschäfts demselben wirtschaftlich Zweck, dem Unternehmen, zu dienen bestimmt sind. Dennoch ist der *fonds de commerce* selbst Gegenstand des Kaufvertrags, nicht bloß eine Gruppe von Gegenständen. Dasselbe gilt zumindest mit der Einführung des „sonstigen Gegenstands" als Kaufgegenstand nun auch in Deutschland. Die in Rechtsprechung und Literatur teilweise vertretene Ansicht, es seien gleichzeitig sowohl alle Gegenstände des Unternehmensvermögens als auch das Unternehmen als solches Gegenstand des Kaufvertrages, dürfte damit überholt sein, wie schon oben argumentiert wurde.

Beide Rechtsordnungen lassen die Anwendung des kaufrechtlichen Gewährleistungsrechtes auf den Kauf des Unternehmens oder *fonds de commerce* zu, wobei sowohl auf mangelhaften Einzelgegenständen des Unternehmensvermögens beruhende Mängel als auch von diesem abstrakte Fehler des Unternehmens beachtlich sind. Nur in Frankreich spielt darüber hinaus das Irrtumsrecht –nicht bloß die in beiden Rechten relevante arglistige Täuschung – eine bedeutsame Rolle für den Käufer eines Unternehmens. Der durch die vollständige Auslassung von Pflichtangaben über Unternehmensdaten des *fonds de commerce* hervorgerufene Irrtum des Käufers ist infolge besonderer gesetzlicher Anordnung (Art. L141-1 Abs. 2 Code de commerce) beachtlich und führt zur Nichtigkeit des Unternehmenskaufvertrages, wenn er für dessen Abschluss kausal war.

1.3) Share deal

Der Verkauf der unternehmenstragenden Gesellschaft wird sowohl in Frankreich als auch in Deutschland grundsätzlich als Rechtskauf behandelt. Gegenstand des Kaufvertrages ist jeweils nicht etwa das rechtlich verselbständigte[835] Unternehmensvermögen, sondern es sind allein die Anteile an einer Gesellschaft. Daraus folgt in beiden Rechtsordnungen gleichmäßig, dass grundsätzlich für die Qualität des beim selben Rechtsträger verbleibenden Unternehmens oder des Unternehmensvermögens nicht kaufrechtlich gehaftet wird. Der dogmatische Ausgangspunkt für die Haftung des Verkäufers beim *share deal* ist also in Deutschland und Frankreich gleich.

An diesem Ansatz halten die französische Cour de Cassation und mit ihr die überwiegende Lehre als *„conforme à l'orthodoxie juridique"*[836] streng fest. Ausnahmen sind nur für extrem gelagerte Fälle akzeptiert, zum Teil auch nur angedeutet worden. Es handelte sich um Fälle, in denen der Zustand des Unternehmens der verkauften Gesellschaft in so extremem Maße von der berechtigten Erwartung des Käufers abwich, dass eine Erreichung des Gesellschaftszwecks selbst unter Zuführung weiterer finanzieller Mittel ausgeschlossen er-

[835] Dies gilt auch für die deutschen Personengesellschaften, obwohl sie keine eigene Rechtspersönlichkeit besitzen.

[836] *Jeantin/Viandier*, Anm. zu Cass. com., 23.1.1990, Rev. droit bancaire et bourse, Nr. 19 (Mai/Juni 1990), S. 133, Nr. 3.

schien. Nur in diesen Fällen kommt die Anwendung des Irrtums über wesentliche Eigenschaften oder des Sachmängelrechts in Frage.

Den identischen dogmatischen Ausgangspunkt der bloßen Haftung für die Qualität der Anteile hat hingegen die deutsche Praxis hinter sich gelassen, soweit alle Anteile an einer Gesellschaft oder zumindest nahezu alle verkauft werden. In diesem Fall räumt das deutsche Recht dem wirtschaftlichen Gehalt des Geschäftes Vorrang gegenüber der formalen Gestaltung ein, und der Anteilskauf wird so behandelt, als wäre das Unternehmen selbst verkauft. Somit kommt es wie beim *asset deal* zur Anwendung des Gewährleistungsrechtes, also zur verschuldensunabhängigen Einstandspflicht für Mängel. Bislang verwendete die Rechtsprechung jedoch gleichzeitig einen besonders engen Fehlerbegriff, mithilfe dessen falsche Angaben über Unternehmenskennzahlen und Bilanzen aus dem Gewährleistungsrecht herausgenommen wurden und (ebenso für den *asset deal* wie für den *share deal*) in das Anwendungsfeld der culpa in contrahendo verschoben wurden. Da diese auch für den Kauf geringerer Beteiligungsquoten einschlägig ist, führte dies in der praktischen Anwendung zu erheblich weniger Unterschieden zwischen dem als Unternehmenskauf betrachteten Kauf (fast) aller Anteile und dem einfachen Anteilskauf, als auf den ersten Blick zu erwarten gewesen wäre. Der neue, weitere Beschaffenheitsbegriff, den das Schuldrechtsmodernisierungsgesetz eingeführt hat, sollte auch für den Bereich falscher Unternehmenskennzahlen zur Gewährleistung führen. Damit wird die Sonderstellung der Transaktionen über (nahezu) alle Gesellschaftsanteile akzentuiert, und gleichzeitig wird der Druck auf die Rechtsprechung zunehmen, sich detailliert zur Abgrenzung des einfachen und des als Unternehmenskauf qualifizierten Anteilskaufs zu äußern.

Denn es handelt sich bei der besonderen Behandlung des Kaufs (fast) aller Anteile jedenfalls nach der bisherigen Rechtsprechung der obersten deutschen Gerichte nicht um eine Sonderregel für den Erwerb einer Kontrollmehrheit. Zwar wird in der Literatur und von Instanzgerichten vielfach vertreten, eine Mehrheit von beispielsweise über 75%, die dem Erwerber faktisch volle Macht über das Unternehmen gibt (also etwa eine Sperrminorität ausschließt), solle für die Behandlung als echter Unternehmenskauf genügen. Dies entspräche der teilweise in Frankreich geforderten Sonderbehandlung der *cession de contrôle.* Die vom BGH in Deutschland bislang vorgegebene Linie beruht jedoch auf einer anderen Begründung. Es werden nur diejenigen Fälle erfasst, in denen das Abstellen auf die Gesellschaft statt auf das Unternehmen ein bloßer Formalismus wäre, weil nur ein einziger Anteilseigner vorhanden ist.

Soweit es in Deutschland nicht zu einer Gleichstellung von Beteiligungs- und Unternehmenskauf kommt, also in den von dieser Rechtsprechung des RG und des BGH nicht erfassten Fällen, muss der Verkäufer für Falschinformation des Käufers bei Verschulden haften. In Frankreich gilt dasselbe, verschuldet falsche Information des Käufers führt zur Haftung. In beiden Ländern gilt das auch, wenn Informationen schuldhaft verschwiegen werden, die für den Käufer erkennbar wesentlich waren. Im deutschen Recht handelt es sich um eine vertragliche Haftung wegen einer Pflichtverletzung im vorvertraglichen Bereich (culpa in contrahendo), während das französische Recht den gleichen Tatbestand allerdings als deliktisch betrachtet (*faute précontractuelle*). Ein Unterschied liegt in den Anforderungen an den Käufer: Während der BGH die Aufklärungspflichten des Verkäufers wegen der Bedeutung des Geschäfts und der Schwierigkeit eigener Erkenntnis für den Käufer betont, erwarten die französischen Gerichte tendenziell intensivere eigene Nachforschungen des Käufers.

2) Vergleich der wirtschaftlichen Ergebnisse

Der Vergleich der wirtschaftlichen Ergebnisse, die mit den in den beiden Rechtsordnungen vorhandenen Rechtsbehelfen erzielt werden können, zeigt ein uneinheitliches Bild. Während die Behandlung des *asset deal* trotz der sehr unterschiedlichen Gesetzeslage keine allzu großen Unterschiede aufweist, ist die Lage des Käufers einer unternehmenstragenden Gesellschaft in Deutschland und Frankreich stark unterschiedlich, obwohl sich die gesetzlichen Ausgangslagen ähneln.

2.1) Einteilung der Rechtsbehelfe nach dem wirtschaftlichen Ziel

Die unterschiedlichen rechtlichen Möglichkeiten, die dem enttäuschten Käufer eines Unternehmens oder einer Beteiligung sowohl im französischen als auch im deutschen Recht offen stehen, lassen sich in drei Gruppen einordnen. Bei einer auf das wirtschaftliche Ziel konzentrierten Betrachtung können dabei Unterschiede im Detail zwischen den in eine Gruppe eingeordneten Rechtsbehelfen hintan gestellt werden. Insbesondere gilt dies für die dogmatische Konstruktion. Wirtschaftlich ist beispielsweise die gewährleistungsrechtliche Minderung dem Schadensersatz äquivalent, wenn dieser in der Rückerstattung eines Teils des Kaufpreises besteht; ebenso kommt es nicht entscheidend darauf an, dass etwa die Nichtigkeit wegen eines beachtlichen Willensmangels im französischen Recht im Wege der Gestaltungsklage begehrt werden muss, während der Anspruch aus der *action rédhibitoire* auch ohne Klage besteht und gegebenenfalls mit der Leistungsklage verfolgt werden kann.

Eine erste Gruppe bilden Rechtsbehelfe, die wegen einer minderen Qualität des gekauften Unternehmens zur Reduzierung des dafür bezahlten Preises führen. Hierzu gehört natürlich insbesondere die Minderung, § 441 BGB, der im französischen Recht die *action estimatoire* entspricht. Zum selben Ergebnis kommt man aber auch durch Schadensersatzansprüche. So kann eine Preisreduzierung im deutschen Recht über die culpa in contrahendo und über die deliktische Haftung erlangt werden, im französischen Recht aus dem Schadensersatzanspruch wegen *faute précontractuelle*.

Zweitens kann der Käufer in vielerlei Fällen eine Rückgängigmachung des Kaufes erreichen. Zu diesem Ziel führen auf der Seite des deutschen Rechts der die frühere Wandlung ersetzende gewährleistungsrechtliche Rücktritt, der Anspruch auf Ersatz des Vertrauensschadens aus culpa in contrahendo oder Delikt, und auch die Anfechtung wegen arglistiger Täuschung, die über die Regeln für die Herausgabe einer ungerechtfertigten Bereicherung ebenfalls zur Rückabwicklung des Unternehmenskaufes führt. Auf der anderen Seite, im französischen Recht, kann die Rückgängigmachung des Kaufs entweder als Wandlung (*action rédhibitoire)* verlangt werden oder nach einer Nichtigerklärung wegen eines Willensmangels, sei es wegen Auslassung der Pflichtangaben beim Verkauf des *fonds de commerce* nach Art. L141-1 Abs. 2 Code de commerce, wegen *erreur sur la substance* oder infolge eines *dol*. Der französische deliktische Schadensersatzanspruch wegen *faute précontractuelle* erlaubt hingegen kein völliges Loskommen vom Vertrag, er gehört deshalb nicht in die zweite Gruppe.

Drittens schließlich gibt es Rechtsbehelfe, die dem Unternehmenskäufer einen Anspruch auf Ersatz des positiven Interesses eröffnen, so dass er gestellt wird, als hätte das Unternehmen die Eigenschaften, die er erwarten durfte. Dazu gehört der durch das Schuldrechtsmodernisierungsgesetz neu eingeführte Schadenersatzanspruch aus dem Gewährleistungsrecht schon bei Fahrlässigkeit, §§437 Nr. 3 1. Alt., 280 BGB. Ebenso auf Herstellung des (positiven) Leistungsinteresses gerichtet, wenn auch nicht in der Form eines eigentlichen Schadensersatzanspruchs, ist der in einigen Fällen auch beim Unternehmenskauf anwendbare Anspruch auf Nacherfüllung, §§437 Nr. 1, 439 BGB. Im französischen Recht gehen der Anspruch Art. 1645 C.civ., der Kenntnis des Verkäufers vom Mangel voraussetzt, sowie der Anspruch aus *faute précontractuelle* auf vollen Schadensersatz.

2.2) Rechtsbehelfe beim eigentlichen Unternehmenskauf – **asset deal**

2.2.1) Rechtslage in Deutschland

Beim *asset deal* kann der enttäuschte Käufer bei Geltung des deutschen Rechts unabhängig vom Verschulden des Verkäufers nach seiner Wahl eine Preisreduzierung oder die Rückgängigmachung des Kaufs erreichen. Rechtliche Grundlage hierfür ist das Gewährleistungsrecht beim Kauf, das Minderung oder Rücktritt erlaubt. Nach der hier vertretenen Ansicht gilt dies in allen Fallgruppen, in denen das Unternehmen mangelhaft ist, weil wegen des neuen Begriffs der Beschaffenheit nunmehr auch in den Fällen Beschaffenheitsmängel gegeben sind, in denen falsche Unternehmenskennzahlen oder Bilanzen genannt wurden. Lediglich wenn völlig unbedeutende Abweichungen an Einzelgegenständen vorliegen, handelt es sich nicht um einen Mangel. In diesen Fällen kommt unter der zusätzlichen Voraussetzung des Verschuldens des Verkäufers der Anspruch aus culpa in contrahendo in Betracht, doch kann als Schadensersatz regelmäßig nur eine Preisreduzierung verlangt werden, da es hier für die Rückgängigmachung an der Kausalität von Falschangabe und Vertragsschluss fehlt. Wo das Gewährleistungsrecht greift, kommt es nicht darauf an, ob der Käufer den Unternehmensmangel aufgrund einfacher Fahrlässigkeit nicht erkannte, da nach § 442 BGB erst grobe Fahrlässigkeit beachtlich ist.

Liegt beim Verkäufer Verschulden vor, so ist – außer in den letztgenannten Fällen unbedeutender Einzelfehler – ein Schadensersatzanspruch auf das positive Interesse gegeben (§ 437 Nr. 3 1. Alt. BGB).

Die Ansprüche verjähren in zwei Jahren ab Übergabe. Lediglich der ausnahmsweise bestehende Anspruch aus culpa in contrahendo bei unbedeutenden Einzelfehlern verjährt in drei Jahren ab Kenntnis oder grob fahrlässiger Unkenntnis. Dasselbe gilt für die übrigen Fälle nur, wenn Arglist gegeben ist (§ 438 Abs. 3 Satz 1 BGB).

Einen vereinfachten Überblick über die Situation gibt Schaubild 1.

Deutschland - Möglichkeiten des Käufers beim asset deal*

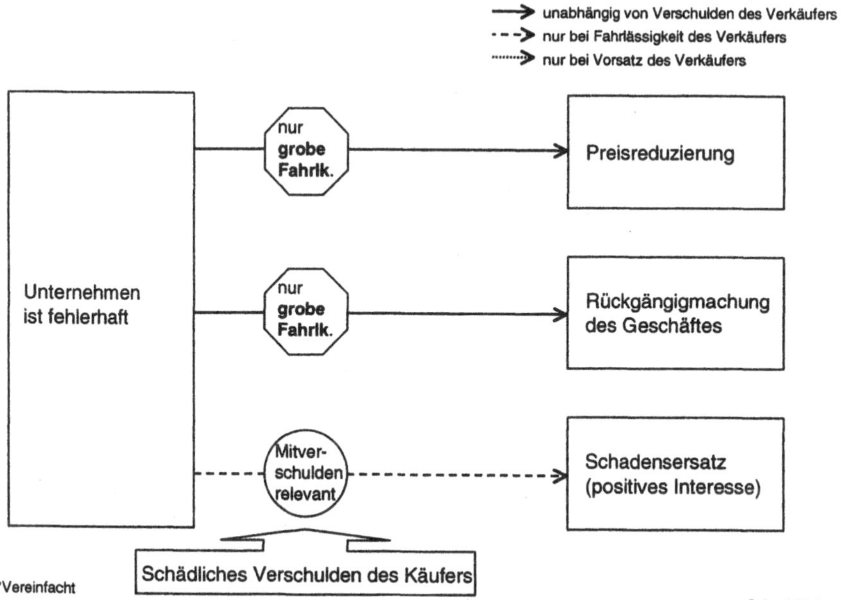

*Vereinfacht

Schaubild 1

Durch die Schuldrechtsreform, zumindest soweit der neue Beschaffenheitsbegriff wie hier vertreten weit ausgelegt wird, kommt es somit zu einer erheblichen Vereinfachung der Rechtslage in Deutschland. Zum Vergleich ist in Schaubild 2 ein vereinfachter Überblick über die frühere Lage dargestellt. Eine weiterhin ähnliche Situation würde sich ergeben, wenn anders als hier vertreten auch die „Beschaffenheit" des neuen § 434 I BGB so eng verstanden wird wie bislang die Eigenschaft und somit falsche Angaben über Umsätze oder

Erträge oder sonstige Unternehmenskennzahlen weiterhin aus dem Gewährleistungsrecht ausgeklammert blieben.

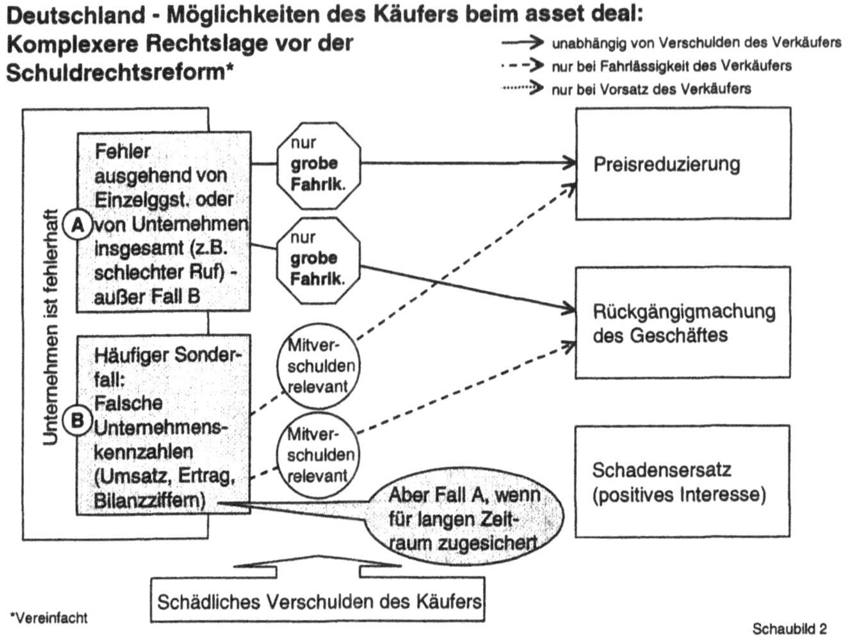

Schaubild 2

2.2.2) *Rechtslage in Frankreich beim* **asset deal**

Beim *asset deal* ist im französischen Recht häufig ein *fonds de commerce* und daneben weitere Gegenstände (zum Beispiel Forderungen, Immobilien) verkauft. Sowohl für den *fonds de commerce* als auch für eventuell mitverkaufte Grundstücke ist das Gewährleistungsrecht eröffnet. Der Käufer kann ohne Verschuldenserfordernis entweder Preisreduzierung (über die Minderung, *action estimatoire*) oder Rückgängigmachung des Kaufs (über die *action rédhibitoire* oder Willensmängel) verlangen. Hinsichtlich der mitverkauften, nicht im *fonds de commerce* enthaltenen Gegenstände setzt ein Durchschlagen der Rückabwicklung auf den gesamten Unternehmenskauf jedoch voraus, dass nach dem Willen der Parteien der Verkauf des *fonds* und der der übrigen Gegenstände miteinander stehen und fallen sollten (Theorie der *indivisibilité*). Andernfalls kann nur eine Preisreduzierung erlangt werden. Allerdings entfallen die Ansprüche, wenn der Käufer die Fehler hätte erkennen können, also zumindest fahrlässig war. Dies gilt sowohl für Gewährleistungsansprüche als auch für die Geltendmachung eines Irrtums, sofern dieser nicht durch Arglist hervorgerufen wurde (dann liegt ein *dol* vor).

Ist zumindest ein einfaches Verschulden des Verkäufers gegeben, so kann auch ein Anspruch auf Ersatz des positiven Interesses bestehen (*faute précontractuelle*; bei Vorsatz auch aus Art. 1645 C.civ.). Ein eigenes Verschulden des Käufers ist hier durch Teilung des Schadens zu berücksichtigen.

Die Ansprüche aus Kaufrecht müssen sehr kurzfristig innerhalb des *bref délai* des Art. 1648 Abs. 1 C.civ. geltend gemacht werden, für die Rückgängigmachung reicht es, die Frist für Willensmängel von fünf Jahren ab Kenntnis einzuhalten. Der Schadensersatz und die Preisreduzierung können über die *faute précontractuelle* noch nach zehn Jahren ab Kenntnis begehrt werden.

Hinsichtlich der Fallgruppe der falschen Unternehmenskennzahlen, die sich immer nur auf den *fonds* beziehen können, liegt eine Besonderheit des französischen Rechts darin, dass genaue Angaben nach Art. L141-1 Abs. 1 Nr. 3 und 4 Code de commerce verpflichtend in den Vertrag aufgenommen werden müssen. Bei Fehlen dieser Angaben kann Rückgängigmachung, bei falschen Angaben Preisreduzierung oder Rückgängigmachung verlangt werden. Die dafür vorgesehene Klagefrist von einem Jahr ab Vertragsschluss ist dann bedeutsam, wenn Preisreduzierung begehrt wird, ohne dass der Verkäufer schuldhaft gehandelt hat, da dann der einzige noch mögliche Rechtsbehelf das allgemeine Gewährleistungsrecht mit der Anforderung wäre, das noch kürzere *bref délai* einzuhalten.

Die französische Lösung für den *asset deal* ist vereinfacht in Schaubild 3 dargestellt.

Frankreich - Möglichkeiten des Käufers beim asset deal*

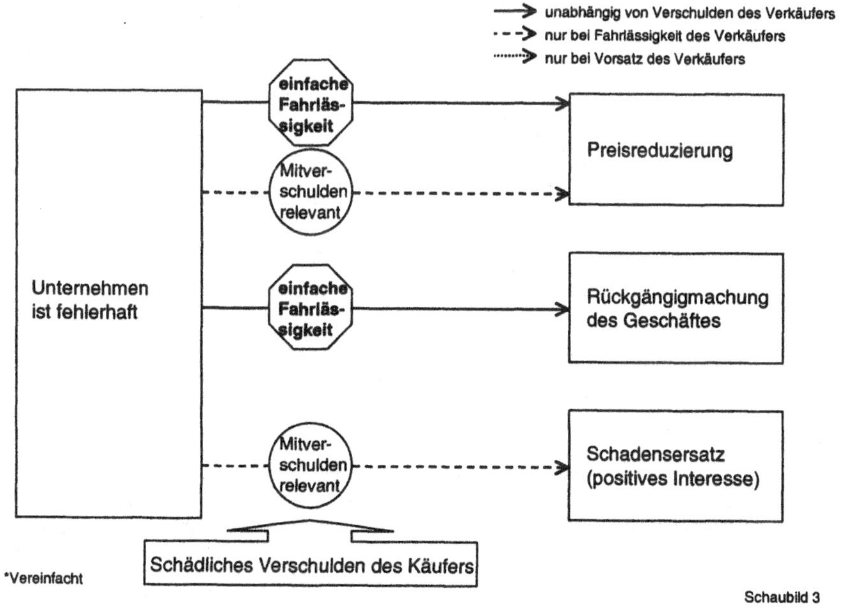

*Vereinfacht

Schaubild 3

2.2.3) Vergleich der Lage beim **asset deal**

In der Behandlung des eigentlichen Unternehmenskauf sind die Lösungen des deutschen wie des französischen Rechts ähnlich. In beiden Rechtsordnungen kann der enttäuschte Unternehmenskäufer beim *asset deal* regelmäßig entweder eine Preisreduzierung oder die Rückgängigmachung des Geschäfts verlangen. Hinzu kommt bei Verschulden des Verkäufers auch ein Schadensersatzanspruch auf das positive Interesse.

Trotz der sehr unterschiedlichen gesetzlichen Ausgangslage – in Deutschland war der Unternehmenskauf bis 2001 im Gesetz völlig ungeregelt und ist nunmehr auch nur minimal normiert, indem der Gesetzgeber in der Begründung des Schuldrechtsmodernisierungsgesetzes zu erkennen gegeben hat, dass Unternehmen als sonstige Kaufgegenstände im Sinne des § 453 I 2. Alt. BGB anzusehen sind, in Frankreich hingegen ist der wesentliche Teil des Unternehmenskauf seit nahezu einem Jahrhundert, im Besonderen aber vor allem seit 1935 durch die Gesetzgebung zum *fonds de commerce* gesetzlichen Regeln unterworfen, die strenge Vorschriften für diesen Geschäftstyp aufstellen – sind die Unterschiede im Ergebnis relativ gering.

Sichtbarster Unterschied ist die Notwendigkeit, immer, wenn ein französischer *fonds de commerce* verkauft wird, die wie Formvorschriften wirkenden Regeln des Gesetzes vom 29.6.1935 einzuhalten. Im hier interessierenden Verhältnis zwischen den Parteien bedeutet dies, dass die Pflichtangaben korrekt gemacht werden müssen, insbesondere zu vergangenen Umsätzen und Erträgen. Dies kontrastiert mit der bisherigen Weigerung der deutschen Gerichte, diese Kennziffern überhaupt als Eigenschaften des Unternehmens und somit als mögliche Auslöser der Mangelgewährleistung aufzufassen.

Weitere Unterschiede gibt es vor allem in zwei Bereichen, bei der Auswirkung eigenen Verschuldens des Käufers sowie bei der Verjährung.

Im französischen Recht ist sowohl im Gewährleistungsrecht als bei der Berufung auf einen Irrtum eigene Fahrlässigkeit des Käufers schädlich. Vom ihm wird dabei nicht nur verlangt, eigene Erkenntnismöglichkeiten einzusetzen. Er muss sich auch sachkundiger Hilfe bedienen, wenn sich dies aufdrängt. Liegt ein solcher Sorgfaltsverstoß vor, dann kann der Käufer keine Rückgängigmachung des Kaufs begehren und die Preisreduzierung auch nur dann, wenn sie wegen Verschuldens des Verkäufers als Schadensersatz möglich ist – dann aber unter Teilung des Schadens wegen Mitverschuldens. In Deutschland hingegen wird im regelmäßig allein anwendbaren Kaufrecht erst grobe Fahrlässigkeit relevant. Besondere Nachforschungen muss der Käufer hier nicht anstellen.

Außerdem divergiert die Behandlung unerheblicher Fehler einzelner Sachen des Unternehmensvermögens. Das deutsche Recht verlangt hier ausnahmsweise ein Verschulden, um zur Preisreduzierung zu verlangen, indem diese kleinen Fehler nicht als Mangel des Unternehmens angesehen werden.

In Frankreich lösen nach überwiegender Ansicht auch kleine Fehler an Einzelgegenständen des *fonds de commerce* die Gewährleistung aus.

Schließlich sind die Fristen für die Geltendmachung unterschiedlich. Nach § 438 BGB verjähren die (außer bei Arglist allein einschlägigen) Gewährleistungsansprüche in zwei Jahren nach Übergabe des Unternehmens. Das französische Recht ist zwar bei der Gewährleistung strenger – es gilt das *bref délai* oder die Jahresfrist des Art. L141-1 Abs. 2 Code de commerce. Die alternativ begehbaren Wege über Willensmängel und Schadensersatz bei Verschulden lassen dem Verkäufer aber mehr Zeit, nämlich fünf Jahre ab Erkennbarkeit für die Rückabwicklung wegen Nichtigerklärung und sogar zehn Jahre ab Kenntnis für die Preisreduzierung im Wege des Schadensersatzes.

2.3) Rechtsbehelfe beim Kauf einer unternehmerischen Beteiligung - share deal

2.3.1) Lage in Deutschland

Für den *share deal* ist im deutschen Recht zu differenzieren. Werden alle oder nahezu alle Anteile verkauft, so wird der *share deal* wie ein *asset deal* behandelt. Wo im Einzelfall die Grenze liegt, ab der dies angenommen wird, ist unsicher. Ob etwa eine Beteiligung reicht, die keine Sperrminorität mehr zulässt, ist in Literatur und Rechtsprechung umstritten. Für die Rechtsbehelfe des Käufers gilt dann dasselbe, als hätte er einen *asset deal* gemacht, es kann auf das oben (2.2.1.1) Gesagte verwiesen werden. (Darüber hinaus besteht eine Haftung für Fehler der Beteiligung als solcher, die wirtschaftlich eine weniger bedeutende Rolle spielt und hier vernachlässigt werden kann.) Einen vereinfachten Überblick gibt Schaubild 4.

Deutschland - Möglichkeiten des Käufers beim share deal
Fall 1: Kauf (nahezu) aller Anteile und Behandlung als Unternehmenskauf*

→ unabhängig von Verschulden des Verkäufers
- - → nur bei Fahrlässigkeit des Verkäufers
······→ nur bei Vorsatz des Verkäufers

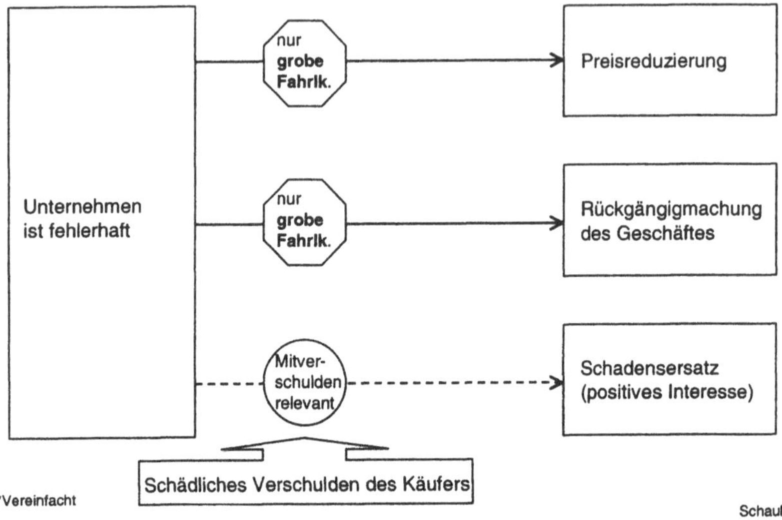

*Vereinfacht

Schaubild 4

Wird nur ein geringerer Teil der Anteile verkauft, so kommt das kaufrechtliche Gewährleistungsrecht nur bezüglich der Anteile selbst, nicht aber hinsichtlich (Mängel) des Unternehmens zur Anwendung. Doch kann der Käufer regelmäßig entweder eine Preisreduzierung oder die Rückgängigmachung des Geschäfts verlangen. Der Anspruch beruht auf culpa in contrahendo, so dass ein Verschulden des Verkäufers nötig ist, das jedoch in der Praxis relativ leicht angenommen wird. Dabei werden die Auskunftspflichten des Verkäufers extensiv interpretiert. Eine eigene Fahrlässigkeit des Käufers wird nach § 254 BGB berücksichtigt.

Anspruch auf Ersatz des positiven Interesses besteht nicht. Selbst bei betrügerischer Arglist des Verkäufers geht der Schadensersatzanspruch nach § 249 S. 1 BGB mit der Differenzhypothese auf die Herstellung der hypothetischen Lage, also auf Rückgängigmachung des Vertrages.

Bei sehr harmlosen Fehlern (also in den Fällen, in denen auch beim *asset deal* die culpa in contrahendo angewendet wird) entfällt die Möglichkeit der Rückabwicklung, da regelmäßig nicht behauptet werden kann, bei Kenntnis hätte der Käufer überhaupt nicht kontrahiert.

Die Ansprüche verjähren drei Jahre ab Kenntnis oder grob fahrlässiger Unkenntnis.

Vereinfacht ist die Situation in Schaubild 5 zusammengefasst.

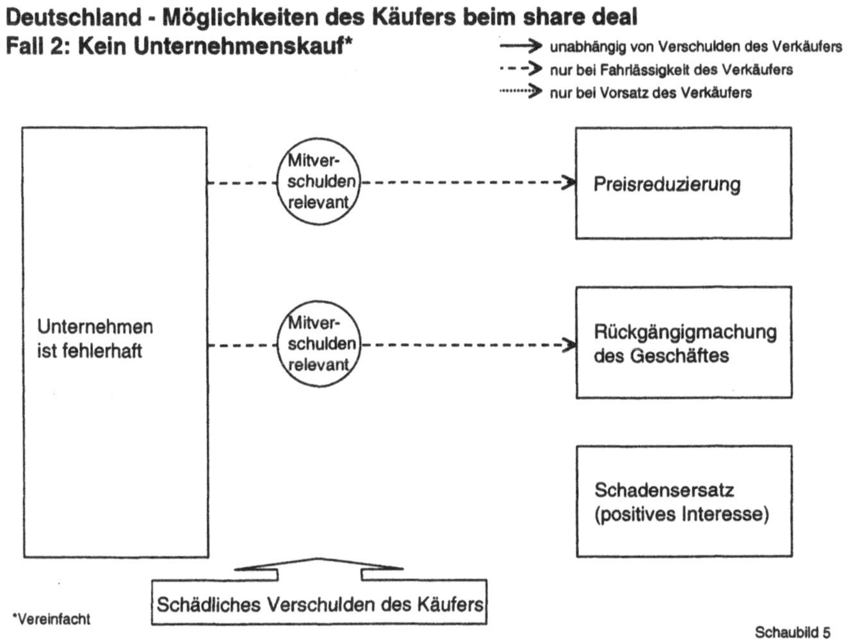

Schaubild 5

2.3.2) *Beteiligungskauf in Frankreich*

Der Anteilskauf wird unabhängig von der Höhe der verkauften Beteiligung als reiner Rechtskauf behandelt. Mögliche Rechtsbehelfe des enttäuschten Käufers gehen auf Preisreduzierung oder Schadensersatz, Voraussetzung ist Verschulden. Der Anspruch beruht auf *faute précontractuelle* und spielt in der Praxis eine geringere Rolle, als es die scheinbare Ähnlichkeit zur culpa in contrahendo vermuten lässt. Die Verjährung beträgt zehn Jahre ab Erkennbarkeit des Schadens.

Eine Rückgängigmachung des Kaufs kann nur im Fall der Arglist und auch dann nur fünf Jahre lang ab Entdeckung der Täuschung begehrt werden, indem auf Nichtigerklärung des Vertrages wegen *dol* geklagt wird.

Nur in außergewöhnlichen, sehr seltenen Fällen (in der Grafik vernachlässigt) kann auch ohne den Nachweis der Arglist die Rückgängigmachung erfolgreich begehrt werden, entweder über die *erreur sur la substance*, Art. 1110 C.civ., oder über die *action rédhibitoire* des Gewährleistungsrechtes. Notwendig ist, dass selbst unter Einsatz weiterer von außen einzubringender Finanzmittel der Gesellschaftszweck unerreichbar geworden ist. Die Voraussetzungen sind im Einzelnen von der Rechtsprechung noch nicht vollständig klar herausgearbeitet worden.

Schaubild 6 zeigt vereinfacht die Lage des enttäuschten Beteiligungskäufers in Frankreich.

Frankreich - Möglichkeiten des Käufers beim share deal*

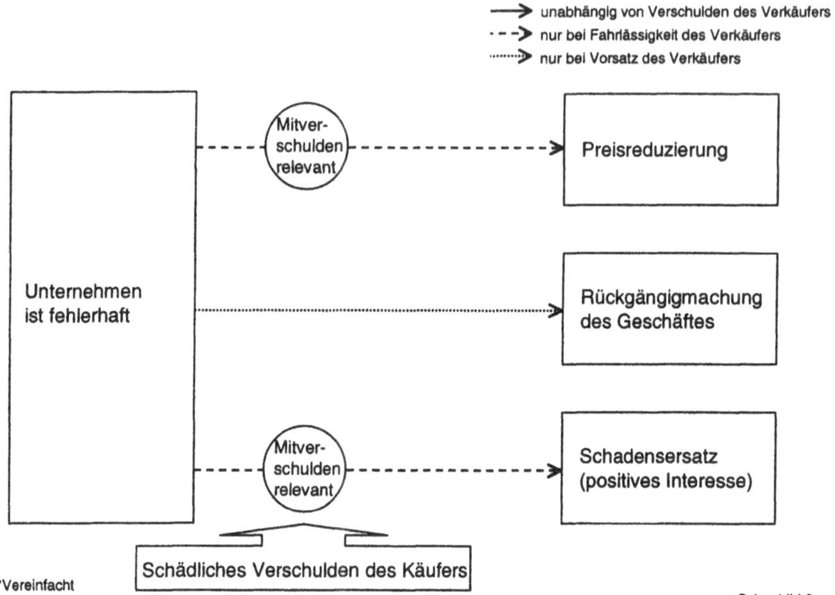

*Vereinfacht

Schaubild 6

2.3.3) Vergleich der Lage beim share deal

Die gesetzliche Ausgangslage beim *share deal* ist in Deutschland und Frankreich ähnlich. Weder diesseits noch jenseits des Rheins gibt es gesetzliche Sondervorschriften für den Kauf einer Mehrheitsbeteiligung. Doch hat der Käufer einer unternehmenstragenden Gesellschaft bei Mängeln des von ihr betriebenen Unternehmens in Frankreich deutlich schlechtere Aussichten, diese geltend zu machen, als in Deutschland.

Dies liegt insbesondere an der im deutschen Recht praktizierten Umqualifizierung des Kaufs aller oder nahezu aller Anteile einer unternehmenstragenden Gesellschaft. Solche Geschäfte werden behandelt, als wäre das Unternehmen selbst verkauft. Somit stehen dem Käufer (wie schon oben für den *asset deal* beschrieben) die gewährleistungsrechtlichen Rechtsbehelfe offen, die kein Verschulden des Verkäufers voraussetzen. Unabhängig von einfacher eigener Fahrlässigkeit kann der Käufer so vom Kauf zurücktreten oder Minderung verlangen. Liegt ein Verschulden des Verkäufers vor, so kann er auch Schadensersatz auf das positive Interesse begehren.

In Frankreich kann der Beteiligungskäufer hingegen, einmal abgesehen von den sehr seltenen Sonderfällen, für die die Cour de Cassation die Anwendung des Irrtumrechts entschied und die des Gewährleistungsrechts in obiter dicta für denkbar hielt, nur bei arglistiger Täuschung durch den Verkäufer vom Vertrag vollständig loskommen. Fällt dem Verkäufer wenigstens Fahrlässigkeit zur Last, so kann immerhin über die *faute précontractuelle* als Schadensersatz das positive Interesse oder eine Preisreduzierung erlangt werden (nicht aber die Rückabwicklung des Vertrages). Hierbei führt jedoch schon leichtes eigenes Verschulden zur Teilung des Schadens.

Auch in den Fällen, in denen der Beteiligungskauf auch im deutschen Recht als reiner Rechtskauf behandelt wird, weil nicht eine für die Annahme eines Unternehmenskauf genügende Quote der Gesellschaftsanteile übernommen wurde, hat der Käufer in Deutschland bessere Aussichten, unter dem allgemeinen gegen den Verkäufer vorzugehen, wenn das Unternehmen der Gesellschaft mangelbehaftet ist. In beiden Rechtsordnungen wird diese Fallgruppe über Verschulden bei Vertragsverhandlungen geregelt; bei Arglist des Verkäufers kommt noch die Möglichkeit der Anfechtung beziehungsweise in Frankreich der Klage auf Nichtigerklärung hinzu. Zwar gibt es in Frankreich nicht die strenge Beschränkung des Schadensersatzes auf das negative Interesse. Jedoch ist eine vollständige Rückgängigmachung des Kaufs außer in den Fällen der Arglist ausgeschlossen, wohingegen sie im deutschen Recht als Spielart der Naturalrestitution aus culpa in contrahendo zulässig ist. Außerdem ist der Maßstab, der an das Verschulden des Verkäufers unter Geschäftsleuten gestellt wird, in Frankreich strenger als in Deutschland, wo der BGH für den Unternehmenskauf sogar von einer gesteigerten Aufklärungspflicht des Verkäufers ausgeht. Wegen der relativ geringen Anforderungen an das Verkäuferverschulden ist der Anteilskäufer in Deutschland auch dann ähnlich umfassend geschützt wie der Unternehmenskäufer, wenn es nicht zu einer Gleichbehandlung des Vertrages mit einem *asset deal* kommt – in Frankreich hingegen hat er in derselben Situation relativ geringe Aussichten auf gerichtliche Hilfe.

2.4) *Fazit*

Der Vergleich nach wirtschaftlichen Ergebnissen bestätigt die Hypothese, dass die Rechtsposition des enttäuschten Käufers eines Unternehmens beim *asset deal* in Deutschland und Frankreich keine fundamentalen Unterschiede aufweist. Dies gilt jedoch vor allem dann, wenn man die neuen Bestimmungen im Gewährleistungsrecht des BGB, wie sie das Schuldrechtsmodernisierungsgesetz einführte, wie hier vertreten so auslegt, dass nun alle bedeutsamen Gründe für die Enttäuschung des Käufers, insbesondere auch falsche Angaben des Verkäufers zu Umsätzen, Erträgen, Bilanzziffern oder sonstigen Unternehmenskennzahlen, durch das Gewährleistungsrecht des Kaufrechts erfasst werden. Es wird sich zeigen, ob die Rechtsprechung in ihrer zukünftigen Interpretation dieser Vorschriften diesen Weg einschlägt. Vergewärtigt man sich, dass die Kennzahlen in Frankreich als so bedeutend für den Unternehmenskauf (im Fall des *fonds de commerce*) aufgefasst werden, dass ausdrückliche Angaben gesetzlich verpflichtend sind, und dass die französischen Erfahrungen mit dieser Regelung positiv sind – im Schrifttum werden soweit ersichtlich keine Zweifel an der Angemessenheit der Gesetzeslage geäußert –, so spricht viel dafür, die für den Kauf und die Wertanmutung eines Unternehmens so bedeutsamen Unternehmenskennzahlen auch in Deutschland als Grundlage von Mängeln desselben anzusehen.

Im Bereich des Kaufs von unternehmerischen Beteiligungen, dem *share deal*, haben sich hingegen deutliche Unterschiede zwischen Deutschland und Frankreich gezeigt. Allerdings darf nicht vergessen werden, dass diese Unterschiede in einer großen Zahl von Fällen durch die Ausarbeitung detaillierter vertraglicher Klauselwerke mit international ähnlichem Inhalt wieder nivelliert werden.

Die deutsche allgemeine Rechtslage erweist sich in den häufigen Fällen, in denen die Gesamtheit des Beteiligungskapitals der unternehmenstragenden Gesellschaft übernommen wird, als dem Käufer gegenüber deutlich großzügiger. Sie verzichtet unter Berufung auf die Verkehrsauffassung auf eine strikte Beachtung des dogmatischen Unterschieds zwischen *asset deal* und *share deal* und schützt den Beteiligungskäufer so, als hätte er das Unternehmen selbst erworben. Die französische Rechtspraxis verweigert sich diesem Ansatz sehr weitgehend und erlaubt nur in wirklich extrem gelagerten Sonderfällen, den Zustand des Unternehmens bei der Beurteilung des Kaufs der Gesellschaft in Betracht zu ziehen. Die rechtspolitischen Ansichten der französischen rechtswissenschaftlichen Literatur sind gespalten. Auf die Frage, ob derjenige, der sehenden Auges (und oftmals um der sonstigen, meist steuerlichen Vorteile willen) nicht das Unternehmen selbst, sondern „nur" die Gesellschaft kauft, dennoch den vollen Schutz der für den eigentlichen Unternehmenskauf bestehenden Regelung genießen soll, werden die beiden möglichen Ansichten vertreten. Einige Stimmen äußern die Hoffnung, der Gesetzgeber möge zum Schutz des Beteiligungskäufers aktiv werden.[837] *Mousseron* hingegen hält eine solche Gesetzesänderung für unnötig und verweist die Parteien darauf, sich selbst unter Ausnützung der Vertragsfreiheit zu helfen,[838] und *Bureau* verweist darauf, dass keinen besonderen Schutz wie beim Kauf eines *fonds de commerce* erwarten könne, wer sich bewusst für eine andere rechtliche Gestaltung entscheide.[839]

---

837 Dafür etwa *Roca*, Anm. zu Cass. com., 4.12.1990, Bull. Joly 1991, 194 (197); *d'Hoir-Laupretre*, Anm. zu Cass. com., 13.2.1990, D. 1990, 470 (473); *Houin*, Rev. trim. Droit com. 1970, 743.

838 *Mousseron*, Conventions de garantie, Nr. 119.

839 *Bureau*, Anm. zu Cass. com., 17.10.1995 und Cass. com., 12.12.1995, Rev. soc. 1996, 56, Nr. 19 - 24.

Insgesamt wäre es sicher wünschenswert, auch im Bereich des *share deals* international ähnlichere Lösungen zu finden, ohne die Käufer allzu sehr allein auf vertragliche Lösungen zu verweisen. Ein gutes und gerechtes Haftungssystem für den Unternehmenskauf, gleich in welcher rechtlichen Konstruktion er durchgeführt wird, ist schließlich ein Aushängeschild für die Wirtschaft eines Landes und letztlich ein bedeutender Standortfaktor, da es die sinnvolle Allokation von Ressourcen erleichtert und Transaktionskosten reduziert.

ANHANG: ÜBERSETZUNGEN DER FRANZÖSISCHEN TEXTSTELLEN

- Seite 73 (bei Fußnote 248):
  „Der *fonds de commerce* wird durch die beweglichen Gegenstände gebildet, die der Ausübung einer kaufmännischen Tätigkeit gewidmet sind. Er muss eine Kundschaft beinhalten."
- Seite 73 (bei Fußnote 249):
  „Ein Gegenstand, der aus verschiedenen Bestandteilen besteht, die durch dieselbe Widmung zum Zweck der Entwicklung einer kaufmännischen Tätigkeit vereint sind."
- Seite 80 (bei Fußnote 300):
  „Von allen Bestandteilen stellt die Kundschaft den wesentlichen dar, denjenigen, ohne den ein *fonds* nicht bestehen könnte."
- Seite 87 (nach Fußnote 333):
  „(1) In jeder Urkunde, die eine rechtsgeschäftliche Übertragung eines *fonds de commerce*, selbst wenn diese unter einer Bedingung oder in der Form eines anderen Vertrages erfolgt, oder die Einbringung eines fonds de commerce in eine Gesellschaft feststellt, muss der Verkäufer mitteilen:
  1. Den Namen des Vorverkäufers, das Datum und die Rechtsnatur des Erwerbs und den Preis für die unkörperlichen Elemente, die Waren und die Betriebsmittel;
  2. den Zustand von Vorrechten und Pfandrechten, die auf dem *fonds* lasten;
  3. die im Verlauf jedes der letzten drei Betriebsjahre oder, falls er ihn nicht seit mehr als drei Jahren nutzt, seit dem Erwerb erwirtschafteten Umsätze;
  4. die in derselben Zeit erwirtschafteten handelsrechtlichen Gewinne;
  5. den Geschäftsraummietvertrag, seine Laufzeit, den Namen und die Adresse des Vermieters, soweit vorhanden.
  (2) Die Unterlassung der oben vorgeschriebenen Angaben kann auf Klage des Erwerbers binnen Jahresfrist zur Nichtigkeit des Verkaufsgeschäftes führen."
- Seite 91 (bei Fußnote 356):
  „Die in der Vertragsurkunde enthaltenen Angaben waren insoweit unrichtig, als sie sich nicht ausschließlich auf den verkauften *fonds de commerce* bezogen."
- Seite 95 (bei Fußnote 374):
  „Der Irrtum ist nur dann ein Nichtigkeitsgrund des Vertrages, wenn er sich auf die Substanz selbst der vertragsgegenständlichen Sache bezieht."
- Seite 96 (bei Fußnote 382):
  „Nach der Interpretation des Art. 1110 durch die Lehre versteht man

unter Substanz der verkauften Sache die Eigenschaft der Sache, die den Vertragsentschluss des Käufers nach Kenntnis des Verkäufers bestimmte."

- Seite 96 (bei Fußnote 387):
  „Das Eingehen eines Risikos schließt die Nichtigkeit wegen Irrtums aus."
- Seite 99 (vor Fußnote 399):
  „Die arglistige Täuschung ist ein Nichtigkeitsgrund des Vertrages, wenn die von einem Teil angewandten Machenschaften von solcher Art sind, dass der andere Teil ohne diese Machenschaften eindeutig nicht kontrahiert hätte."
- Seite 100 (bei Fußnote 408):
  „Die arglistige Täuschung kann im Schweigen einer Partei bestehen, die dem Verhandlungsgegner eine Tatsache verschleiert, bei deren Kenntnis er den Vertrag nicht abgeschlossen hätte."
- Seite 105 (bei Fußnote 436):
  „abgesehen von dem zu Recht kritisierten Argument, das auf dem *caractère incident* der arglistigen Täuschung beruht".
- Seite 105 (bei Fußnote 440):
  „ohne die Täuschung, die durch die Vorlage einer trügerischen Bilanz ermöglicht wurde, hätte der Zessionar *zu den vereinbarten Bedingungen* den Vertrag nicht abschließen können".
- Seite 106 (bei Fußnote 445):
  „Die Täuschungsabsicht ist gegenüber der möglichen Fahrlässigkeit des Käufers vorrangig".
- Seite 106 (bei Fußnote 446):
  „[Der Zessionar darf] sich nicht selbst einen Mangel an Sorgfalt zu Schulden haben kommen lassen".
- Seite 106 (bei Fußnote 447):
  „Nach allgemeinem Recht darf das Opfer keine schuldhafte Pflichtverletzung begangen haben, die ihm den Scharfblick genommen hat. Es stellt sich die Frage, ob der Zessionar nicht aufgrund eigener Fähigkeiten selbst die Wahrheit erkennen hätte können oder ob es ihm nicht sogar oblag, vertiefte Nachforschungen anzustellen."
- Seite 109 (bei Fußnote 457):
  „als Fachleute waren sie nicht verpflichtet, die ihnen vorgelegten Konten anzuzweifeln und zusätzliche Nachforschungen anzustellen."
- Seite 111 (nach Fußnote 471):
  „Der Verkäufer ist zur Gewährleistung wegen versteckter Mängel der verkauften Sache verpflichtet, die sie zur vorgesehenen Nutzung ungeeignet machen oder die diese Nutzung so sehr beeinträchtigen, dass der

Käufer sie nicht erworben hätte oder nur einen geringeren Preis bezahlt hätte, wenn er sie gekannt hätte."

- Seite 115 (vor Fußnote 495):
  „Der Verkäufer ist ungeachtet entgegenstehender Vereinbarungen zur Gewährleistung wegen der Ungenauigkeit seiner Angaben unter den Voraussetzungen der Art. 1644 und 1645 des Code civil verpflichtet."
- Seite 134 (bei Fußnote 600):
  „die Abtretung aller Aktien, die eine Person hatte, und die nahezu die Gesamtheit der Aktien einer Handelsgesellschaft ausmachten, die einen *fonds de commerce* betrieb, mithin eine Abtretung, die sich notwendigerweise auf die Übertragung des *fonds de commerce* selbst bezog."
- Seite 138:
  „Die Handelsgesellschaften sind ab ihrer Eintragung in das Handels- und Gesellschaftsregister rechtsfähig."
- Seite 140 (bei Fußnote 633):
  „wenn sich auch die Abtretung von Gesellschaftsanteilen steuerrechtlich nicht als Abtretung des *fonds de commerce* darstellt, so ist es doch im Verhältnis zwischen Zedent und Zessionar anders".
- Seite 141 (bei Fußnote 640):
  „Mit dieser Begründung hat die Cour d'Appel [Art. 5 des Gesetzes vom 24.7.1966] verletzt".
- Seite 149 (bei Fußnote 677):
  „aus Sicht des Art. 1110 C.civ. ist es wenig bedeutsam, ob ein in der Form einer Aktiengesellschaft betriebenes Unternehmen gut oder schlecht ist, ob es vernünftige Erfolgsaussichten hat oder nicht; (...) dies sind nämlich zufällige und unwesentliche Eigenschaften, in Bezug auf die sich die Parteien geirrt haben können, ohne dass deshalb der Vertrag notwendigerweise mit Willensmängeln behaftet ist."
- Seite 149 (bei Fußnote 678):
  „anders verhält es sich, wenn der Hauptzweck, zu dem eine Gesellschaft gegründet wurde, nur scheinbar besteht (...) in diesem Fall wurde der Käufer von Aktien durchaus über die Substanz selbst der Sache getäuscht".
- Seite 151 (bei Fußnote 687):
  „[die Zessionare] konnten vernünftigerweise keine Gesellschaft erwerben, der es nicht nur an ihren wesentlichen Aktiva, sondern vor allem auch an der Möglichkeit, den Gesellschaftszweck zu erreichen und eine wirtschaftliche Tätigkeit zu betreiben, und somit an jeglicher Rentabilität fehlte".
- Seite 152 (bei Fußnote 691):
  „den Aktien mangelte es weder an ihren Vermögensrechten noch an

den Mitwirkungsrechten, die sie charakterisierten. Entgegen dem vom Käufer verfolgten Ziel konnte die Gesellschaft die Steinbrüche nicht mehr ausbeuten. Aber ist das nicht eher eine wesentliche Eigenschaft des *fonds de commerce* als der Aktien? In Wirklichkeit ist es äußerst schwierig, im Bereich des Unternehmens, die Anteilsrechte und wirtschaftliche Tätigkeit strikt zu trennen; im Fall der Abtretung von Anteilsrechten bleibt das Unternehmen außerhalb des Bereichs der vertraglichen Abmachungen."

- Seite 153 (bei Fußnote 695):
  „Da die Cour d'Appel in ihrem Urteil festgestellt hatte, dass Gegenstand des Anteilserwerbs zur Unkenntnis der Zessionare nur eine Gesellschaft war, der es bereits an ihren wesentlichen Aktiva fehlte und die offensichtlich nicht in der Lage war, ihren Gesellschaftszweck zu erfüllen, eine wirtschaftliche Tätigkeit auszuüben, und somit eine Ertragsfähigkeit zu haben, konnte sie daraus folgern, dass sich der Irrtum der Zessionare auf die wesentlichen Eigenschaften der Gesellschaftsanteile bezog und nicht auf deren Wert."
- Seite 155 (bei Fußnote 702):
  „Da die Cour d'Appel in ihrem Urteil festgestellt hatte, dass die Sté Novopac den Vertrag nicht abgeschlossen hätte, wenn sie gewusst hätte, dass das Material fehlte, das den wesentlichen Bestandteil des unbeweglichen Vermögens der Sté APS darstellte, ohne das das Unternehmen keinerlei Tätigkeit entfalten konnte und ohne das die Akquisition jede Substanz verlor, konnte sie [die Cour d'Appel] daraus folgern, dass dieser Irrtum, der die wesentlichen Eigenschaften der Gesellschaftsanteile betraf, die Gegenstand der streitgegenständlichen Abtretung waren, zur Nichtigkeit des Vertrages führte".
- Seite 156 (bei Fußnote 712):
  „Der behauptete Irrtum betraf nur den Wert der abgetretenen Aktien und hatte die Gesellschaft nicht daran gehindert, die wirtschaftliche Tätigkeit zu verfolgen, die ihren Gesellschaftszweck darstellt".
- Seite 157 (bei Fußnote 718):
  „der verkauften Gesellschaft (...) fehlte es bereits an nahezu allen Aktiva und (...) es war ihr unmöglich, ihre Tätigkeit zu verfolgen und ihren Gesellschaftszweck zu erreichen".
- Seite 158 (vor Fußnote 721):
  „[Die arglistige Täuschung] kann nicht vermutet werden, sondern muss bewiesen werden."
- Seite 162 (vor Fußnote 743):
  Art. 1693: „Wer eine Forderung oder ein anderes unkörperliches Recht verkauft, muss für ihr Bestehen zur Zeit der Übertragung Gewähr leisten, selbst wenn die Gewährleistung ausgeschlossen wurde. "

Art. 1694: „Er haftet nur für die Zahlungsfähigkeit des Schuldners, wenn er sich dazu verpflichtet hat, und nur bis zur Höhe des Preises, den er für die Forderung erzielt hat."

- Seite 166 (bei Fußnote 766):
  „da es sich um Gesellschaftsanteile handelte, konnte der Begriff des verborgenen Mangels nur dann die Klage der Zessionare auf Minderung begründen, wenn die Substanz selbst, der grundlegende Zweck der Anteile betroffen war, das heißt, wenn sich die Unmöglichkeit oder eine unvorhergesehene Schwierigkeit in der Ausbeutung des *fonds de commerce* durch die Gesellschaft herausstellte, die den Zessionaren ihr Recht nehmen würde, die Gewinne der Tätigkeit der Gesellschaft zu erhalten; (...) die Steuerschuld beeinträchtigt nicht die wesentlichen Eigenschaften der Anteile, die Gegenstand der Abtretung waren, sondern nur ihren Wert; (...) diese Verbindlichkeit stellt keinen verborgenen Mangel dar, sie stellt nur ein Problem des Wertes dar und nicht der Gewährleistung."
- Seite 167 (bei Fußnote 771):
  „der angeführte verborgene Mangel beruht, da es sich um Gesellschaftsanteile handelt, in dem Untergang der Lenkungsmacht in Bezug auf die wirtschaftliche Einheit und das Produktionsmittel, die sie repräsentierten, die infolge des Insolvenzantrags drei Monate nach dem Verkauf nicht ausgeübt werden konnte."
- Seite 167 (bei Fußnote 775): „Die in Art. 1641 C.civ. angeordnete Garantie findet nur wegen Mängel der verkauften Sache selbst Anwendung. Das Berufungsurteil stellt fest, dass M. Fievet, der eine gewisse Anzahl von Gesellschaftsanteilen erworben hatte, die Klage rechtlich mit dem genannten Artikel, sachlich mit der Steuerschuld der Gesellschaft begründet, die diese infolge einer Steuerprüfung hatte. Diese Schuld beeinträchtigt nicht den Gebrauch der Anteile selbst, sondern nur ihren Wert. Daraus folgt, dass die Entdeckung einer Steuerschuld in Ermangelung einer Bilanzgarantie oder einer Preisanpassungsklausel keinen verborgenen Mangel der abgetretenen Anteilsrechte darstellt".
- Seite 169 (bei Fußnote 785):
  „die fehlende Vereinbarkeit der Räume mit den Sicherheitsvorschriften stellte keinen verborgenen Mangel der abgetretenen Aktien dar, da die Sté Hôtel de l'Esplanande unter Einsatz zusätzlicher Mittel die wirtschaftliche Tätigkeit fortführen konnte, die ihren Gesellschaftszweck bildete".
- Seite 171 (bei Fußnote 794):
  „die Entdeckung einer Verbindlichkeit stellte keinen verborgenen Mangel der verkauften Anteilsrechte dar, und die Cour d'Appel hat ihre Entscheidung rechtlich richtig begründet, da kein Fehler der Kaufsache selbst angeführt war".

- Seite 174 (bei Fußnote 812):
„die gesetzliche Gewährleistung wegen Eviktion durch das eigene Handeln des Verkäufers führt für diesen bei der Abtretung von Aktien einer Gesellschaft nur dann zu einem Konkurrenzverbot, wenn die neue Tätigkeit geeignet ist, die Käufer dieser Aktien daran zu hindern, die wirtschaftliche Tätigkeit der Gesellschaft auszuüben und den Gesellschaftszweck zu erreichen".
- Seite 179 (bei Fußnote 833):
„Angesichts dieser Schwierigkeiten ist der beste Rechtsbehelf des Anteilskäufers wahrscheinlich die Klage auf deliktische Haftung gegen die Verkäufer."
- Seite 179 (bei Fußnote 834):
„Aber [die Klage auf deliktische Haftung] setzt Verschulden voraus, das nicht immer vorliegt. Insbesondere, wenn sich die Verbindlichkeit infolge einer Steuerprüfung herausstellt, kommt es häufig vor, dass die Verkäufer das Risiko einer Neufestsetzung nicht nur nicht kannten, sondern ihnen sogar keinerlei Fahrlässigkeit bei der Erfüllung ihrer buchhalterischen und steuerlichen Pflichten vorgeworfen werden kann. Der Anspruch aus Delikt ist dann ausgeschlossen."

STUDIEN ZUM VERGLEICHENDEN UND INTERNATIONALEN RECHT

Herausgeber: Bernd von Hoffmann, Erik Jayme und Heinz-Peter Mansel

Band 1 Ferdinand Henke: Die Datenschutzkonvention des Europarates. 1986.

Band 2 Peter Czermak: Der express trust im internationalen Privatrecht. 1986.

Band 3 Peter Kindler: Der Ausgleichsanspruch des Handelsvertreters im deutsch-italienischen Warenverkehr. Eine rechtsvergleichende und kollisionsrechtliche Untersuchung. 1987.

Band 4 Wilhelm Denzer: Stellung und Bedeutung des Engineers in den FIDIC-Bauvertragsbedingungen. 1988.

Band 5 Marijan-Maximilian Lederer: Die internationale Enteignung von Mitgliedschaftsrechten unter besonderer Berücksichtigung der französischen Enteignungen 1982. 1989.

Band 6 Rainer Esser: Klagen gegen ausländische Staaten. 1990.

Band 7 Chang Jae-Ok: Auf dem Weg zu einer Materialisierung des Immateriellen ? Personen-, Persönlichkeitsschutz und Geldersatz des immateriellen Schadens in rechtsvergleichender Hinsicht am Beispiel des koreanischen und japanischen Zivilrechts unter besonderer Berücksichtigung des deutschen Rechts. 1990.

Band 8 Paul-Frank Weise: Lex mercatoria. Materielles Recht vor der internationalen Handelsschiedsgerichtbarkeit.1990.

Band 9 Werner Born: Der Auftrittsvertrag für Musikgruppen im Bereich der Rock- und Popmusik. 1990.

Band 10 Ralf Erich Jürgens: IPR und Verfassung in Italien und in der Bundesrepublik Deutschland. 1990.

Band 11 Rainer Gildeggen: Internationale Schieds- und Schiedsverfahrensvereinbarungen in Allgemeinen Geschäftsbedingungen vor deutschen Gerichten. 1991.

Band 12 Klaus Grabinski: Die kollisionsrechtliche Behandlung des Durchgriffs bei rechtlich verselbständigten Unternehmen in privater oder öffentlicher Hand. 1991.

Band 13 Dieter Stummel: Konkurs und Integration. Konventionsrechtliche Wege zur Bewältigung grenzüberschreitender Insolvenzverfahren. 1991.

Band 14 Joachim Güntzer: Die Rechtsstellung des Geschäftsführers im spanischen Aktienrecht. Die Neuregelung des spanischen Aktienrechts nach dem Beitritt Spaniens zur EG. 1991.

Band 15 Sabine Isenburg-Epple: Die Berücksichtigung ausländischer Rechtshängigkeit nach dem Europäischen Gerichtsstands- und Vollstreckungsübereinkommen vom 27.9.1968. Untersuchungen zum Anwendungsbereich von Art. 21 EuGVÜ unter schwerpunktmäßiger Behandlung der Frage nach der Bestimmung eines europäischen Streitgegenstandsbegriffs. 1992.

Band 16 Ulrich Nickl: Die Qualifikation der culpa in contrahendo im Internationalen Privatrecht. 1992.

Band 17 Theo Rauh: Leistungserschwerungen im Schuldvertrag. Eine rechtsvergleichende Untersuchung des englischen, US-amerikanischen, französischen und deutschen Rechts unter besonderer Berücksichtigung der gerichtlichen Praxis. 1992.

Band 18 Bernadette Chaussade-Klein: Vorvertragliche "obligation de renseignements" im französischen Recht. 1992.

Band 19 Josef Sievers: Verbraucherschutz gegen unlautere Vertragsbedingungen im französischen Recht. Vom Code civil zum "Code de la consommation" – die Entstehung eines Sonderprivatrechts für Verbraucher. 1993.

Band 20 Achim Schäfer: Grenzüberschreitende Kreditsicherung an Grundstücken, unter besonderer Berücksichtigung des deutschen und italienischen Rechts. 1993.

Band 21 Eugenio Hernández-Breton: Internationale Gerichtsstandsklauseln in Allgemeinen Geschäftsbedingungen. Unter besonderer Berücksichtigung des deutsch-südamerikanischen Rechtsverkehrs (dargestellt am Beispiel Argentinien, Brasilien und Venezuela). 1993.

Band 22 Ingo Reng: Unterhaltsansprüche aufgrund nichtehelicher Lebensgemeinschaft – Internationales Privatrecht und ausländisches materielles Recht. 1994.

Band 23 Stefanie Roloff: Die Geltendmachung ausländischer öffentlicher Ansprüche im Inland. 1994.

Band 24 Katharina Ludwig: Der Vertragsschluß nach UN-Kaufrecht im Spannungsverhältnis von Common Law und Civil Law. Dargestellt auf der Grundlage der Rechtsordnungen Englands und Deutschlands. 1994.

Band 25 Malte Diesselhorst: Mehrparteienschiedsverfahren. Internationale Schiedsverfahren unter Beteiligung von mehr als zwei Parteien. 1994.

Band 26 Manfred Kost: Konsensprobleme im internationalen Schuldvertragsrecht. 1995.

Band 27 Wolff-Heinrich Fleischer: Das italienische Wettbewerbsrecht und die Probleme des selektiven Parfümvertriebs unter Berücksichtigung der Rechtslage in Frankreich und Deutschland. 1995.

Band 28 Angelika Fuchs: Lateinamerikanische Devisenkontrollen in der internationalen Schuldenkrise und Art. VIII Abschn. 2 b) IWF-Abkommen. 1995.

Band 29 Jacques Matthias Aull: Der Geltungsanspruch des EuGVÜ: "Binnensachverhalte" und Internationales Zivilverfahrensrecht in der Europäischen Union. Zur Auslegung von Art. 17 Abs. 1 S. 1 EuGVÜ. 1996.

Band 30 Hartmut Ost: EVÜ und fact doctrine. Konflikte zwischen europäischer IPR-Vereinheitlichung und der Stellung ausländischen Rechts im angelsächsischen Zivilprozeß. 1996.

Band 31 Stefan Wagner: Die Testierfähigkeit im Internationalen Privatrecht. 1996.

Band 32 Wolfgang Jakob Hau: Positive Kompetenzkonflikte im Internationalen Zivilprozeßrecht. Überlegungen zur Bewältigung von *multi-fora disputes*. 1996.

Band 33 Markus Schütz: UN-Kaufrecht und *Culpa in contrahendo*. 1996.

Band 34 Volker Geyrhalter: Das Lösungsrecht des gutgläubigen Erwerbers. Ein "vergessener" Kompromiß und die Auswirkungen auf das heutige deutsche Recht unter besonderer Berücksichtigung des internationalen Sachenrechts. 1996.

Band 35 Andreas Kramer: Abwicklungsstörungen bei Kaufverträgen. Die Lieferung vertragswidriger Sachen im deutschen und italienischen Recht. 1996.

Band 36 Petra Krings: Erfüllungsmodalitäten im internationalen Schuldvertragsrecht. 1997.

Band 37 Tonja Gaibler: Der rechtsgeschäftliche Irrtum im französischen Recht. 1997.

Band 38 Dirk Otto: Rechtsspaltung im indischen Erbrecht. Bedeutung und Auswirkungen auf deutsch-indische Nachlaßfälle. 1997.

Band 39 Gregor W. Decku: Zwischen Vertrag und Delikt. Grenzfälle vertraglicher und deliktischer Haftung dargestellt am Beispiel der Berufs- und Expertenhaftung zum Schutze des Vermögens Dritter im deutschen und englischen Recht. 1997.

Band 40 Ulrike Höpping: Auswirkungen der Warenverkehrsfreiheit auf das IPR unter besonderer Berücksichtigung des Internationalen Produkthaftungsrechts und des Internationalen Vertragsrechts. 1997.

Band 41 Andreas Bartosch: Die vermögensrechtlichen Beziehungen der Ehegatten bei bestehender Ehe im englischen Recht – Eigentum, Besitz, Schuldvertrag. 1997.

Band 42 Helene Boriths Müller: Die Umsetzung der europäischen Übereinkommen von Rom und Brüssel in das Recht der Mitgliedstaaten. Dargestellt am Beispiel Deutschlands und Dänemarks. 1997.

Band 43 Bernd von Hoffmann / Myong-Chang Hwang (eds.): The Public Concept of Land Ownership. Reports and Discussions of a German-Korean Symposium held in Seoul on October 7-9, 1996. 1997.

Band 44 Oliver Heeder: Fraus legis. Eine rechtsvergleichende Untersuchung über den Vorbehalt der Gesetzesumgehung in Deutschland, Österreich, der Schweiz, Frankreich und Belgien unter besonderer Berücksichtigung des Internationalen Privatrechts. 1998.

Band 45 Heinrich Schütt: Deliktstyp und Internationales Privatrecht. Dargestellt an grenzüberschreitenden Problemen der Arzthaftung. 1998.

Band 46 Axel Steiner: Die stillschweigende Rechtswahl im Prozeß im System der subjektiven Anknüpfungen im deutschen Internationalen Privatrecht. 1998.

Band 47 Martina Schulz: Der Eigentumsvorbehalt in europäischen Rechtsordnungen. Rechtsvergleichende Untersuchung des deutschen, englischen und französischen Rechts unter besonderer Berücksichtigung von Erweiterungen und Verlängerungen. 1998.

Band 48 Karin Dreher: Die Rechtswahl im internationalen Erbrecht. Unter besonderer Berücksichtigung des italienischen IPR-Reformgesetzes N. 218 vom 31. Mai 1995. 1999.

Band 49 Giuliano Gabrielli: Das Verhältnis zwischen der Anfechtung wegen Eigenschaftsirrtums und den Gewährleistungsansprüchen im deutschen, österreichischen und italienischen Recht. 1999.

Band 50 Bernd von Hoffmann / Myong-Chan Hwang (eds.): Developments in Land Law. Reports and Discussions of a German-Korean Symposium held in Berlin and Trier on July 21-24, 1997. 1999.

Band 51 Volker Heidbüchel: Das UNCITRAL-Übereinkommen über unabhängige Garantien und Standby Letters of Credit. Vergleiche mit den Richtlinien der Internationalen Handelskammer, dem deutschen, englischen und US-amerikanischen Recht. 1999.

Band 52 Jan Christoph Nordmeyer: Pflichtteilsansprüche und Wiedervereinigung. Eine systematische Analyse der Ausgleichsansprüche nach BGB-Pflichtteilsrecht unter besonderer Berücksichtigung der durch den Wiedervereinigungsprozeß eingetretenen Wertveränderungen. 1999.

Band 53 Bettina Linder: Vertragsabschluß beim grenzüberschreitenden Verbraucherleasing. 1999.

Band 54 Almontasser Fetih: Die zivilrechtliche Haftung bei Vertragsverhandlungen. Eine rechtsvergleichende Studie zum deutschen, französischen, ägyptischen und islamischen Recht. 2000.

Band 55 Sona Rajani: Die Geltung und Anwendung des Gemeinschaftsrechts im Vereinigten Königreich von Großbritannien und Nordirland. Der Grundsatz der Parlamentssouveränität im Wandel. 2000.

Band 56 Joachim Kayser: Gegenmaßnahmen im Außenwirtschaftsrecht und das System des europäischen Kollisionsrechts. Eine Analyse der EU-Abwehrverordnung gegen die Auswirkungen extraterritorialer Rechtserstreckung eines Drittlandes. 2001.

Band 57 Albrecht Conrad: Qualifikationsfragen des Trust im Europäischen Zivilprozeßrecht. 2001.

Band 58 Bernd Borgmann: Die Entsendung von Arbeitnehmern in der Europäischen Gemeinschaft. Wechselwirkungen zwischen Kollisionsrecht, Grundfreiheiten und Spezialgesetzen. 2001.

Band 59 Aleksandar Jaksic: Arbitration and Human Rights. 2002.

Band 60 Islamisches und arabisches Recht als Problem der Rechtsanwendung. Symposium zu Ehren von Professor Emeritus Dr. iur. Omaia Elwan. Veranstaltet vom Institut für ausländisches und internationales Privat- und Wirtschaftsrecht der Universität Heidelberg und der Gesellschaft für Arabisches und Islamisches Recht e.V. Herausgegeben von Herbert Kronke, Gert Reinhart und Nika Witteborg. 2001.

Band 61 Patrick Fiedler: Stabilisierungsklauseln und materielle Verweisung im internationalen Vertragsrecht. 2001.

Band 62 Werner Mangold: Die Abtretung im Europäischen Kollisionsrecht. Unter besonderer Berücksichtigung des spanischen Rechts. 2001.

Band 63 Eike Dirk Eschenfelder: Beweiserhebung im Ausland und ihre Verwertung im inländischen Zivilprozess. Zur Bedeutung des US-amerikanischen discovery-Verfahrens für das deutsche Erkenntnisverfahren. 2002.

Band 64 Bernd Ehle: Wege zu einer Kohärenz der Rechtsquellen im Europäischen Kollisionsrecht der Verbraucherverträge. 2002.

Band 65 Heiko Lehmkuhl: Das Nacherfüllungsrecht des Verkäufers im UN-Kaufrecht. 2002.

Band 66 Jochen Nikolaus Schlotter: Erbrechtliche Probleme in der Société Privée Européenne. IPR-Harmonisierung im einheitlichen Europäischen Rechtsraum. 2002.

Band 67 Konrad Ost: Doppelrelevante Tatsachen im Internationalen Zivilverfahrensrecht. Zur Prüfung der internationalen Zuständigkeit bei den Gerichtsständen des Erfüllungsortes und der unerlaubten Handlung. 2002.

Band 68 Tobias Bosch: Die Durchbrechungen des Gesamtstatuts im internationalen Ehegüterrecht. Unter besonderer Berücksichtigung deutsch-französischer Rechtsfälle. 2002.

Band 69 Ursula Philipp: Form im amerikanischen Erbrecht. Zwischen Formalismus und harmless error. 2002.

Band 70 Christian Stefan Wolf: Der Begriff der wesentlich engeren Verbindung im Internationalen Sachenrecht. 2002.

Band 71 André Fomferek: Der Schutz des Vermögens Minderjähriger. Ein Vergleich des deutschen und des englischen Rechts unter Berücksichtigung des schottischen und irischen Rechts. 2002.

Band 72 Nicolas Blanchard: Die prozessualen Schranken der Formfreiheit. Beweismittel und Beweiskraft im EG-Schuldvertragsübereinkommen in deutsch-französischen Vertragsfällen. 2002.

Band 73 Markus Dreißigacker: Sprachenfreiheit im Verbrauchervertragsrecht. Der Verbraucher im Spannungsfeld zwischen kultureller Identität und Privatautonomie. 2002.

Band 74 Vassiliki Myller-Igknay: Auskunftsansprüche im griechischen Zivilrecht. Auswirkungen im deutsch-griechischen Rechtsverkehr sowie im deutschen internationalen Privat- und Verfahrensrecht. 2003

Band 75 Stefan Bruinier: Der Einfluss der Grundfreiheiten auf das Internationale Privatrecht. 2003.

Band 76 Nika Witteborg: Das gemeinsame Sorgerecht nichtverheirateter Eltern. Eine Untersuchung im soziologischen, rechtsgeschichtlichen, verfassungsrechtlichen, rechtsvergleichenden und internationalen Kontext. 2003.

Band 77 Peter Stankewitsch: Entscheidungsnormen im IPR als Wirksamkeitsvoraussetzungen der Rechtswahl. 2003.

Band 78 Jan Wilhelm Ritter: Euro-Einführung und IPR unter besonderer Berücksichtigung nachehelicher Unterhaltsverträge. Eine Untersuchung mit Blick auf das deutsche, französische und schweizerische Recht. 2003.

Band 79 Wolf Richard Herkner: Die Grenzen der Rechtswahl im internationalen Deliktsrecht. 2003.

Band 80 Ira Ditandy: Internationale Zuständigkeit. Neuregelung durch die LOPJ 1985. Vergleich mit dem europäischen Vorbild und Auswirkungen auf das spanische internationale Zivilverfahrensrecht. 2003.

Band 81 Andrea Verena Schefold: Werbung im Internet und das deutsche Internationale Privatrecht. 2004.

Band 82 Klaus Herkenrath: Die Umsetzung der Richtlinie 93/13/EWG über missbräuliche Klauseln in Verbraucherverträgen in Deutschland, dem Vereinigten Königreich, Frankreich und Italien. Auswirkungen nationaler Umsetzungstechniken auf dem Harmonisierungserfolg. 2003.

Band 83 Alexander Thünken: Das kollisionsrechtliche Herkunftslandprinzip. 2003.

Band 84 Barbara v. Daumiller: Die Rechtswahl im italienischen internationalen Erbrecht: und ihre Auswirkungen im deutsch-italienischen Rechtsverkehr. 2003.

Band 85 Robert Mödl: Macht, Verantwortlichkeit und Zurechnung im Konzern. Eine rechtsvergleichende Untersuchung auf der Grundlage des deutschen, spanischen und US-amerikanischen Rechts. 2003.

Band 86 Ursula Kerpen: Das Internationale Privatrecht der Persönlichkeitsrechtsverletzungen. Eine Untersuchung auf rechtsvergleichender Grundlage. 2003.

Band 87 Barbara Ploeckl: Umgangsrechtsstreitigkeiten im deutsch-französischen Rechtsverkehr. Bestehende internationale und nationale Regelungen und der geplante *europäische Besuchstitel*. 2003.

Band 88 Katrin Wannemacher: Die Außenkompetenzen der EG im Bereich des Internationalen Zivilverfahrensrechts. Der räumliche Anwendungsbereich des Art. 65 EGV am Beispiel der EuGVO und der EheVO. 2003.

Band 89 Maren B. Eilinghoff: Das Kollisionsrecht der ungerechtfertigten Bereicherung nach dem IPR-Reformgesetz von 1999. 2004.

Band 90 Patrick Niehr: Die zivilprozessuale Dokumentenvorlegung im deutsch-englischen Rechtshilfeverkehr nach der deutschen und der englischen Prozessrechtsreform. 2004.

Band 91 Anna Christina Gördes: Internationale Zuständigkeit, Anerkennung und Vollstreckung von Entscheidungen über die elterliche Verantwortung. Die VO(EG) Nr. 1347/2000, ihre geplnaten Änderungen und das Verhältnis beider zum Minderjährigen- und Kinderschutzabkommen. 2004.

Band 92 Martin Rädler: Rechtsbehelfe des Käufers eines Unternehmens oder einer unternehmerischen Beteiligung gegen den Verkäufer im deutschen und französischen Recht. 2004.

Kolibri 360 GmbH
Ferdinand-Jühlke-Straße 7
99095 Erfurt, Deutschland
produktsicherheit@kolibri360.de

Druck:
CPI Druckdienstleistungen GmbH
im Auftrag der
Kolibri 360 GmbH
Ferdinand-Jühlke-Str. 7
99095 Erfurt